清史稿

趙爾巽等撰

第三二册

卷二三八至卷二五六（傳）

中華書局

清史稿卷二百三十八

列傳二十五

蔣赫德　額色赫　車克　覺羅巴哈納　宋權　傅以漸　呂宮
成克鞏　金之俊　謝陞　胡世安　王永吉　党崇雅　衞周祚　高爾儼
張端

蔣赫德，初名元恆，遵化人。天聰三年，太宗伐明，克遵化，選儒生俊秀者入文館，元恆與焉，賜名赫德。崇德元年，授秘書院副理事官，予四戶。漢軍旗制定，隸鑲白旗。順治二年，擢國史館學士。九年，朝鮮國王李淏奏國內奸徒謀不軌，已伏其辜，命與侍郎伊勒都齊敕往慰問。十一年，擢國史院大學士。十二年，詔諸大臣陳時務，疏言：「察吏乃可安民，除害乃可興利。今百姓大害，莫甚於貪官蠹吏。懲治之法，惟恃督撫糾劾，以其確知屬吏之賢不肖也。近每見各督撫彈章，指事列款，贓跡累累；及奉旨勘讞，計贓科罪，不及十之二三。不曰『事屬子虛』，則曰『衙役作弊』。即坐衙役者，又多引雜犯律例，聽其贖免，何所懲憚而不肆行其志乎？其始官胥朋比，虐取瓜分；事敗，官嫁名於吏以覬燃灰，吏假貲於官以成展脫。究之官吏優游，兩獲無恙，糾劾雖行，竟成故事。請嚴飭各督撫，糾劾勘讞覆奏時，必全述原參疏語，某款不實，或開報虛構，或承問故縱，窮源質訊，是非不容並立；實係衙役詐騙，按律坐以應得之罪，不許折贖，則貪蠹清而民蘇矣。」得旨，下所司嚴飭行。旋加太子太保。

十五年，改文華殿大學士，兼禮部尚書。十六年，加少保。命齎册封朝鮮國王李棩，侍讀碩博輝副之。蔣赫德屢充殿試讀卷官、教習庶吉士。修輯明史、太宗實錄，充副總裁；太祖、太宗聖訓充總裁。譯三國志成，賜鞍馬。十七年，引疾乞休。康熙元年，起爲弘文院大學士。二年，調國史院。九年，卒，諡文端。

蔣赫德初爲明諸生，嘗應鄉試，夜聞明遠樓鼓聲，曰：「此頹敗之氣，國安能久？」不終試而去。徧游九邊，曰：「王氣在遼、瀋，將有聖人出，吾蓄才以待可也。」旋爲太宗賞拔，卒致通顯。

額色赫，富察氏，滿洲鑲白旗人，世居訥殷。祖莽吉圖，當太祖時，從其兄孟古愼郭和來歸。

額色赫事太宗，從征伐，自巴牙喇壯達授兵部理事官。天聰九年，從梅勒額眞巴奇蘭伐黑龍江部，使還奏捷。崇德三年，擢秘書院學士。五年，睿親王多爾袞率師圍錦州，命額色赫賚敕諭機宜。會固山額眞圖爾格敗明兵於木輪河，使還奏捷。六年，命與圖爾格及大學士范文程、剛林如錦州，按諸將離城遠駐，遣兵還家，睿親王以下坐降罰有差。明總督洪承疇以援師至，上又命額色赫詣軍前授諸將方略，還奏敵勢甚張，當益兵。上遂自將擊破明軍。既克錦州，又命宣諭慰撫祖大壽及同降諸將士。八年，從貝勒阿巴泰伐明，略山東，下兗州，同甲喇額眞穆成格等奏捷。

順治元年，從入關，授世職牛彔章京，加半箇前程。五年，遷刑部啓心郎。八年，擢國史院大學士，世職累進一等阿達哈哈番。十三年，命往朝鮮讞獄。十五年，改保和殿大學士。額色赫再主會試，修太宗實錄，輯太祖、太宗聖訓，纂資政要覽，並充總裁官，累加少師兼太子太師。十八年，卒，謚文恪。

車克，瓜爾佳氏，滿洲鑲白旗人，世居蘇完。祖克爾素，太祖時來歸。父席爾那，任牛彔額眞，卒，車克嗣，兼巴牙喇轄。

天聰八年，從上伐明，自大同趨懷遠，薄左衞城，與巴牙喇纛章京圖魯什等設伏，敗明將曹文詔騎兵。略代州，至五臺山，還，遇明將祖大弼兵，擊敗之。崇德三年，授戶部副理事官。承政韓大勳私取庫金，事發，車克坐貯庫時未記檔，論死，命罰鍰以贖，仍留部。尋兼任甲喇額眞。五年，從鄭親王濟爾哈朗圍錦州，令車克與噶布什賢噶喇依昂邦勞薩以三百人伏高橋北，坐縱敵，籍家財之半。六年，復從攻錦州，擊破明總督洪承疇步兵。

順治元年，從入關，擊李自成，授世職牛彔章京。考績，加半箇前程。五年，擢戶部侍郎。從英親王阿濟格討姜瓖，師下大同，令車克援太原，與巡撫祝世昌謀，遣兵殲瓖將劉遷、萬鍊等。七年，兼任正白旗滿洲梅勒額眞。世職累進二等阿達哈哈番。八年，改都察院參政。駐防河間，佐領碩爾對訐戶部給餉不均，事具巴哈納傳。車克亦坐降世職拖沙喇哈番。旋擢戶部尚書。十年，復世職。十一年，加太子太保。十二年，擢秘書院大學士，進少保。十三年，復進少傅兼太子太傅，領戶部尚書。十四年，考滿，加少師兼太子太師。十六年，命赴江南督造戰艦。十七年，命與安南將軍宗室羅託率師駐福建，防鄭成功。

聖祖卽位，召還，調吏部尚書。有阿那庫者，與兄金布爭產，上命均分之。旣，又與本旗佐領吉詹爭言，吉詹坐阿那庫違上旨。牒戶部，車克移刑部，坐阿那庫罪絞；阿那庫妻擊登聞鼓訟寃，命覆勘，車克當奪官，命削加銜。康熙元年，復授秘書院大學士。六年，以疾乞休。十年，卒，謚文端。

覺羅巴哈納，滿洲鑲白旗人，景祖第三兄索長阿四世孫也。年十七從軍，佐太宗征伐有功。天聰八年，授世職牛彔章京。九年，命免功臣徭役，分設牛彔，巴哈納與焉。崇德三年，授刑部理事官。四年，擢參政，兼正藍旗滿洲梅勒額眞。七年，以刑部勘將佐功罪失平，奪世職。

順治元年，擢正藍旗滿洲固山額眞。與固山額眞石廷柱徇霸州、滄州、德州、臨淸，皆下。移師山西，會固山額眞葉臣，招降明總督李化熙等。師自汾州趨平陽，與廷柱擊破明兵，至黑龍關，降裨將三、卒六千餘，賚白金，進世職三等甲喇章京。三年，從肅親王豪格下四川，討張獻忠，分兵定遵義、夔州、茂州，斬所置吏數百，降卒數千，盡得其馬騾輜重。餘寇悉平。師還，以勘甲喇章京希爾根軍功失實，又肅親王欲以機賽爲巴牙喇纛章京不當，巴哈納與索渾未阻止，且共爲奏，議奪官，命降世職拜他喇布勒哈番。尋擢戶部尚書。

八年，世祖親政，巴哈納奏事畢，上問民間疾苦及國家無益之費，巴哈納舉臨淸採甎及通州五閘運漕二事以對，上命卽永行停止。尋兼正白旗滿洲固山額眞。駐防河間牛彔額眞碩爾對訐告戶部發餉不均，下法司鞫問，部議巴哈納阿附睿親王，厚白旗，薄黃旗。時方治睿親王獄，坐巴哈納罪至死，上命寬之，削世職，奪官，籍其家三之二。

九年，起授刑部尚書。十一年，同諸大臣分賑畿輔，賜敕印以行。累進少傅兼太子太傅。十二年，授弘文院大學士。十五年，改中和殿大學士。十八年，復設內三院，又改秘書院大學士。康熙元年，兼鑲白旗滿洲固山額眞。五年，卒。時鰲拜擅政，巴哈納與不洽，卹不行。聖祖親政，其子巴什以請，贈少師兼太子太師，謚敏壯。

宋權，字元平，河南商丘人。明天啓五年進士。官順天巡撫，駐密雲。受事甫三日，李自成陷京師，權計殺自成將黃錠等。睿親王師入關，籍所部以降，命巡撫如故。權疏言：「舊主御宇十有七年，宵衣旰食，聲色玩好一無所嗜。不幸有君無臣，釀成大亂。幸逢聖主，殲亂復讐，祭葬以禮。倘蒙敕議廟號，以光萬世，則仁至義盡，天下咸頌，四海可傳檄而定。明朝軍需浩繁，致有加派，有司假公濟私，明徵外有暗徵，公派外有私派，民困已極。請照萬曆初年爲正額，其餘加增悉予蠲免。勤求上理，宜育賢才。臣所知者，如王永吉、方大猷、楊毓楫、朱繼祚、葉廷桂等，均濟時舟楫，惟上召而用之。」得旨嘉納。尋又薦寶坻進士杜立德等十一人。

時權仍駐密雲，撫治二十餘州縣，兼領軍事。旋以遵化當衝要，命權移駐，先後擊降自成黨數千。豐潤盜起，權捕治，以未獲其渠，疏請罷斥，溫旨慰留。尋疏陳祖軍、民壯之害，言：「明制祖傳軍籍，隸在營路；選取民壯，隸在州縣。身故則勾子孫，子孫絕則勾宗族，宗族盡則勾戚屬，流離逃竄，亂由此階。請特沛恩綸，除茲秕政。」又有私刻順天巡撫印僞爲糾舉咨文投部者，事覺，逮治。權疏言：「用舍者君人之權，黜陟者銓樞之政，薦劾者撫按之職。請飭各省撫按，有關用舍大典，必具疏請，不須以咨文從事，則百弊俱清。」疏入，並如所請，著爲令。

畿輔既平，詔撥近京荒田及明貴戚內監廢莊，畫爲旗地，民田錯雜，別給官田互易。權疏言：「農民甫得易換之田，廬舍無依，耕種未備，請蠲租三年。」又迭疏請蠲薊州田租一年，除密雲荒地逃丁派徵錢糧，興三協屯政，守兵一予田十畝。俱下部議行。有詔優恤綠旗陣亡兵家屬，權請特遣部臣蒞視散給，俾霑實惠。

三年，擢國史院大學士。五年，遭母喪，請終制，命如常入直，私居持服。六年，假歸葬親。尋加太子太保。七年，還朝。時議用明例，遣御史巡方，權力持以爲不可。八年，條陳時政，又言宜復設巡按。給事中陳調元、王廷諫等劾權前後持兩端，且追劾其母喪未除，入闈主試，下部議，權老病宜罷歸，遂命致仕。九年，卒。部議權被論致仕，祭葬宜殺禮。上以權誅自成黨有功，賜祭葬如例，贈少保兼太子太保，謚文康。子犖，自有傳。

傅以漸，字于磐，山東聊城人。順治三年一甲一名進士，授弘文院修撰。八年，遷國史院侍講。九年，遷左庶子。十年，歷秘書院侍講學士、少詹事，擢國史院學士。十一年，授秘書院大學士。十二年，詔陳時務，條上安民三事。加太子太保，改國史院大學士。先後充明史、太宗實錄纂修，太祖、太宗聖訓並通鑑總裁。又命作資政要覽後序，撰內則衍義，覆核賦役全書。十四年，命以漸及庶子曹本榮修易經通注。十五年，偕學士李霨主會試。考官入闈，例得攜書籍，言官請申禁，以漸請仍如舊例，許之。入闈病咯血，請另簡，命力疾料理。尋加少保，改武英殿大學士，兼兵部尚書。旋乞假還里，累疏乞休。十八年，解任。康熙四年，卒。

呂宮，字長音，江南武進人。順治四年一甲一名進士，授秘書院修撰。九年，加右中允。十年二月，上幸內院，召宮與侍講法若眞，編修程芳朝、黃機，命撰柳下惠不以三公易其介論。宮論有曰：「伊、周、衞、霍，爭介不介。」上喜曰：「此三公語。」列第一。尋諭吏部：「翰林升轉，舊例論資俸，亦論才品。呂宮文章簡明，氣度閒雅。遇學士員缺，即行推補。」

尋授秘書院學士。閏六月，遷吏部侍郎。十二月，超授弘文院大學士。言官請禁江、浙簽富戶運白糧並織造報充機戶，部議已有例禁，宮復請嚴飭督撫察究。

大學士陳名夏得罪，十一年，給事中王士禎、御史王秉乾劾宮爲名夏黨，宮引罪乞罷，上命省改。初，平西王吳三桂專鎭，漸跋扈。宮與名夏及大學士馮銓、成克鞏薦御史郝浴，命巡按四川。至是，浴露章劾三桂，三桂疏辨，上爲罷浴，宮與銓、克鞏皆坐誤舉，鐫二級留任。

宮以病乞假，上遣醫療治，問病狀。疏言：「乞假已三月，稟體怯弱，人道俱絕，僅能僵臥兀坐。乞寬期調治。」御史姜圖南劾疏語褻嫚，楊義復劾其曠職，宮亦累疏乞罷。十二年，以修資政要覽書成，加太子太保。宮復疏申請，賜貂裘、蟒緞、鞍馬，命馳驛回籍，俟病痊召用。十三年，敕存問，賜羊酒。十七年，詔大學士、尚書自陳，宮不具疏，左都御史魏裔介劾宮「一病六年，聞問杳然，忘君負恩」。上以宮請告無自陳例，諭毋苛求。十八年，世祖崩，宮赴都哭臨，病益殆，還里。康熙三年，卒。

成克鞏，字子固，直隸大名人。父基命，明大學士。克鞏崇禎十六年進士，改庶吉士。避亂里居。

順治二年，以左庶子李若琳薦，授國史院檢討。五年，遷秘書院侍讀學士。尋擢弘文院學士。九年，遷吏部侍郎。十年，擢本部尚書。疏言：「臣部四司，分省設官，原以諮訪本省官評。請令各司人注一簿，詳列本省各官賢否，參以撫按舉劾，備要缺推選。督撫舊無考成，請令疏列事蹟，消弭盜賊，開墾荒田，清理錢糧，糾除貪悍，定爲四則，以別賞罰。文選推陞，概從掣籤。但地方繁、簡、衝、僻不同，如江南蘇、松等郡積弊之區，非初任邑令所能振刷。請取卓異官，或陞或調，通融補授。行之有效，卽加優擢，亦於選法無礙。」章下所司。尋擢秘書院大學士。以薦御史郝浴失人，鐫一級。十二年，命還所降級。

十二年，加太子太保。左都御史缺員，命克鞏暫攝，並諭俟得其人，仍回內院。疏言：「用人爲治平之急務，而大僚尤重。今通政使李日芳、甘肅巡撫周文葉、陝西巡撫陳極新皆衰老昏庸，亟當更易。財用困乏，宜定丈量編審之期。學校冒濫，宜嚴考貢入學之額。任樞密者，遇封疆失事，不得借行查以滋推諉。司刑憲者，於棍徒詐害，不得寬反坐以長刁風。又若修築河工，宜覈冒銷，杜侵帑。此數事皆當振刷，以圖實政。」上深韙之。

給事中孫光祀劾左通政吳達兄逵叛逆，下法司勘擬。克鞏疏論左都御史龔鼎孳與達同鄉，徇隱不舉，鼎孳疏辨不知逵爲達弟，坐奪俸。尋命克鞏回內院。十五年，加少保，改保和殿大學士，兼戶部尚書。十六年，加少傅兼太子太傅。十七年，遵例自陳，諭不必求罷。

部推浙江布政參議李昌祚擢大理寺少卿。先是，揚州亂民李之春事發，其黨亦有名李昌祚者，克鞏與大學士劉正宗票擬未陳明；又在吏部時，薦周亮工，擢至福建布政使，坐贓敗：克鞏疏引罪。左都御史魏裔介劾正宗，語連克鞏，並及昌祚、亮工事，克鞏疏辨，上責其巧飾，下王大臣議，罪當奪官。世祖初以克鞏世家子，知故事，不次擢用，值講筵，命內臣將畫工就邸舍圖其像以進，居常或中夜出片紙作國書詢時事，克鞏占對惟謹；至是，諭責其依違附和，凡事因人，仍寬之，命任事如故。

十八年，聖祖卽位，復爲國史院大學士。康熙元年，調秘書院大學士。二年，乞休回籍。克鞏迭主鄉、會試，稱得士，湯斌、馬世俊、張玉書、嚴我斯、梁化鳳等，皆出其門。歷充太宗實錄，太祖、太宗聖訓總裁，屢得優賚。二十六年，太皇太后崩，赴臨。三十年，卒，年八十四。子亮，編修；光，武昌守道。

金之俊，字豈凡，江南吳江人。明萬曆四十七年進士，官至兵部侍郎。睿親王定京師，命仍故官。疏請先蠲畿甸田租以慰民望，又言：「土寇率衆降者，宜赦罪勿論。縛渠來獻，分別敍功。就撫之衆，宜編保甲，令安故業。無恆產者，別爲區畫。」尋奏薦丁魁楚、丁啓睿、線國安、房可壯、左懋泰、郝絅等，又劾通州道鄭煇優游養寇、三關總兵郝之潤縱兵肆掠，俱宜罷斥；並請趣畿南北巡按及監司以下官赴任，禁止滿洲官役額外需索驛遞夫馬。疏入，皆採行。

順治二年，以京師米貴，疏言：「大兵直取江南，應令漕督及巡漕御史赴任。金陵底定，舉行漕政。」詔速議行。因復上漕政八事，疏下所司。尋調吏部侍郎。三年，疏請酌定進士銓選之制。五年，擢工部尙書。六年，乞假歸，加太子太保。七年，還朝。八年，調兵部，加少保兼太子太保。十年，調左都御史。疏言：「審擬盜犯，請用正律，不宜概行籍沒，致累無辜。」又疏言：「直省提學，例以僉事道分遣。畿輔爲首善之區，江南人才之會，請以翰林官簡用。」均報可。尋遷吏部尙書，授國史院大學士。

十二年，之俊病，乞休，上不允，遣畫工就邸畫其像。十三年，諭諸大臣曰：「君臣之義，終始相維。爾等今後毋以引年請歸爲念。爾等豈忍違朕，朕亦何忍使爾等告歸？昨歲之俊病甚，朕遣人圖其容。念彼已老，惟恐不復相見，不勝眷戀。朕簡用之人，欲皓首相依，不忍離也！」之俊泣謝。十五年，改中和殿大學士，兼吏部尙書。同校定律例。十六年，詔立明莊烈帝碑，命之俊撰文。尋加太保兼太子太師，復乞假歸。十七年，自陳乞罷，溫諭敦召，未至，加太傅。十八年，復改秘書院大學士。之俊自歸後，屢以衰老乞休，康熙元年，始允致仕。

之俊家居，有爲匿名帖榜其門以謗之者，之俊白總督郎廷佐窮治之，牽累不決。事聞，上不直所爲，以律禁收審匿名帖，鐫廷佐二級，之俊削太傅銜。九年，卒，謚文通。

謝陞，山東德州人。明萬曆三十五年進士，官至建極殿大學士，兼吏部尚書，加少保兼太子太保。崇禎之季，明帝欲與我議和，陞洩其語，罷歸里。李自成入京師，陞與明御史趙繼鼎、盧世漼逐自成所置吏，奉明宗室香河知縣師欽城守。尋奉表來歸，授師欽知州，命陞以建極殿大學士管吏部尚書。陞至京師，改命與諸大學士共理機務。順治二年，卒，贈太傅，謚清義。

胡世安，四川井研人。明崇禎元年進士，官至少詹事。順治初，授原官。四遷禮部尚書。十五年，授武英殿大學士，兼兵部尚書。聖祖卽位，與之俊同改秘書院大學士。以疾乞休，累加少師兼太子太師。康熙二年，卒。

王永吉，字修之，江南高郵人。明天啓間進士，官至薊遼總督。順治二年，以順天巡撫宋權薦，授大理寺卿。四年，擢工部侍郞。永吉疏辭，上責其博虛名，特允之，並諭永不錄用。居數年，有詔起用廢員，復詣京師，吏部疏薦，八年，授戶部侍郞。條奏各衞所屯地分上、中、下三等，請撥上田給運丁；各項折色銀請仍令官收官解，本色物料動支折價採買；洲田丈量累民，請以蘆課并入州縣考成，五年一次丈量：皆見採擇。

永吉家居，究心黃河下游閼壅爲害，嘗議修涇河閘，濬射陽湖。九年，疏言：「黃水自邳、宿下至清河口，淮、泗之水聚於洪澤湖，亦出清河口。二水交會，淮、泗弱勢，不能敵黃。折而南趨四百餘里，出瓜洲、儀眞方能達江。一線運河，收束甚緊，卽有大小閘洞宣洩，海口不開，下流壅滯，以致河隄十年九決。海口在興化、泰州、鹽城境內，輒爲附近居民塡塞。乞敕河、漕重臣相度疏濬，復其故道。淮、泗消則黃河勢亦減。」

時河以北諸省患水，而江以南又苦旱，屢詔蠲賑，而湖廣、四川、閩、廣諸鎭待餉甚急。永吉疏請下廷臣籌足餉救荒之策，上命永吉詳具以聞。永吉因言：「各省兵有罪革占冒，馬亦有老病弱斃，十汰其二。以百萬之餉計之，歲可省二十萬。卽以裁省之項，酌定直省災傷分數，則兵淸而賦亦減。」上嘉納之。

畿輔姦民，每藉投充旗下，橫行骫法。永吉疏陳其害，謂：「上干國法，下失人心，請敕禁王大臣濫收人投旗，以息諸弊。」十年，擢兵部尚書。十一年，與刑部尚書覺羅巴哈納等分賑直隸八府。轉都察院左都御史，擢祕書院大學士。

永吉在兵部，鞫德州諸生呂煌匿逃人行賄，讞未當，下王大臣詰問，永吉厲聲爭辨。

事聞上，諭曰：「永吉破格超擢，當竭力爲國，乃因詰問，輒至忿怒，豈欲效陳名夏故態耶？」左授倉場侍郎。十二年，仍授國史院大學士。尋加太子太保，領吏部尙書。

十四年夏，旱，疏請「下直省督、撫、按諸臣清釐庶獄，如有殊常枉屈，奏請上裁；贖徒以下，保釋寧家」。下所司議行。旋以地震具疏引咎，上復責其博虛名。十五年，以兄子樹德科場關節事發，左授太常寺少卿，遷左副都御史。十六年，卒。上以永吉勤勞素著，命予優恤，贈少保兼太子太保、吏部尙書，謚文通。

党崇雅，陝西寶鷄人。明天啓五年進士，官至戶部侍郎。順治元年，以天津總督駱養性薦，授原官，調刑部。疏言：「舊制，大逆大盜，決不待時，餘俱監候秋後處決，未嘗一罹死刑，輒棄於市。請凡罪人照例區別，以昭欽恤。新制未定，幷乞暫用明律。俟新例頒行，畫一遵守。」二年，復疏言：「流寇暴虐，今剿滅殆盡。恐寇黨株連，下民未獲寧止。請速頒恩赦。督、撫、司、道及府、州、縣各官，簡用務在得人，庶可廣皇仁，布實政。」並得旨允行。駱養性被訐貪婪通賊，辭連崇雅，讞不實，免議。給事中莊憲祖劾崇雅衰庸，崇雅疏乞罷，留之。五年，擢尙書。六年，加太子太保。八年，調戶部，加少保。十年，引疾告歸，命仍支原俸。旋召還。十一年，授國史院大學士。十二年，復以老乞休，加少傅兼太子太傅。入謝，上見其老，賜御服，諭曰：「卿今還里，服朕賜衣，如見朕也！」臨行，復召見，賜茶，慰以溫語，命大學士車克送之。十三年，敕存問。康熙五年，卒。明福王時，定從賊案，崇雅與衞周祚、高爾儼皆與。

衞周祚，山西曲沃人。明崇禎進士，官戶部郎中。順治元年，授吏部郎中。再遷刑部侍郎，疏言：「各省逮捕土寇，坐輒數十人，請飭鞫訊得實，具獄詞解部。京師多訐訟，請嚴反坐罪。功臣犯法，請復收贖之令。」調吏部，疏言：「六部司屬，請每歲令堂官糾舉黜陟。」「疆圉新闢，招民百名，卽授知縣，暫委各官，卽予本職，乃一時權宜計。請試以文義，有不嫻者，招民改武職，暫委授佐雜。」皆下部議行。擢尙書，歷工、吏二部。十五年，授文淵閣大學士，兼刑部尙書，改國史院。以葬兄周胤乞假還。復起授保和殿大學士，兼戶部尙書。以疾乞休。康熙十四年，卒，諡文淸。周祚居鄉謹厚，聖祖稱之。西巡，遣大臣酹其墓。

周胤，明崇禎七年進士，官御史。順治初，授原官。官至兵部侍郎。

高爾儼，直隸靜海人。明崇禎十二年進士，官編修。順治初，授祕書院侍講學士。遷侍郎，歷禮、吏二部，擢吏部尙書，加太子太保。九年，爲御史吳達所論，乞罷。旋起補弘文院大學士。十二年，卒，贈少保，諡文端。

張端，山東掖縣人。父忻，明天啓五年進士，官至刑部尙書。端，明崇禎十六年進士，改庶吉士。李自成入京師，端從忻皆降。順治初，忻以養性薦，授天津巡撫。端亦以薦授弘文院檢討。三遷爲禮部侍郎。十年，授國史院大學士。十一年，卒，贈太子太保，謚文安。忻以靜海土寇亂罷，後端卒。

養性，崇禎時官錦衣衛都指揮使，頗用事。大學士吳甡戍，周延儒死，皆有力。來降，授總督。尋坐事罷，仍加太子太傅、左都督，進太子太師。求自效，授浙江掌印都司。卒。

論曰：世祖既親政，銳意求治，諸臣在相位，宜有閎規碩畫足以輔新運者。如蔣赫德請懲貪蠹；權首請田賦循萬曆舊額，並罷祖軍、民壯；永吉議淸兵額、䘏災傷，痛陳投旗之害；之俊、崇雅鄭重斷獄：可謂能舉其大矣。若巴哈納以細事塞明問，以漸、宮以巍科虛特擢，及額色赫、車克輩，皆鮮所建白。要其謹身奉上，亦一代風氣所由始也。

清史稿卷二百三十九

列傳二十六

沈文奎　李棲鳳馬鳴佩　馬國柱羅繡錦　繡錦弟繪錦　雷興　王來用

丁文盛子思孔　祝世昌

沈文奎，浙江會稽人。少寄育外家王氏，因其姓。年二十，爲明諸生，北游遵化。天聰三年，太宗伐明，下遵化，文奎降。從貝勒豪格以歸，命值文館。漢軍旗制定，隸鑲白旗。六年六月，上自將伐察哈爾，因略宣府邊外。明文武大吏請盟，上還師。八月丁卯，召文奎及同值文館諸生孫應時、江雲深入宮賜饌，命策和議成否。文奎等皆言明政日紊，中原盜賊蜂起，民困於離亂。勸上宣布仁義，用賢養民，乘時弔伐。文奎等退，各具疏陳所見。

文奎疏言：「先帝用兵之初，勢若破竹，蓋以執北關之釁，名正言順。其後多疑好殺，百姓離心，皆曰利我子女玉帛耳。上寬仁大度，推心置人。今師次宣、大，長驅而入，誰復敢當？乃以片言之故，卷甲休兵。大信已著，宜乘時遣使，略遜其辭，以踐張家口之約。夫不利人之危，仁也；不乘人之亂，勇也；不失舊約，信也：一舉而三美歸焉。或謂南朝首吝王封，次論地土人民，和必不成。臣謂和否不在南朝，在上意定不定耳。且和而成，我坐收其利，以待天時；和而不成，或薊鎮，或宣、大，或山海，乘時深入，誕告於衆曰：『幽、燕本金故地，陵墓在房山，吾第復吾故疆耳。』師行毋殺人，毋劫掠，則彼民必怨其君之不和，而信我無他志矣。大凌河降夷，上赦之刀斧之下，復加以恩育，其所以去者，皆父母妻子牽其念耳。文王王政，罪不及孥。執殺逃亡，已正國法。豈可因兄及弟，因父及子？以一降夷而使衆降夷自危，且使凡自大凌河降者人人坐疑，非上明白宣諭，上下暌違，終不能釋也。我國衣冠無制，貪而富者，卽氓隸，冠裳埒王侯；清而貧者，卽高官，服飾同僕從。乞上獨斷，定衣冠之制，使主權尊，民志定，賢愚僉奮，國日以强。」

雲深疏言：「南朝未能決和，宜倍道徑取山海。山海旣破，八城折入於我，再與畫界議好，和乃可定。」

應時疏言：「用兵當先足民。年來國用不舒，今歲又被災，十室九空，宜乘時究方略，轉虛爲盈，此宜急議者也。八門徵稅，正稅外有羨銀，稅一兩非增三四分不收，朘削窮民脂血，此宜嚴覈者也。六部公廨已畢工，人人當盡心力爲上治事，否則不惟負上，抑且負此巨室，此宜申飭者也。大凌河新夷，固自取滅亡，然邊防嚴則逋逃何自越，此亦宜申飭者也。」

是歲近明邊蒙古部民逃入沙河堡，明兵索還。文奎、應時疏中曰「降夷」，曰「新夷」，蓋謂是也。

九月，文奎復疏言：「臣自入國後，見上封事者多矣，而無勸上勤學問者。上喜閱三國志，此一隅之見，偏而不全。帝王治平之道，奧在四書，迹詳史籍。宜選筆帖式通文義者，秀才老成者，分任迻譯講解，日進四書二章，通鑑一章。上聽政之暇，日知月積，身體力行，操約而施博，行易而效捷。上無曰『此難能』，更無曰『乃公從馬上得之』，烏用此迂儒之常談，而付之一哂也。上用人亦宜詳審，臣第就書房言之。書房出納章奏，卽南朝之通政司也。自達海卒，龍什罷，五榜式不通漢字，三漢官又無責成。秀才八九，闃然而來，羣然而散。遇有章奏，彼此相諉，動淹旬月。上方求言，而令喉舌不通，是何異欲其入而閉之門乎？宜量才委用，或分任俾責有所專，或獨任俾事有所總。至筆帖式通文義者，惟恩國泰一人，宜再擇一二以助不逮。立簿籍，定期會，使大事不過五，小事不過十，分而任之。課勤惰，察能否，而從以賞罰，則政柄不搖，賢愚並勵矣。」

七年七月，疏言：「圖事功者，以得人爲先務。頃聞開科取士，誠開創急事也。然臣以爲非掄才之完策，上宜發明諭，不拘族類，不限貴賤，不分新舊，有才能者許自薦，知人有才能者許保舉。自薦者擇有智識之臣，畀以掄選，而嚴挾私徇情之罰；保舉者不避父子兄弟，但令立狀記籍，異日考其功罪，與同賞罰，然後親加省試，量才錄用。有技能則超擢，無才行則責譴。奴隸工商，有善必取。顯官貴戚，有惡必懲。招以眞心實意，歆以高爵厚祿，繩以嚴刑重罰。好榮惡辱，人情所同。雖不能拔十得五，於千百中得數人，而已足爲用矣。」崇德元年，甄別文館諸臣，文奎列第二，賜人戶、牲畜，授內弘文院學士。七年八月，以醉乘馬犯鹵簿，論死，上宥之，仍命斷酒。

順治元年，世祖定鼎，七月，命爲右副都御史，巡撫保定。時畿南未定，保定、大名、眞定所屬諸州縣，盜千百並起，焚掠爲民害。文奎到官，駐眞定，訓練所部兵，與巡按衞周胤謀捕治，盜渠趙崇陽等數百人降。有韓國璧者，爲盜寧晉泊，拒官軍。文奎卽用崇陽捕斬國璧，殲其徒。遂分部總兵王燝、守備劉文選等將兵逐賊。燝等討滅香爐、喬家二寨，戮其渠錢子亮、趙建英。文選等攻深州，戮其渠于小安；攻晉州，戮其渠馬數全。於是冀州郭世先、保定李庫、內黃李君相、順德袁三才數十渠魁，並就俘戮。散其脅從，錄驍勇置部下。畿南漸定。州縣吏徵賦仍明季舊習，優免多則蝕賦，攤派行則厲民，文奎疏請悉從正額；寧晉泊地肥而賦輕，豪右競占，逋賦爲州縣吏累，文奎疏請招民分耕納賦；二年正月，疏言畿南民重困，歲貢綿絲諸品，皆求諸他行省，請改折色；二月，又論諸衞所地納賦丁入保甲，皆當屬州縣吏：並見採擇。李聯芳、張成軒等爲盜南皮、鹽山間，四月，遣都司楊澄、守備徐景山捕治，戮聯芳等九十三人。

尋命加兵部右侍郎，總督陝西。五月，改命總督淮、揚漕運。淮、揚羣盜，高進忠、魏用通、高陞三人者爲之魁，復有酆報國、司邦基挾明宗室新昌王，與相應爲亂。文奎遣游擊裴應暘等擊斬用通，總兵王天寵亦擊破陞，報國、邦基爲其徒縛詣江寧以降；進忠走崇明，亦降。十二月，復令總兵孔希貴、蘇希樂逐盜如臯，得其渠于錫藩、劉一雄。三年八月，又與淮徐道張兆熊發兵擊斬邳州盜楊秉孝、王君實等。江、淮間始稍安。十月，疏請禁革蘇、松諸府徵漕積弊，悉去官戶、儒戶、濟農倉諸名，著爲令。四年正月，以擅免荒田賦，又瀆請明陵祀典，奪職。

五年十二月，起爲內弘文院學士。六年，充會試總裁。八年，大學士剛林、祁充格得罪，文奎以知睿親王多爾袞令改實錄不上言，當坐，上命免議。四月，復命以兵部侍郎、左副都御史，總督漕運，巡撫鳳陽。請復姓沈氏。七月，疏請慎選運官，淸核舍餘，合選殷丁，淸勾黃快，皆漕政大端，凡四事。十年，率師討膠州叛將海時行。十一年，遣兵捕朱周錤，淸通、泰濱海逋寇。江北廬、鳳、淮、揚諸府災，文奎請蠲賦，戶部議未定，冬盡未啓徵。九月，文奎坐督運遲遲，左遷陝西督糧道。尋卒。

與文奎同時以諸生直文館者，雲深、應時同被召對。又有李棲鳳、楊方興、高士俊、馬國柱、馬鳴佩、雷興輩，蓋皆文奎疏中所謂秀才八九者也。棲鳳、方興、國柱、鳴佩、興自有傳。雲深後不著。應時爲啓心郎，以祝世昌請毋以俘婦爲妓，爲改疏稿，坐死。士俊嘗上疏謂：「上定例一丁予田五日，衣食於此出，力役於此出。民已苦不足，況以繩量田，名五日，實止二三日。將吏復占沃地，役民以耕，宜禁革。民間貸金，當視金多寡定取息重輕，其有逾度者，宜坐罪。」日者，滿洲以計田，士俊用當時語也。士俊入關後，嘗爲湖廣巡撫，收長沙，克衡州、常德，有勞。

方上召文奎等策議和成否，亦諭吏民令建言。有胡貢明者，疏言：「我國與南朝未嘗無內外君臣之分。今旣議和，當遣使修表，姑聽其區畫。如不欲爲之下，遂圖大事，必如漢高祖而後可。」因謂鼓舞用人，養百姓，立法令，收人心，皆未若漢高祖。貢明先嘗上疏請更養人舊例，略言：「太祖時方草創，土地、人民、財用皆與諸貝勒均之。今尙沿此習，上名雖有國，實不啻正黃旗一貝勒耳。一人寸土，上與諸貝勒互不相容。十羊九牧，卽有中原不可以爲治。出師得財，當以三屬上，七分畀諸貝勒。得人聚而贖之，視其賢不賢，厚薄予奪，權得以自操，而人心亦歸于一。」至是又別疏申前說，並反覆言養豪傑當破格，如高祖之于

「三傑」。上覽先疏，頗韙其語，謂後出師當用汝議；覽後疏，責其語冗。貢明復上疏抗辨。

七年，又有扈應元者，疏詆漢官但求名利，語近戇，略如貢明。別疏陳七事，謂備荒宜儲糧；編丁宜恤老幼；築城建關宜不妨農業；出師宜選公正廉能吏，拊循新下郡邑；取士宜尚德行；求言宜置諫官；乘機取天下，在人心不在火器。上覽其疏，至論築城建關，疑勿善也，不竟閱。應元亦上疏抗辨。

貢明隸鑲紅旗，亦諸生；應元隸正白旗，自署「隱士」。

李棲鳳，字瑞梧，廣寧人，本貫陝西武威。父維新，仕明爲四川總兵官。嘗官薊、遼，家焉。馬鳴佩字潤甫，遼陽人，本貫山東蓬萊。其先世嘗爲遼東保義副將，因占籍遼陽左衞。棲鳳、鳴佩皆以諸生來歸，事太宗，並值文館。崇德元年，甄別文館諸臣，棲鳳、鳴佩俱列二等，賜人戶、牲畜。漢軍旗制定，同隸鑲紅旗。世祖定鼎，授棲鳳山東東昌道，鳴佩山西冀南道。順治二年，收湖廣，移棲鳳上荆南道，鳴佩下湖南道。

方棲鳳值文館，治事勤慎；達海等聞於上。上命司撰擬，遂寫國書。達海卒，棲鳳言文館無專責，櫝貯官文書，人得竊視，慮有漏言。上召王文奎等諮和議成否，棲鳳上疏言：「臣侍文館幾七年，今上與南朝議和，謀及羣臣。臣愚以爲時政有可惜者二，當速圖者六。

先帝勞心力、訓練勁旅以遺上，上當法先帝賞罰出獨斷，有功雖賤雖仇必賞，有罪雖貴雖親必罰。若不振奮鼓舞，必且習爲泄泄，弛已成之業。此可惜者一也。上天姿英敏，誠大有爲之君也。臣見諸臣章奏，輒曰『上寬仁大度』，此則諛耳。創國之君，不欲過刻，亦不欲過寬。用人聽言，審察其可否，中夜而思，如何使人畏，如何使人喜，而後可以驅使。倘信虛譽而呲于仁厚，必誤上英斷矣。此可惜者二也。民以食爲天。今歲水且螟，米值騾昂。上宜速出師攻關外八城，八城爲我有，豈復慮我民之枵腹耶？一失此機，民無食且流散，國亦稍稍衰矣。當速圖者一也。上舊得人民，兵農工役，物物皆備。惟頻歲役民築城，此毀彼建，不得休，民未必無怨。昨聞大凌河西夷復加誅戮，奈何先與之誓而後又殺之也？今宜罷非時之工，廣養人之惠。當速圖者二也。南朝東西支梧，奔命不遑，勢必且南遷。祖大壽與上嘗有盟約，當急遣使游說，乘機進兵，遲則失時。當速圖者三也。君雖聖，必賴賢臣以調燮之。近雖有一二三骨鯁之臣，位卑祿薄，信任未專。如永平道張春，在彼中號有謀略，上宜隆以禮遇，心雖金石，將爲我鎔。我國雖邊鄙，未始無才，重賞之下，必有勇夫。當速圖者四也。諸臣多請制定衣冠，尚未允行。夫所謂衣冠，豈必如南朝紗帽圓領而後可？但能別尊卑，差貴賤，卽是制度。國體威嚴視斯，人心繫戀視斯，綱紀法度，風移俗易，莫不視斯。當速圖者五也。達海竭心力奉上，及其卒，斂乃無鞾，其廉若此，未聞上破格矜恤。總兵布三取遼陽首功，先帝賜敕免死，今以事奪官，且下之獄，不過以愚直得罪。功過貪廉，自古無全才，不可拘於一。當速圖者六也。」調爲上荆南道參政。明年六月，遷湖廣右布政使。

十月，命以右副都御史巡撫安徽。吳繼、程國柱等爲寇休寧、婺源間，棲鳳檄總兵李仲興、許漢鼎等帥師捕治，獲所置總兵江烏、鄭恩祥，降張天麒、江周等千人。其黨趙正挾明瑞昌王誼貴攻宿松，棲鳳率總兵卜從善、冷允登禦之洿池，斬千級，獲誼貴及正子捷應，弟允升。招撫江南大學士洪承疇上其事。旋坐屬縣濫徵賦不舉劾，左遷。

六年，復自浙江嘉湖道參議授右僉都御史，巡撫廣西。明桂王由榔遣兵略廣東諸郡縣，尚可喜、耿繼茂軍駐廣州，棲鳳駐南雄，爲具儲糈。七年，合兵克韶州，並破雷州、廉州諸寨。八年，明將曾志建侵韶州，棲鳳令南韶道林嗣琛、游擊張瑋等擊之，斬二千餘級。九年，遣副將先啓玉等攻欽州，獲叛將李成棟子元胤。十年，明將李定國自梧州侵肇慶，棲鳳遣兵敗之龍頂岡；尋分遣總兵徐成功、吳進功等復羅定州東安縣。捷聞，上手書「知方略」三字以賜。又遣副將陳武、李之珍徇高州，至沙江。敵循江岸列寨，師渡江縱擊，獲所置副將姚奇、中軍余元璣等。克化州、吳川縣，焚其壘，殲敵。以功進兵部右侍郎。

十五年三月，考滿，加兵部尙書。六月，命總督兩廣。時明桂王走雲南，其將陳奇策及明江夏王藴鑰、德陽王儼錦等據上思州，旁掠諸縣，棲鳳令總兵栗養志等討之，獲奇策等；又剿撫那錦、板强諸寨，定太平、思恩諸府。十七年，加太子少保。十八年九月，分設廣東、廣西兩總督，棲鳳督廣東。十二月，以老乞休。康熙三年正月，卒。

鳴佩，天聰三年，授工部啓心郎，仍直文館。六年，與同官羅繡錦疏論輸糧令，語詳繡錦傳。崇德八年，授半個前程。順治三年，自下湖南道參政授戶部侍郎銜，總督江南糧儲兼理錢法。疏言錢法首禁私鑄，犯必誅，並請設錢法道專其責；江南軍餉不足，請留關稅佐之：皆議行。八年，入爲戶部侍郎。十年，改總督倉場侍郎。

十一年二月，命以兵部左侍郎兼右副都御史，總督宣、大、山西，勸墾宣府、大同荒地三千餘頃。盜發平陽，鳴佩令副將許占魁等捕治，分兵扼隘，誅其渠張五等二百八十餘人，降其黨九十餘。

十月，加兵部尚書，移督江南、江西。時鄭成功爲寇海上，陳其綸、汪龍等爲明將，號爲侯、伯，據郡縣，遙應成功。鳴佩檄總兵胡有升等攻其綸瑞金，破大柏山寨。其綸走寧都天心寨，寨民獲以獻；復獲龍九江，並擊破成功之徒胡寧等。未幾，明將張名振以舟師侵崇明，鳴佩亦以舟師禦之，名振敗走，得其副將林正禮等；復周歷松江、崇明諸郡邑，視形勢，疏陳水陸攻守之策。會給事中張玉治言江寧提督當移駐蘇州，吳淞宜增兵，上令鳴佩覈議。鳴佩請令江寧提督分兵守劉河、福山，蘇松提督駐吳淞，不煩更增兵，但令與江寧提督互策守禦爲犄角。得旨，如所議。十二月，名振兵復侵崇明，以舟師斷海港，官軍莫能渡，鳴佩密令民束草削柹，佐軍焚敵舟，俘馘無算，名振夜引去。十三年正月，降所置總兵顧忠，副將黃忠、董禮等百餘人。顧忠故劇盜，號「綱倉顧三」，善水戰，至是降，敵益沮。復率參將吳守祖等出海，至浙江獨山破敵。分兵討吉安、贛州盜，敗之上坪；討徽州盜，剿花橋諸寨。閏五月，以目疾乞罷，進三等阿達哈哈番。康熙五年正月，卒。

鳴佩嘗薦梁化鳳有大將才，及成功入攻江寧，賴化鳳破敵。棲鳳、鳴佩子弟皆才。棲鳳弟棲凰漕運總督加太子太保，棲鵰、棲鸞總兵，棲鳴廣東提督；子鎮鼎，亦官廣東提督，加太子太保。鳴佩子雄鎮，自有傳。

馬國柱，遼陽人。天聰間，以諸生直文館。六年，諸生胡貢明請更養人舊例，語附見沈文奎傳。國柱上疏，謂：「以家喻國，上猶祖父，諸貝勒猶子弟，而人則妻孥也。祖父重持家，子弟喜便嬖，好惡不同，不能迫而從也。我國正直者多貧賤，貪佞者多富貴。正詘而邪申，欲國之興得乎？宜採貢明議，無分新舊人，悉養於上。如疑八家分人而贍爲先帝舊例，試思先帝時雖曰分贍，而厚薄予奪操之一人。今昔相較，果何如乎？況善繼志者謂之大孝。先帝至今日，亦當更舊習。苟益於國，何有於小嫌？且利於八家，而上獨擅焉，誠不可也；今養人乃勞事，雖專之，庸何傷？」

先是，國柱與高鴻中、鮑承先、寧完我、范文程等合疏請置言官，是疏並申言之；而諸上書言時事者，扈應元、徐明遠、許世昌、仇震疏中往往及是。應元事見沈文奎傳。明遠，明兵部吏，自永平降，隸鑲黃旗。疏並請禁交結，定法度，立管屯將吏考課黜陟之制，禁管臺將吏掊克士卒，禁八門監榷不得用重秤，豁流亡戶籍，錄閒冗吏，革鬻良人爲妓。世昌，正紅旗牛彔章京。疏並請定先帝謚號，建中書府。震，明武進士、都督僉事。疏自署「俘臣」，並請譯書史，申法律，簡賢才，與明通和。

八年，太宗命禮部設科取士，中式爲舉人，國柱與焉。直文館如故。崇德初，始置都察院。三年，授國柱理事官。漢軍旗制定，隸正白旗。順治元年，從入關，授左僉都御史。師已定大同、代州，七月，命國柱以右副都御史巡撫山西，道昌平，出居庸關，至代州任事。師自忻州克太原，國柱進駐太原。師行，任策應。汾州、平陽、潞安、澤州諸府以次底定。李自成將李過、高一功走保綏德，國柱疏請分兵東西夾擊，使賊首尾不相應，上韙其議。二年，遣游擊楊捷擊斬陽曲盜閻汝龍，別將討嵐縣盜高九英，降四十餘寨。交城盜梁自雨、河曲盜李俊與九英犄角，國柱復分兵捕治。國柱撫山西年餘，捕誅自成餘孽伏民間者，安集撫循，民漸復業。客軍數往來，苦供億繁，國柱悉心措置，民不知兵。十月，擢兼兵部侍郎，總督宣、大。

四年七月，加兵部尚書，移督江南、江西、河南三行省。五年正月，安慶亂者馮洪圖陷巢縣，掠無爲州，國柱令按察使土國寶從侍郎鄂屯帥師討之，獲洪圖及其黨蔣懋修、鍾武等。江西總兵金聲桓叛，其將潘永禧犯徽州，國柱遣滿洲駐防官兵擊破之，復祁門、黟二縣。上命征南大將軍譚泰帥師討聲桓，克九江、南康、饒州等府。明尚書余應桂據都昌，出沒鄱陽湖，國柱令副將楊捷等從譚泰攻克都昌，獲應桂；復擊敗其將鄧應龍等於武寧。十月，廣東叛將李成棟自南雄侵贛州，國柱遣將與江西巡撫劉武元合兵擊殺之。

六年，有王定安者，爲亂於湖廣，陷羅田，結英山盜陳元等掠霍山，國柱遣中軍副將朱運亨等擊之，戰於三尖山，元等引去；又令總兵卜從善剿白雲、梅家、英窠諸寨。明石城王統錡率五千餘人自金紫寨赴援，倚山列陣，從善與戰，俘馘甚衆，獲所置總兵孔文燦、副將方學達等。國柱復率師會江寧昂邦章京巴山、提督張大猷討六安盜，圍將軍寨，擊斬其渠張福寰，降所置總兵王俊、副將霍維倫等。安徽境諸弄兵者，往往依山結寨相望，至是始盡。

明魯王以海在舟山，其將吳凱據大蘭山爲聲援，上命國柱策剿撫。國柱知寧波諸生方聖時與以海臣嚴我公友，使爲游說，我公遂降，國柱護送京師。上遣齎敕招凱，國柱復寓書焉，凱與其將顧奇勳、姜君獻、陳德芝等降。七年，加太子少保。

九年七月，有張自盛者，爲亂於福建，闌入江西境，保大覺巖，國柱檄提督劉光弼擊斬所置總兵李全等，遂獲自盛。十一年正月，明將張名振攻崇明、劉河、吳淞，國柱募水師，遣總兵王璟、副將張恩達分將之，敗之於靖江，復敗之於泰興，燬其舟，名振引去。二月，有賴龍者，爲亂於湖廣，號「紅頭賊」，自桂東侵江西境，國柱與湖廣總督祖澤遠合兵攻桂東，得龍，亂乃定，復加太子太保。旋致仕。國柱初至江南，駐防兵與民不相習，國柱善爲撫戢，令行禁止，兵民相安。康熙三年二月，卒。

天聰八年，舉人凡十六人，漢人習漢書者，齊國儒、朱燦然、羅繡錦、梁正大、雷興、馬國柱、金柱、王來用，得八人。國柱及繡錦、興、來用入關後，皆至督撫，而國柱、繡錦、興又同值文館。

繡錦，亦遼陽人，以諸生來歸。天聰五年，與馬鳴佩同授工部啓心郎。六年，上以大凌河新附人衆，計國中無問官民，計口儲糧，有餘悉輸官，視市值記籍，徐爲之償；有餘糧不輸者，許家人告發。繡錦、鳴佩疏言：「民有餘糧，孰肯輸之官？縱令首告，有仇則訐，無仇則隱，所得必少。且民不敢以糧入市，新人糧不足及舊人之無糧者，皆無所於糴。不若出令，無問滿、漢、蒙古官生軍民，人輸糧一斗。有糧者固易辦，無糧者人出銀二三錢，糴以輸官，亦無大損；其有餘糧願輸官者，獎以升賞：此兩便之術也。」崇德元年五月，授內國史院學士。纂太祖實錄成，得優賚。漢軍旗制定，隸鑲藍旗。七年，兼牛彔額眞。

順治元年，從入關，七月，命以右副都御史，巡撫河南。時李自成西走，其黨掠衞輝、懷慶間，而原武、新鄉諸縣盜競起。繡錦至官，與總兵官祖可法等謀防禦。疏言：「自成之衆二萬餘，攻懷慶甚急。明尚書張縉彥等擁兵河上，副將郭光輔、參將郝尙周不應徵調，叛而爲寇。明兵在南，流寇在西，請發兵靖亂。」上已令豫親王多鐸爲定國大將軍，帥師南征，令取道河南捕治羣寇。繡錦亦遣衞輝參將趙士忠等攻破婁兒寺盜寨，擒其渠。繡錦請以河北荒地萬餘畝令守兵屯墾，得旨兪允。

二年十一月，擢兼兵部右侍郎，總督湖廣、四川。湖南諸州縣尙爲明守，自成從子錦擁衆降於明，侵湖北。繡錦至荆州，錦率衆來攻。順承郡王勒克德渾自江寧來援，錦敗走。勒克德渾師還，錦又至，繡錦帥師禦之，錦復敗走。有胡公緒者，據天門八百洲，四出焚掠，戕署鹽道周世慶，繡錦遣中軍副將唐國臣、署總兵楊文富等分道討之，獲公緒，毀其巢。三年六月，遣總兵官徐勇擊破麻城山寨，獲其渠梅增、周文江；岳州署總兵官高蛟龍等擊斬滿大壯，獲龍見明等。九月，明總督何騰蛟寇岳州，繡錦遣將禦之，多所斬獲。十月，遣總兵鄭四維等定夷陵、枝江、宜都三州縣。

四年，定南大將軍恭順王孔有德等略湖廣，取長沙、衡州、寶慶、辰州諸府。繡錦條奏增設鎮協，下部議行。王光泰以鄖陽叛，上命侍郎喀喀木帥師討之，繡錦與合兵克鄖陽，光泰走四川。五年，金聲桓以江西叛，湖南騷動，常德、武岡、辰、沅諸府州復入於明。繡錦疏留喀喀木駐荆州，而分遣總兵徐勇、馬蛟麟等分守要隘，屢敗明將馬進忠等。上復命鄭親王濟爾哈朗共率師徇湖南，漸收諸郡縣。繡錦疏請移降卒腹地，毋使師還後復爲餘孽煽誘，上嘉納其言。九年七月，卒，贈兵部尚書。

弟繪錦，自通政司理事官再遷，終貴州巡撫。

興，亦遼東人。太祖時，以諸生選直文館。事太宗，授秘書院副理事官。崇德間，遷都察院理事官。漢軍旗制定，隸正黃旗。順治元年十月，命以右副都御史巡撫天津。李聯芳、張成軒爲亂滄州、南皮間，興與總兵官婁光先帥師討之。成軒等將遁出海，師已扼海口，乃驚潰，投水死者强半。興復遣兵捕治，斬渠宥脅，盜盡散。疏言大沽海口爲神京門戶，請置戰船爲備，下所司議行。二年四月，移巡撫陝西。陝西方被兵，民多流亡，興招徠撫綏，疏述其狀。上旌以冠服、裘馬。三年，肅親王豪格帥師自陝西徇四川，師未至，有孫守法者，爲亂於興安；賀珍又以漢中叛。興移潼關兵戍商州，密檄漢羌道胡全才爲備，待師至，悉戡定。興疏請隴州置兵，臨洮、鞏昌留屯軍防邊，皆報可。四年四月，以疾乞罷。十年八月，復起巡撫河南。未上，卒，贈兵部侍郎。

來用，亦隸鑲藍旗。授工部啓心郎。順治初，再遷山西布政使。三年，師略四川，三月，授來用戶部右侍郎，總督山西、川、陝糧餉，駐西安。疏言陝西兵後民困，請蠲荒徵熟。山西銅缺，鑄錢多，定值過低，商不前，請酌增。四年，疏言漢南遘賀珍亂，蹂躪荒殘，請恩賑，並敕部儲備肅親王還師餉糈。五年，疏言河西回亂，運河阻，諸軍南討，請發湖廣漕供餉。又言漢中屯軍歲餉數十萬，請專設餉司。皆如所請。六年，疏言兵出鎭，贍其孥如所食糈。司兵者請自離伍日起，司餉者請自到軍日起，持異議，請定例畫一。部議以應徵日起，中途逃亡，不得濫與。八年正月，御史聶玠劾來用專倚中軍王楨，自隳職業，部議左遷，援赦免。七月，裁缺。九年，命巡撫順天。十年，移駐河間。十一年，以定南王孔有德喪歸，其屬吏或格詔書不出迎，坐左遷。十四年，改授河南大梁道。尋卒。

丁文盛，廣寧人。初爲明諸生。天命六年，歸太祖。天聰間，授兵部啓心郎。七年正月，偕同官趙福星疏言：「師行戒毋擾民，子女玉帛，秋毫無犯，但發倉庫以佐軍興。攻關東八城，當先其易者，後其難者。舍寧、錦、前衞，但得其他小城，因糧以度師，進攻山海。

舊制編民爲兵，十丁而取一。當令諸甲喇及領屯將吏，愼選年事盛强、身家相稱者，毋許以他人代。永平砲兵衣食不足，宜擇其技精者授千總，督演習，食糈視鑄砲之工。哈喇沁降者置遼河外，慮且逃亡，宜移屯腹地。」

及孔有德、耿仲明來降，五月，文盛、福星上疏請水陸並進，攻山海，取旅順；幷言：「毛帥來歸，令金、漢官吏出羊、鷄、鵝、米、肉以贍其兵。臣慮新人未必肥，而舊人已不勝瘠。復使市馬，力尤不能舉。若用八門稅，一二月已足。」孔有德等，毛文龍部曲，文龍嘗使冒其姓，故是時猶稱毛帥。及旅順既下，七月，文盛、福星復請城旅順，加意防守。考績，授世職牛彔章京。

順治初，從入關，授山東登萊兵備道參政。二年六月，授右僉都御史，巡撫山東。濰縣盜張廣爲亂，以數千人攻萊州，文盛令游擊馮武鄉等討之，戰三埠，再戰紅山口，斬廣黨尼思齊、趙明春。廣走平度，游擊楊遇明逐之，及於徐里疃，射廣殪，殲其徒。明季馬政弛，驛馬缺，求諸民，文盛疏請以餘存驛站銀市馬。明季增牙稅及他雜稅，文盛疏請罷。臨清、東昌、平山諸衞置兵五千人，虛額逾半，文盛疏請減，留二千人，節餉令州縣募壯丁逐捕盜賊。別疏又請敎有司淸刑獄，禁獄卒毋虐囚。皆下部議行。三年，盜發茌平、高唐諸縣，文盛請兵，上遣副都統覺善率師捕治。四年，文盛被彈事不勝任，左遷河南按察使，稍遷福建布政使。七年，卒。

文盛子思孔，字景行。順治九年進士，選庶吉士。四遷，授陝西漢羌道副使。康熙二年，巡撫賈漢復劾思孔追胥役蝕糧草逾限，左遷河南開封府同知。思孔詣通政使自列胥役蝕糧草，獄瘐家罄。事上巡撫，巡撫久乃入告未嘗逾限，下總督白如梅勘實。復授直隸通薊道。直隸未設布政、按察兩司，八年，巡撫金世德請增置保定守道領錢穀，以授思孔。再遷江南布政使。時吳三桂亂方定，師行江西、湖廣，思孔主餽運，應期不愆。禁旅還自福建，庀役具舟，科量悉當。修蘇州府學，置育嬰堂、養濟院，諸政皆舉。二十一年，遇大計，總督于成龍以思孔督賦未中程，不得舉卓異，特疏薦廉能，上命准卓異。二十二年，擢偏沅巡撫。偏沅所領七郡，溪山環互，民、獠雜處，反側初定，餘孽每煽亂，思孔撫其渠，羣盜漸散。復嶽麓書院，御書旌楣。

二十七年，移撫河南，方上，而有夏逢龍之亂，復移撫湖北。逢龍私自署置千總胡耀乾，參將李廷秀，馬兵周凱、萬金鎰皆號總兵，守備林德號副將。上命振武將軍瓦岱帥師討之，趣思孔詣荆州主餉。思孔以武昌倉庫皆陷賊，諸軍餉乏，乃發河南庫帑，護詣襄陽，諸軍資以濟，疏報稱旨。七月，瓦岱師至，蹙賊黃州，誅逢龍，而耀乾等尚據武昌拒命。思孔至漢口，具舟渡江，單騎叩漢陽門，呼耀乾出見，耀乾等遂降。思孔入武昌，數耀乾等罪而誅之，並戮所置巡撫傅爾學、布政婁方順、驛道金奇功，凡八人，武昌遂定。九月，復設湖廣總督，以命思孔。陳龍越八者，逢龍之徒也，二十八年五月，謀爲變，期夜半。思孔晡始聞，執陳龍越八戮於市，他悉不問。設水師，分戍武昌、荆州、岳州、常德。嘗歲饑，便宜發帑市米江西，平値以糶。

三十三年四月，移督雲、貴。八月，卒。

祝世昌，遼陽人。先世在明初授遼陽定邊前衞世襲指揮，十數傳至世昌，爲鎭江城游擊。天命六年，太祖克遼陽，世昌率三百餘人來降，仍授游擊，統其衆。命董築瀋陽、遼陽、海州三城，事竟，授瀋陽城守昂邦章京。

天聰五年，從征大凌河。六年，太宗閱烏眞超哈兵，賚諸將，世昌與焉。尋遷禮部承政，授世職參將。七年七月，克旅順。世昌疏請大舉伐明，謂：「攻城當專用紅衣砲，國中新舊三十餘具，瀋陽留四具，城守已足，餘悉載軍中。砲多則糜藥亦多，藥局製藥，硝丁淋硝慮不足於用。旅順新獲硝磺，宜以其半送瀋陽製藥。師行克城邑，當得練達謹愼之吏，不求小利，不貪財賄，乃能戢民心、保疆圉，宜預選令從軍備任使。用兵當兼奇正，輕兵先發，奪人畜，掠儲峙，然後整軍挾紅衣砲自大道徐進。」上尋遣貝勒阿巴泰等將二千人略山海關外，未深入，引還。

崇德七年，疏請禁俘良家婦鬻入樂戶，上諭都察院承政張存仁、祖可法曰：「世昌豈不知朕禁樂戶？而爲此疏，不過徇漢人，藉此要譽耳。朕度世昌身在我國，心猶嚮明。世昌果忠於明，明以元功臣田、劉、張三姓之裔隸樂戶，世昌何不聞有言乎？朕視滿、蒙、漢若一體，爾等同心輔國。譬諸五味，貴調劑得宜。若各相庇護，是猶鹹苦酸辛不得其和。爾等徇世昌而不舉劾，咎在爾等。曾子曰：『吾日三省吾身。』爾等能如曾之省身，則何過之有？」旋命固山額眞石廷柱、馬光遠與諸漢官會鞫，坐世昌死。其弟世蔭同居，知其事，啓心郎孫應時爲改疏稿，皆死。禮部承政甲喇章京姜新、甲喇章京馬光先見疏稿稱善，當奪職坐罰。上命誅應時，而貸世昌、世蔭，徙邊外席北。新解承政，與光先皆貰罪。

順治二年，召還，隸漢軍鑲紅旗。四年七月，授右副都御史，巡撫山西。時盜發盂、五臺、永寧、靜樂諸縣，世昌遣兵捕治。五年十二月，上遣英親王阿濟格等戍大同備邊，總兵官姜瓖疑見誅，遂叛。世昌檄諸縣兵還守省城，瓖遣兵陷朔州、岢嵐，攻代州急，世昌帥師赴援，疏請發禁旅出居庸取大同，分兵出紫荊關，至代州濟師。上命阿濟格等討瓖，別遣敬謹親王尼堪等帥師鎮太原。六年正月，瓖將姚舉等掠平原驛，戕冀寧道王昌齡，下忻州。固山額眞庫魯克、達爾漢、阿賴等破舉衆石嶺關，舉棄忻州走。既，復襲陷寧武，萬鍊踞偏關，劉遷破繁峙、靜樂及交城東關。世昌疏趣援，尼堪師至，出攻寧武，踰月未下，移師向大同。瓌黨以其間攻陷保德、交城、石樓、永和諸縣，世昌復請發禁旅守太原、曲沃。李建泰以大學士罷歸，謀應瓌叛，世昌得其手書以聞。會瓌爲其將楊振威所殺，以大同降，師討定汾、絳、潞安、永寧、寧鄉諸州縣。建泰與瓌將李大猷等入太平，師從之，建泰等亦降。是歲平陽盜虞允、韓昭宣爲亂，攻陷州縣，應瓌，陝西總督孟喬芳將兵擊破之，世昌以聞。山西底定。七年，卒，謚僖靖。

天聰間，有徐明遠者，疏陳時事，因言：「軍中得良家婦，上悉令歸故夫。此誠如天之仁，禹、湯、文、武殆莫能過。臣竊見遵化、永平俘得良家婦，其主貪利，輒鬻入樂戶，得無損上仁聲？且樂戶既多，吏民游冶，損財物，耗精血，於國無益。買良爲賤，古著於令甲，今豈可任其所爲而不之禁乎？」明遠蓋自永平降者，事互見張存仁傳。世昌繼以爲言，乃得罪。

論曰：順治初，諸督撫多自文館出。蓋國方新造，用滿臣與民閡，用漢臣又與政地閡，惟文館諸臣本爲漢人，而侍直既久，情事相浹，政令皆習聞，爲最宜也。文盛、世昌未嘗直文館，而自太祖朝已來附，抒讜效忱，遂與文奎、棲鳳、國柱輩分領疆圻，各著聲績。天聰間諸言時政者，並以類附見。當時章奏，流傳蓋尠，經綸草昧，毋俾終湮也。

清史稿卷二百四十

列傳二十七

李國英　劉武元　庫禮　胡全才　申朝紀 馬之先　劉弘遇
于時躍 蘇弘祖　吳景道 李日芃　劉清泰 佟岱　秦世禎　陳錦

李國英，漢軍正紅旗人，初籍遼東。仕明隸左良玉部下，官至總兵。順治二年，與良玉子夢庚來降。三年，從肅親王豪格下四川，討張獻忠，授成都總兵。五年，擢四川巡撫。獻忠既滅，其將孫可望、劉文秀等降於明，分遣所部王命臣等竄川南，譚弘、譚文、譚詣、楊展、劉惟明等竄川東，與李自成舊部郝搖旗、李來亨、袁宗第、劉二虎、邢十萬、馬超等遙爲聲援。弘犯保寧，國英擊敗之。命臣據順慶，國英分兵三道，水陸並進，克其城，獲其將李先德、朱朝國等。邢十萬、馬超所據地近保寧，國英偕總兵惠應詔討之，獲其將胡敬，復潼川，逐之至綿州，獲所置吏呂濟民等。尋招惟明、展來降，遂下綿州。六年，進復安縣，克彰明，破曲山關，徇石泉。有謝光祖者，據寨抗，師行，遣兵破斬之。七年，遣副將曹純忠、劉漢臣徇川北諸郡縣，設伏擊斬寇渠老鐵匠、黃鷂子。九年，可望、文秀大舉寇保寧，橫列十五里，勢張甚。國英督兵擣其中堅，別遣兵出間道擊其後，大破之，授世職二等阿達哈哈番。

十一年，加兵部尚書。時可望等破成都，重慶、夔州、嘉定皆爲明守。吳三桂、李國翰駐軍漢中，國英請敕進兵。十三年，加太子太保。十四年，擢陝西四川總督。三桂等自漢中下重慶，遂趨貴州。文、弘、詣、二虎等分屯忠州、萬縣，合軍攻重慶，總兵程廷俊、嚴自明禦之，敗走。文又合十三家兵逼重慶，國英自保寧赴援，次合江，詣殺文以降。國英入城安撫，弘亦與其將郝承裔、陳達先後出降。文所部猶據涪、忠二州，國英遣總兵王明德擊破之。十七年，承裔據雅州復叛，國英督兵至嘉定，分三道進剿，破竹箐關入，承裔走黎州，追獲之。十八年，川、陝各設總督，命國英專轄四川。

康熙元年，明石泉王奉鋡攻敍州，國英討平之。時搖旗、來亨、二虎、宗第等據茅麓山，出掠四川、湖廣、陝西錯壤諸州縣。議三省合軍討之，國英疏言：「賊巢橫據險要，我師進攻，未能聯合。宜豫會師期，分道並入，使賊三路受敵，彼此不暇兼顧。一路既平，就近會師，賊可盡殲。」上命將軍穆里瑪、圖海將禁旅討之，國英與西安將軍富喀禪、副都統都斂會剿。明年，督兵進巫山，趨陳家坡，破二虎壘。二虎走死，搖旗、宗第夜遁。總兵梁加琦、佐領巴達世逐之至黃草坪，獲搖旗、宗第及所置吏洪育鰲等。又遣總兵李良楨破小尖寨，獲明東安王盛蒗，叛將賀珍子道寧以所部降。四年，疏言：「全川底定，裁留通省兵四萬五千名，以馬二、步一戰守各半定額。」從之。五年，卒，謚勤襄。七年，追敍國英功，授世職一等阿思哈尼哈番。

孫永陞，襲職。雍正間，官南陽總兵。坐事戍軍台。世宗念國英前勞，召還，洊擢至工部尚書。以永陞從子時敏襲職。乾隆初，定封一等男。

劉武元，字鎮藩，漢軍鑲紅旗人，初籍遼東。仕明官游擊，佐祖大壽守大凌河，天聰五年，從大壽出降。崇德六年，授刑部參政。順治元年，改授甲喇額眞，予世職三等甲喇章京。二年，授天津兵備道。三年，擢南贛巡撫。四年，遣副將劉伯祿、徐啓仁等剿捕瑞金、石城，興國、龍安，寧都、上猶諸州縣土寇，克魚骨、蓮花、丁田、鈎刀嘴諸寨，斬其渠葉南枝、劉志諭、劉飛等。

五年正月，金聲桓、王得仁以南昌叛，江西諸郡縣皆附，外連閩、粵，贛州介其間。武元召諸將歃血誓，得仁以二十萬人來攻，啓仁出降，圍合。武元城守三月，糧盡，斥家財佐軍，勵士卒奮戰，遂破得仁兵。得仁退屯東山，引武元空城出戰，將設伏邀擊。武元知其謀，天未明，兵數百持炬爲前驅，得仁兵望見，伏盡出，力戰，得仁中創遁。聲桓聞我師至九江，謀退保南昌，武元出奇兵襲其後，敗之太湖港，斬獲無算。

十月，叛將李成棟復來攻，衆號百萬。武元先出兵數百撓之，夜縋城出死士劫破十餘壘，遂令諸將分兵東、西、南三門出戰，大破之，成棟以數騎走。敍功，加右都御史，兼兵部侍郎，賜紫貂冠服、甲胄、佩刀、鞍馬。六年，征南大將軍譚泰既克南昌，遣梅勒額眞覺善等與武元會師，克信豐，成棟宵遁，墮水死。武元分遣副將先啓玉、參將鮑虎、游擊左雲龍等捕成棟餘黨，定瑞金、雩都、崇義諸縣。進攻梅嶺，破木城五，獲成棟將劉治國。

七年，平南王尙可喜徇廣東，師自南安入，武元遣副將栗養志以兵從，克南雄、韶州二府。又遣副將高進庫，游擊楊繼、洪起元等勦寧都土寇彭順慶，副將楊遇明、劉伯祿、賈熊、董大用等勦大庾土寇羅榮。順慶應聲桓爲亂，自號軍門，窺伺郡邑；榮自明季倡亂楚、粵間，自號五軍都督，聚衆數萬，阻山結寨二十餘，四出劫掠：至是皆就戮。敍功，加太子太保、兵部尙書。遇恩詔，進世職一等阿達哈哈番又一拖沙喇哈番。十年，引疾還京。十一年，卒，贈少保，謚明靖。

濆，武元長子，襲職。疏請追敍武元贛州全城功，進二等阿思哈尼哈番。官至副都統。

浩，武元次子。康熙間，官廣西潯州知府。孫延齡叛，城陷被戕，幷及其子中樞、中梁、中柱、中楫。事聞，贈太僕卿。

庫禮，喜塔臘氏，滿洲正白旗人。太祖創業初，其四世祖昂果都理巴顏來歸。庫禮事太宗。

崇德初，徵朝鮮兵從征伐，命庫禮將其軍。五年，睿親王多爾袞等伐明，圍錦州。上遣戶部參政碩詹使朝鮮，發水師五千人、米萬斛詣大凌河，庫禮與梅勒額眞洪尼哈將三十人導。六年，從鄭親王濟爾哈朗圍錦州，克其郛，斬八百餘級。復與噶布什賢噶喇依昂邦薩穆什喀攻松山北崖，庫禮以朝鮮兵二百餘先登。科爾沁部人或降於明，發礮中庫禮手，庫禮不爲動，督戰益力，卒破明兵。攻松山，明兵擊正紅、鑲藍二旗分守地，庫禮與左翼將領勒卜忒擊之，明兵引卻。以功授世職牛彔章京，賚所獲牲畜。七年，擢戶部參政。

順治初，改戶部侍郎。論定都功，加半箇前程。旋坐阿豫親王多鐸指，集視八旗女子，論罰鍰。二年，命如淮安總理漕儲。四年九月，鹽城土寇竊發，庫禮與漕運總督楊聲遠親往撫慰。未幾，其渠周文山等以八百人夜襲淮安，自夾城東門缺口入，攻庫禮官廨。庫禮率中軍張大治、旗鼓王國印將帳下卒數十人禦之，其妻盡出廨儲矢，僕婢齎送助戰，衆皆一當百，自丑至辰，所殺傷過當。文山等潰走，逐斬百八十餘級，盡收其印劄、軍械，城賴以全。

有稱明益王者，奉唐王聿鍵隆武號，屯廟灣，有衆數千、舟百餘，將攻淮安，庫禮與聲遠等計，設伏以待。敵舟揚帆直上，至車家橋，伏發，水陸夾擊，敵死者過半，餘衆走還廟灣。固山額眞張大猷、巡撫陳之龍以師從之，敵據劉莊場，爲屯凡十，以次剿撫，旬日乃盡定。考滿，進三等阿達哈哈番。尋召還。

七年，致仕，復進一等阿達哈哈番加拖沙喇哈番。卒，謚僖恪。

胡全才，山西文水人。明崇禎進士，官兵部主事。順治元年，固山額眞葉臣定山西，疏薦，起原官。二年，自郎中授陝西漢羌道，駐漢中。時叛將賀珍爲亂，全才上官，撫綏彫瘵，安集流亡。招明將趙光遠部曲齊陞、王明德、李世勳等來降，盡收其軍械，與知府楊可經等練士卒，聚芻糧爲備。珍突至圍城，陞等奮勇衝擊，世勳中流矢死。城守三十餘日，援師至，珍遁走，漢中得全。工部侍郎趙京仕疏言漢中重地，宜設巡撫，且薦全才才稱任。

三年，擢寧夏巡撫。四年，疏請頒本朝律典及性理、通鑑諸書，令士子誦習。又疏言：「寧夏舊額兵三萬有奇，設總兵及中軍副將分統之。其後兵裁及半，罷中軍副將。往者總兵應徵發，叛將王元遂乘隙戕巡撫焦安民爲亂。宜復舊制，廣兵額，設中軍，調征興慶副將馬寧嘗擒斬王元，請仍補斯缺。」下部議，並如所請。元黨馬德旣降復叛，全才與總兵劉芳名發兵討誅之。語詳芳名傳。是歲山、陝蝗見，全才爲捕蝗法授州縣吏，蝗至，如法捕輒盡，不傷稼。因以其法上聞，命傳示諸直省。

初，全才任漢羌道時，令凡受賀珍劄付者，許自首，仍予劄付如其官。旋揭告漢羌總兵尤可望苛罰冒餉，藏匿僞官，可望卽以擅給劄付訐全才，並坐罷。全才詣部自陳，部議以全才功大罪小，復除江西饒南道。

十年，經略洪承疇奏薦，令從征湖南。尋命撫治鄖陽，提督軍務。李自成將郝搖旗、劉體純等降於明，及明桂王走南徼，遂屯聚房、竹羣山間爲盜。全才分兵扼衝要，馳察穀城、南漳諸地形勢，檄諸將進討，戰屢勝。十三年，明桂王所置總兵李企晟入鄖陽，與搖旗等合，全才遣諸將朱光祚等密捕之，執企晟。旋擢湖廣總督，卒官，贈兵部尙書，諡勤毅。

申朝紀，漢軍鑲藍旗人，初籍遼東。天聰八年，授刑部啓心郎。文館朱延慶疏陳時事，薦朝紀溫雅正直，練達世務，處家儉，守身約，訥言敏行，足任鴻鉅。崇德元年，賜人戶、牲畜。

順治元年，授河南河北道，駐懷慶，李自成之黨二萬餘來犯，朝紀登陴守禦，晝夜不少懈，有渠乘白馬薄壕，麾衆攻城，朝紀舉砲殪之，賊悉驚竄。二年，遷江南布政使，擢山西巡撫。三年，疏言：「驛遞累民，始自明季，計糧養馬，按畝役夫。臣禁革驛遞濫應、里甲私派。請飭勒石各驛，永遠遵守，俾毋蹈前轍。」又疏言：「各省驛站銀舊額十五萬有奇，明季裁充兵餉。驛費不足，輒私派於民。請敕部復原額。」又疏言：「賦役全書應裁、應留諸項，請覈實詳酌，俾有司不得私徵濫派。」疏並下部議行。四年，陽城民王希堯、賈國昌等以邪教倡亂，朝紀遣中軍都司白璧同冀南道武延祚率兵捕治，悉誅希堯、國昌等。汾州營卒李本清、任自興等據永寧銅柱寨爲亂，朝紀赴汾州，遣冀寧道王昌齡等率兵捕治，獲本清等，焚其寨。寧鄉民楊春暢等復以左道據冷泉寨爲亂，朝紀遣平陽副將范承宗等討平之，擢宣大山西總督。五年，卒。

延慶，漢軍鑲黃旗人。入關，官至江西巡撫。

順治間，治山、陝著績效者，又有馬之先、劉弘遇。

馬之先，漢軍鑲藍旗人，初籍金州衞。順治初，以諸生授昌平知州。四遷至湖廣布政使。七年，授江西巡撫。土寇王才據終南山肆掠，之先遣游擊陳明順等自子午鎭進剿，才竄走，敗之高關峪，又敗之化羊峪，獲才。又捕治諸盜何紫山、孫守金、唐珍玉等。十一年，自成餘黨劉二虎、郝搖旗等侵入陝西境，之先與漢興總兵趙光興發兵三道迎擊，破小廣峪寨，斬其將傅奇，遷宣大山西總督。十三年，調川陝總督，加兵部尙書，入覲，上諭之曰：「陝西天下咽喉，爾當視孟喬芳倍加勤愼，方克有濟。」十四年，卒，諡勤僖。

劉弘遇，漢軍正藍旗人，初籍遼東。與弟奇遇，並以諸生入祖大壽幕，佐軍諮。天命間，太祖伐明，次三岔河，弘遇與奇遇挈家來歸，籍明諸邊兵馬數目，並晝戰守事陳奏。上曰：「得廣寧，當官汝！」久之未用。崇德元年，上疏乞自效，命大學士范文程等試之，授弘文院副理事官。

順治元年，譯遼、金、元三史成，賜白金、鞍馬。尋授工部理事官，遷山西朔州道。二年，與副將侯大節等捕治蔣家峪、黑草嘴土寇，擢陝西布政使。五年，授安徽巡撫。金聲桓叛江西，皖北盜蜂起。弘遇如池州，分遣鎭將逐捕盜渠王貳甫等，移駐安慶，與總督馬國柱捕治英山、霍山、潛山諸盜，得其渠孔文燦等，餘盜悉平。六年，裁缺召還。

七年，授山西巡撫。時姜瓖亂初定，其黨竄匿保德、五台、府谷諸縣山谷間。弘遇請免逋賦，甦驛困，矜恤諸死事家。又疏言：「兵後民田荒蕪殆盡，前此師討姜瓖，竭蹶供芻糧。今捕治餘寇，日需輸輓。值二麥未收，秋禾遇蝗災，農失耕時。」得旨，下所司蠲賑。又與總督佟養量、總兵剛阿泰剿五臺山寇劉永忠、高鼎，降陝西土寇楊茂。

弘遇撫山西四年，建忠烈祠祀守土諸臣死姜瓖亂者，並修太原、陽曲學宮，築汾河諸隄，山西民誦其惠。旋以捕治土寇未入奏，卽籍沒，給事中張瑃論弘遇專擅，尋奉詔甄別督撫，弘遇左授福建督糧道。十八年，卒。

于時躍，漢軍正白旗人，初籍廣寧。順治二年，以諸生授安徽合肥知縣。尋遷河南懷慶知府。四年，擢河南道。靈寶、盧氏二縣寇發，時躍與副將寇徽音、游擊孔國養等入山捕治，破其寨，斬寇渠劉芳、張進澤、張三桂等，寇乃平。七年，遷山西按察使。時躍善聽訟，訟至卽定讞，民稱之曰于不落。九年，遷山西布政使。坐在陝西薦舉屬吏失當，左遷。經略洪承疇薦其才，命赴軍前効用。尋復薦補湖廣驛鹽道。

十二年，超擢廣西巡撫。明宗人盛濃、盛添據富川，結土寇王心、蔣乾相等，勾集猺、僮，窺旁近郡縣。時躍會提督線國安、總兵全節討平之。十三年，明將龍韜屯柳州，時躍密約國安與定南王護衞李茹春、總兵溫如珍等，督兵攻之，陣斬韜，逐北三十餘里，餘衆悉遁。十四年，師下雲南，時躍疏請賓州設兵防守，並分屯柳州備策應，下所司議行。明桂王由榔號召諸降附土寇，假以公侯，分據郡縣：鬱林則李勝、李喬華，懷集則何奎豹、李盛功，富川、賀縣則馬寶、梁忠，南寧、太平則賀凡儀、曹友，並倚險爲巢，四出侵掠。僮寇羅法達、廖仁倫等復擾臨桂、永福、荔浦、修仁諸縣。時躍親督兵捕治，所陷城邑次第克復，敍加都察院副都御史。十八年，擢廣西總督。明德陽王至濬走安南，時躍招使來降。敍功，加右都御史。康熙二年，卒。

蘇弘祖，漢軍正紅旗人，初籍遼陽。崇德三年，以舉人授戶部啓心郎，賜朝衣一襲，免丁四。八年，考滿，授世職牛彔章京。順治初，授河南河北道。累遷陝西布政使，世職累進三等阿達哈哈番。十年，坐計典失實，左授福建福寧道。十三年，遷左僉都御史。十五年，授南贛巡撫。十七年，雩都寇發，弘祖斥資造火器，遣兵擣其巢，擒其渠李玉廷。別有土寇謝上逵、羅一鑑、徐黃毛等，據廣東平遠五指石，界連閩、贛。弘祖發兵討之，上逵詐降，潛走匿紅畬。弘祖遣將李宗韜以計擒斬一鑑、黃毛等七人，夜進兵，逐賊至柑子窩中木溪，毀五指石寨，攻紅畬，賊縛上逵獻，斬之。十八年，遣游擊王把什捕治廣昌土寇，乘雨攻不備，破滴水、羊石二寨，斬千餘級，擒其渠幸連昇、蕭來信。康熙元年，甄別督撫，弘祖解任。三年，卒。

吳景道，漢軍正黃旗人，初籍遼東廣寧衞。天聰間，授吏部啓心郎。崇德元年，改都察院理事官。疏劾刑部理事官郎位貪汚不法狀，鞫實，黜郎位，追贓貸死。郎位銜景道甚，誘都察院筆帖式李民表與同居，訐景道，鞫虛，民表坐誅，籍郎位半產。景道以不察民表違禁移居他旗，罰如例。景道疏論睿親王多爾衮專擅，坐奪官。

順治二年，起授河南布政使，擢巡撫。時河北初定，河南五府餘寇未靖。寶豐宋養氣、新野陳蛟、商城黃景運等各聚數千人，侵掠城邑。景道檄總兵高第、副將沈朝華等分道捕治，誅養氣等。四年，鄖陽土寇王光泰率千餘人犯淅川，景道遣參將尤見等與總兵張應祥合兵擊卻之。五年，羅山土寇張其倫據雞籠山寨，出掠，景道遣都司朱國強、佟文煥等督兵討之，破寨，擒戮其倫，幷其黨朱智明、趙虎山等。曹縣土寇范愼行等煽寧陵、商丘、考城、虞城、儀封、蘭陽、祥符、封丘諸縣土寇，並起爲盜，屯黃河北岸。景道檄第督兵討之，寇退保長垣，第以師從之，寇走蘭陽。景道遣文煥督兵追擊，斬千餘級。薄曹縣，寇列柵拒守。景道檄總兵孔希貴自衞輝道肥城，斷寇東走路。游擊趙世泰、都司韓進等率精騎分道夾擊，戰於東明，殲寇數千，獲愼行誅之，餘衆悉潰散。敍功，加兵部侍郎。七年，進尙書。八年，商州土寇何紫山等掠盧氏，夜襲世泰營，第督兵扼擊，走商南。景道檄應祥督兵討之，寇盡殲。九年，以塞汴河決口，與河道總督楊方興同賜鞍馬、冠服。十年，以老疾乞休。十三年，卒，贈太子太保，謚愨僖。

李日芃，漢軍正藍旗人，初籍遼陽。太宗時，命以諸生入內院理事，賜五戶。順治元年，授永平知府。三年，遷霸州兵備道。授知州張儒策，諭降土寇李振宇等數百人，擢僉都御史。四年，加右副都御史，授操江巡撫。金聲桓以江西叛，日芃親督兵屯小孤山磨盤洲，令同知趙廷臣、參將汪義、游擊袁誠等迎擊。五年，戰於彭澤，得舟二十餘，寇中礮及溺死者無算。六年，裁安徽巡撫，命日芃攝其事。土寇余尙鑑挾明宗室統錡勾聲桓餘黨據險爲二十餘寨，掠桐城、潛山、太湖諸縣。日芃遣副將梁大用等督兵討之，克皖淵寨，進圍飛旗寨，斷水道，分兵四路合擊，拔之。又破桃園等寨，擒戮統錡、尙鑑，餘大小和山等十八寨皆降。九年，加兵部侍郎。十年，討平徽州赤嶺土寇張惟良。十一年，甄別直省督撫，加兵部尙書。明將張名振屢自海入江犯鎭江、瓜州，劫漕艘。日芃令於鎭江檀家洲測江水，淺則植樁，深則編筏，環以鐵索，阻來舟。兩岸置礮，南自鎭江至圌山，北自瓜洲至三江口，建新隄，設木橋，通巡兵往來。令圌山、瓜洲等四營守備更番督水師防禦。五里置一汛，譏察詳密。諸寇匿江爲藪，俘斬略盡。十二年，加太子太保。旋卒，諡忠敏。

劉清泰，漢軍正紅旗人，初籍遼陽，名朝卿，以諸生歸太宗，賜今名。崇德六年，試一等，入內院辦事。順治二年，擢弘文院學士。九年，充會試副考官。授浙江福建總督。時鄭成功據廈門，陷漳浦、海澄、南靖諸縣，上命其父芝龍作書，敕清泰諭降。十年二月，清泰疏劾巡撫張學聖、巡道黃澍、總兵馬得功前此偵成功赴粵，潛襲廈門，攫其家貲，致成功修怨，連陷城邑，學聖等並坐黜。三月，清泰得成功報芝龍書，略言就撫後，願得浙東、嶺南地駐兵。清泰疏上聞，並論成功語浮誇，議撫當詳慎，上嘉其遠慮。五月，平南將軍金礪攻海澄，以餉不繼，還軍漳浦。會上敕封成功海澄公，畀以泉、漳、惠、潮四郡地，遂罷兵。清泰請駐軍浦城備不虞，從之。十一年，疏言：「成功雖降，不薙髮，其黨逞掠如故，降無實意。宜發禁旅赴福建，駐要地，資策應。」下諸王大臣議。清泰旋以病乞假，還駐杭州。成功發兵攻陷漳、泉，上授鄭親王世子濟度爲定遠大將軍，率師討之。左都御史龔鼎孳疏劾清泰當金礪攻海澄，不能同心合力，及招撫未定，又不控扼險要，致海疆被陷，坐奪官。

十八年，聖祖卽位，起秘書院學士，授河南總督。康熙三年，以報墾荒地萬餘頃，加兵部尚書。四年，以疾致仕。卒。

佟岱，漢軍正藍旗人，先世居佟佳。父佟三，歸太祖，任梅勒額眞。佟岱與兄養量同授牛彔額眞。養量順治初官至宣大總督，駐陽和，有惠於民。佟岱崇德元年從伐朝鮮，以縱掠降民坐死，命奪官，罰鍰以贖。三年，授吏部副理事官，兼甲喇額眞。六年，師圍錦州，七年，攻塔山、杏山，皆在行，擢正藍旗漢軍梅勒額眞。八年，從克前屯衞、中後所，予世職牛彔章京。

順治元年，從克太原。二年，從討李自成，師自陝西徇湖廣，遂下江南。與總兵金聲桓駐守九江，定南康、南昌、瑞州、袁州諸府，以所俘獲奏聞。因疏言：「故明鍾祥王慈若等衰殘廢棄，或存其餘喘，彰我朝浩蕩之仁。」得旨：「故明諸王赴京朝見。」旋令攝湖廣總督。三年，還京，授兵部侍郎。復從征湖南，自岳州進長沙，戰衡州，克寶慶、武岡。六年，復從討姜瓖，拔渾源、左衞、朔州、汾州、太谷諸城。世職累進一等阿達哈哈番兼拖沙喇哈番，歷戶、吏諸部。

十一年，代清泰爲浙江福建總督。疏請申海禁，斷接濟，片帆不得出海，違者罪至死。十二年，成功陷舟山，十三年，復陷台州。佟岱與巡撫秦世禎不協，互劾。上爲移世禎操江巡撫，召佟岱還京，以李率泰代。佟岱不卽行，復疏自敍勦撫功，上責其冒功戀祿，下李率泰等按狀，奪官，留軍功三等阿達哈哈番。卒。

秦世禎，漢軍正藍旗人，初籍廣寧。順治二年，以貢生除直隸文安知縣。三年，行取授御史，疏請畫一各省裁免賦役，從之。四年，巡按浙江。八年，甄別臺員，列一等。尋命巡按江南。世禎察淮、揚各郡蠹役害民，嚴治其罪。徒黨聚盟，仇訴告者，世禎執爲首者繫之獄，疏上其事，並言懲蠹於事後，不若使不爲蠹。請飭督撫以下至州縣，毋於經制外濫設胥役，並定年限，毋令久充，上從之。

時方大兵後，田畝淆亂，官爲丈量，胥役因緣爲姦。世禎令編列「魚鱗册」，使民自丈量，贏縮胥復其舊，荒坍皆有別。州縣徵賦，民或逾額輸納，世禎限夏稅五月，秋糧九月，先給「易知單」，示以科則定數。又令每甲彙列賦額及輸戶爲「滾單」，使里長按戶遞傳，輸賦則塡注。先行之蘇州，民以爲便，條列以聞，通行諸府。又以徵銀設櫃，有司奉行不實，請增司府印封，立日收簿，輸戶自封投櫃，驗數書之簿。又請革僉點糧長之例，改官收官兌。並下部，著爲令。巡撫土國寶貪酷病民，以世禎劾，罷。

十年，還京，遷大理寺丞。十一年，擢浙江巡撫，疏請增造戰艦，精選水師；別疏言沿海漁舟，往往通寇，請按保甲法，以二十五舟爲一隊，無事聽採捕，有事助守禦：並議行。十二年，與佟岱互劾，調操江巡撫，解佟岱任，命暫管總督事。尋以李率泰等疏論成功陷舟山，世禎不能辭咎，與佟岱並奪官。卒。

陳錦，字天章，漢軍正藍旗人，初籍錦州。仕明官大凌河都司，崇德間來降，予世職牛彔章京，加半個前程。漢軍旗制定，授牛彔額眞。

順治元年，自內院副理事官授登萊巡撫。青州土寇楊威、秦尙行結明將劉澤淸爲亂，錦遣兵討平之。二年，土寇張廣焚掠掖、濰諸縣，遣兵擊敗之。廣降於澤淸，復寇平度，犯萊州，錦遣兵捕治，授策設伏徐家疃，射殺廣，盡殲其衆。擢操江總督，與招撫大學士洪承疇並駐江寧。三年，明瑞昌王誼石等密結城人爲亂，錦與承疇詗知之，閉城捕治諸爲亂者。誼石以兵至，擊破之。四年，疏言：「圌山爲鎭江咽喉，江寧門戶，宜建立砲臺，置兵備。江北要口設臺亦如之。兩岸兵船接哨分防，沿江設烽墩，使聲勢相通。」章下部議行。

遷浙江福建總督。鄭成功爲寇，據延平將軍寨，地高險，俯瞰諸縣，攻不能破。錦命壘土高與寨等，乘以登陴，遂克之。歲大饑，錦遣兵次第收復，撫輯流亡，民賴以安。五年，成功將鄭彩以舟師入據長樂、連江諸縣，錦與靖南將軍陳泰等分兵收復。師進次興化，斬成功將顧世臣等十一人。六年，遣總兵張應夢、馬得功等復羅源、永春、德化、福安諸城。江西山寇侵延平，陷大田、尤溪，錦遣兵收復，獲明新建王由模等。七年，疏請進攻舟山。八年，錦與固山額眞金礪、劉之源，提督田雄等會師，以大艦隨潮出，敗明兵於橫洋，獲其將阮進；乘霧攻舟山，明魯王以海出走，遂克之，墮其城，置定關總兵，駐師守焉。九年，成功寇漳浦、平和，錦督兵赴援，戰江東橋，敗績，左次同安，賊夜入其帳，刺中要害，遂卒，贈兵部尙書。

論曰：國初民志未壹，諸依山海險岨而起者，往往自託於明遺，要之爲民害，廓清摧陷，封疆之責也。國英定四川，合師討茅麓山，績最高。武元守贛州，庫禮守淮安，全才守漢中，禦寇全城，亦其亞也。朝紀等捕治土寇，皆能勤其官者。若清泰策鄭成功，謂挾怨而叛，殊不中事理。錦屢勝而挫，遽爲何人所賊，防衞亦稍疏矣。

清史稿卷二百四十一

列傳二十八

科爾崑　覺善　甘都　譚拜法譚　席特庫　藍拜　鄂碩
伊拜弟庫爾闡　阿哈尼堪星訥　褚庫

科爾崑，阿顏覺羅氏，滿洲正藍旗人，世居瓦瑚木。祖翰，太祖時來歸。父碩色，官牛彔額眞。

科爾崑初爲貝勒阿巴泰護衞。事太宗，未冠，從伐察哈爾、朝鮮皆有功，令隸噶布什賢。崇德五年，從伐明，圍錦州。明兵數萬屯松山，科爾崑與牛彔額眞索渾、巴牙喇甲喇章京瑚里布挑戰，敗之。明總督洪承疇、總兵祖大壽合兵十餘萬迎戰，科爾崑與索渾等陷陣，殪驍騎數十。六年，從英親王阿濟格伐明，駐杏山。明兵數千自寧遠至，科爾崑先衆馳擊，逐敵至連山，馬中流矢仆，科爾崑躍起殪敵騎，奪馬，乘以還。從英親王視壕，敵猝至，索渾陷圍中，科爾崑單騎翼以出。明兵數千自沙河所至，侵牧地，率噶布什賢兵擊破之。七年，從貝勒阿巴泰伐明，次豐潤，破明軍。次河西務，與巴牙喇甲喇章京鄂碩將數十騎偵敵，敵將將射，科爾崑先發，貫其臂，逐之，從馬上相搏，同墮水，敵將頎有力，握科爾崑胄，抑使入水，科爾崑捶其脛而踣，縶以歸。八年，授牛彔額眞，兼兵部理事官。

順治元年，入關，擊破李自成，逐之至慶都。從固山額眞葉臣攻太原，設伏殲敵。又從英親王阿濟格討自成湖廣，屢劘敵壘。敍功，授世職牛彔章京。三年，從肅親王豪格西討張獻忠，次漢中，擊破叛將賀珍。進擊獻忠，戰西充鳳凰山，大破之。獻忠旣殪，復與輔國公岳樂、尙書巴哈納等殲其餘黨。師還，累進二等阿達哈哈番。

六年，授噶布什賢章京。從鄭親王濟爾哈朗征湖廣，破湘潭，下寶慶、武岡，分兵趨沅州。與巴牙喇甲喇章京白爾赫圖以數十騎先驅，白爾赫圖陷陣失其馬，科爾崑奪敵馬掖之上，並馬突圍出。復縱騎奮擊破敵，進沅州，自道州出龍虎關。進世職一等，兼拖沙喇哈番。

九年，從敬謹親王尼堪徇衡州，明將李定國列象陣迎戰。科爾崑語巴牙喇甲喇章京西伯臣曰：「象不畏矢石，惟鼻脆，吾爲君射之。」矢再發，貫象鼻，象奔，師從之，追奔數十里。敬謹親王聞勝，輕騎疾進，遇伏戰沒，科爾崑三入圍，求得王遺骸。師進次寶慶，明將孫可望以數萬人屯山巔，科爾崑督兵奮擊，可望潰走。貝勒屯齊遣學士碩岱與科爾崑還奏軍事，疏不言王戰沒。事聞，下議政王、貝勒、大臣會勘，科爾崑言不知疏云何，鄭親王呵之，科爾崑大言曰：「臣自髫齔侍太祖，弱冠事太宗，轉戰二十餘年。今奏事不明，死其分。奈何輕相侮？」上察其無罪，命寬之，但奪世職。十三年，擢巴牙喇纛章京。

十四年，從大將軍羅託下貴州。既定貴陽，令科爾崑以五千人取黃平，梅勒額眞瑪爾賽副之。明將白文選據七星關，科爾崑令瑪爾賽將二千人出萬奇嶺大道，誘文選出戰，僞敗數十里，文選躡其後。科爾崑將三千人自間道疾趨出文選軍後，瑪爾賽還戰，文選敗走，克黃平。師還。

康熙元年，出定義州土寇。二年，從將軍穆里瑪、圖海下湖廣，討李自成餘黨李來亨等。圖海出歸州，穆里瑪出宜昌，科爾崑與噶布什賢噶喇依昂邦賴塔將五千人先驅，迭戰皆勝。次茅麓山，郝永忠以數萬人與來亨合，拒戰，科爾崑升山覘之，俟隙縱擊，破之。夜設伏，來亨以萬餘人襲我軍，伏發，敗走。明日復戰，來亨兵以大刀、藤牌護陣，我師張兩翼，科爾崑擣其中堅，陣潰。來亨倚譚家砦屯糧，計持久。科爾崑分兵破石坪，進圍砦。其將李嗣名出戰，中流矢死，科爾崑斷其後道，十餘日，其將高必玉等出降。科爾崑還與穆里瑪合軍，圖海亦至，令滿洲兵守隘，綠旗兵爲長圍困之，來亨自經死，餘黨悉降。自成餘黨至是乃盡殄。師還，授世職拖沙喇哈番。

科爾崑從征伐，常爲軍鋒。廉介，嫉惡遠勢。鰲拜專政，科爾崑獨不附。八年，卒。子巢可託，官至盛京刑部侍郎。

覺善，李佳氏，滿洲正紅旗人，世居薩爾滸。父通果，歸太祖，授牛彔額眞。卒，覺善嗣。滅葉赫，克瀋陽、遼陽，皆在行間，授世職備禦，擢甲喇額眞。

天聰三年，從太宗伐明，下永平四城，佐固山額眞納穆泰等守灤州。明兵來攻，圍合，覺善勒兵出戰，奮矟踰塹，與甲喇額眞阿爾津、牛彔額眞庫爾纏趨擊，明兵潰奔，俄復集迫城下，覺善擊卻之。明兵發石壞城堞，覺善力禦，明兵不能登，凡五敗明兵。阿敏棄永平出關，納穆泰等亦突圍走，明兵阻道，力擊敗之。師還，與諸將待罪，上以覺善力守城，旣出猶殺敵，釋其縛，進世職游擊。五年，上自將圍大凌河，明兵自錦州驟至，屯小凌河岸。上遣偏師渡河迎擊，兵不盈二百，覺善奮入陣，陷重圍，力戰得出。我兵別隊與明兵戰，有軍校爲明兵所得，援之歸。明監軍道張春、總兵吳襄將步騎四萬距大凌河十五里駐軍，覺善從貝勒碩託以右翼兵直蹴春壘，明兵敗挫，進世職二等甲喇章京。

崇德五年，授正紅旗梅勒額眞，駐防義州。六年，從攻錦州，坐攻圍不力，罰鍰。上攻錦州，自將軍松山、杏山間，明兵薄我軍，謀奪砲，覺善以所部禦之，明兵敗走。師圍松山，掘塹立營，明兵夜來侵，復戰卻之。八年，與梅勒額眞譚布等駐錦州。又從鄭親王濟爾哈朗伐明，攻寧遠，明總兵吳三桂邀戰，擊卻之。進攻前屯衞，明兵出戰，蒙古兵稍却，覺善督右翼兵奮擊，大破之，遂克其城。

順治元年，從入關，擊李自成，覺善創於砲，仍奮戰。二年，進世職一等。從順承郡王勒克德渾南征，次江寧。自成餘黨一隻虎等寇湖北，命移師討之。三年，師次石首，令與固山額眞葉臣等率精銳徇荆州，破敵，分剿遠安、南漳、宜昌，悉定。師還，賜黃金十兩、白金三百兩。山東土寇擾恩、齊河、平陰諸縣，命覺善率兵討之，斬其渠掃地王，其衆萬餘殲焉。五年，從大將軍譚泰討叛將金聲桓，七月，師薄南昌，至六年正月，克之。移師討叛將李成棟，攻信豐，覺善督所部樹雲梯先登，拔其城。師還，次贛州，復分兵戡定新喩、安福諸縣。敍功，並遇恩詔，世職累進二等阿思哈尼哈番，賜號「巴圖魯」。七年，從睿親王畋於中後所，坐私出射獵，降一等阿達哈哈番兼拖沙喇哈番。八年，上親政，復世職，擢都察院左都御史。尋命仍專領梅勒事，進世職三等精奇尼哈番。十五年，以老病乞罷。康熙三年，卒，謚敏勇。乾隆初，定封三等男。子吉勒塔布，自有傳。

甘都，先世自葉赫徙居巴林，因氏巴林。太祖時，率子弟來歸，授牛彔額眞。旗制定，隸蒙古鑲藍旗。天聰元年，從伐明，次寧遠。明兵屯城北山岡，甘都手大纛直前，擊破之。三年，復從伐明，克大安口，復敗明兵於玉田。上自將取永平四城，克遵化，甘都與焉，卽命佐察哈喇等駐守。四年，師棄遵化出邊，甘都殿，擊敗追兵。八年，予世職三等甲喇章京，授兵部參政。

崇德三年，考滿，進二等甲喇章京。尋更定部院官制，改兵部理事官。冬，從貝勒岳託等伐明，擊敗明太監高起潛，越明都，徇山東，克濟南。四年春，師還，道螽縣，復克其城。以功進一等甲喇章京。五年，從索海等伐索倫部，索倫兵五百，據掛喇爾屯拒戰。甘都及理事官喀喀木督兵破柵入，斬級二百，俘二百三十人以歸。六年，從伐明，圍錦州，明總督洪承疇屯松山，屢以步騎出戰，甘都輒擊敗之。恭順王長史徐勝芳爲敵困，甘都突入陣，援之出。七年，錦州下，以功加半個前程。

順治元年，從入關，破李自成。復從豫親王多鐸徇陝西，克潼關，取西安。二年五月，移師定江南，復與固山額眞恩格圖、瑪喇布等下宜興、崑山諸縣，進三等梅勒章京。三年，從端重親王博洛略浙江，逐明將方國安至黃巖，國安入城守，圍合。甘都察國安勢蹙，撤圍縱使出，擊之，國安兵大潰，城遂拔。師入福建，甘都先衆克分水關，逐明唐王聿鍵至汀州，降漳州及漳平縣。五年，命署巴牙喇纛章京。從征南大將軍譚泰徇江西，討叛將金聲桓。

七年三月，進二等阿思哈尼哈番。尋卒於軍。

譚拜，他塔喇氏，滿洲正白旗人。父阿敦，事太祖。天命元年正月朔旦，太祖始建號，諸貝勒大臣上表，阿敦與額爾德尼侍左右，受表，額爾德尼跪展讀如禮。阿敦尋領固山額眞。太祖初征明撫順，李永芳出降，阿敦引謁太祖。厥後事不著。

譚拜事太宗，天聰五年，以牛彔額眞從伐明，圍大凌河城。祖大壽城守，遣百餘騎突圍出，譚拜與巴牙喇甲喇章京布顏圖追斬三十餘人，獲馬二十有四。八年，授世職牛彔章京，遷甲喇額眞。九年，從伐察哈爾，收降人，遂伐明代州。譚拜與噶布什賢章京蘇爾德、安達立將四十人伏忻口，明邏卒三百經所伏地，斬馘過半。

崇德元年，從伐明，薄明都，北趨盧溝橋，再敗明兵。二年，與甲喇額眞丹岱、薩蘇喀等將四十人略明邊，次清河，明兵七百拒守，擊之潰，搴纛二，並獲其馬。三年，從貝勒岳託伐明，入牆子嶺，攻豐潤，擊明兵，多墜壕死，復攻破明太監馮永盛諸軍。四年，從略錦州，率巴牙喇兵破明兵於城南，以功加半箇前程。五年，授兵部參政。六年，兼任正白旗蒙古梅勒額眞。七年冬，從伐明山東，克利津。八年春，出邊，以所部擊敗明總督趙光抃、范志完，總兵吳三桂、白廣恩諸軍。師還，賚白金，以功進三等甲喇章京。順治初，從入關。

三年，擢兵部尚書。尋從肅親王豪格西討張獻忠，道陝西，與固山額眞瑪喇希等擊敗叛將賀珍。下四川，屢破獻忠兵，復與固山額眞李國翰渡涪江，敗獻忠將袁韜。四年，調吏部尚書。旋殲獻忠。入關後，世職四進至二等阿思哈尼哈番。七年三月，卒。子瑪爾賽，附鰲拜，語見鰲拜傳。孫多奇輝，降襲三等。乾隆初，定封三等男。

法譚，亦他塔喇氏，滿洲正紅旗人，世居瓦爾喀。初以巴牙喇壯達從滅葉赫，取遼陽，授牛彔額眞。天聰三年，從攻寧遠，敗明兵於城北山岡。七年，取旅順。崇德三年，從伐明，敗密雲步卒，趨山東，克鄒城。四年，從伐虎爾哈部，克雅屯薩城。六年，從圍錦州，禦明總督洪承疇兵於松山，逐敵至塔山，擊之，多赴海死。八年，從攻寧遠，克前屯衞、中後所。順治元年，擢甲喇額眞，兼工部理事官。從入關，破李自成。從順承郡王勒克德渾逐自成湖廣，其兄子錦犯荆州，法譚以精騎蹂之，斬獲甚衆，降自成弟孜及其將田見秀等。世職累進一等阿達哈哈番兼拖沙喇哈番。五年，授右翼步軍總尉。康熙元年，以病致仕。卒。

席特庫，佟佳氏，滿洲鑲藍旗人。父努顏，率族屬歸太祖，授牛彔額眞。卒，席特庫嗣。事太宗，擢噶布什賢章京，率兵出錦州，得明諜，明兵自耀州至，席特庫赴援卻敵。從圍大凌河，裨將多貝陣沒，席特庫入陣，以其尸還。明兵自寧遠來援，與戰，一卒墜馬，席特庫領纛入陣援以出。

六年，與巴牙喇甲喇章京鰲拜等略明邊。八年，與噶布什賢章京圖魯什詗敵錦州、松山，皆有俘馘。察哈爾部人有散入席爾哈、席伯圖者，上命席特庫與蒙古布哈塔布囊等逐捕，斬七十餘級，得其戶口、牲畜。尋與卦爾察尼堪以二十騎往濟豐城偵明兵，至西拉木輪河，遇降明蒙古百人，席特庫設伏盡殲之。二人逸而奔，席特庫射殪其一，一爲我國諜者所獲。上嘉席特庫以少勝多，賜甲胄旌之。

復從大貝勒代善略大同，敗明兵。自陽和轉戰，趣天城、左衞，徇宣府，與噶布什賢章京吳拜設伏破敵，進世職三等甲喇章京。九年，從貝勒多爾袞略山西，自平魯衞入寧武關，擊敗明兵。復與甲喇額眞布顏等詗明兵錦州，與噶布什賢噶喇依昂邦勞薩等躡明兵冷口。

崇德三年，從貝勒岳託伐明，入牆子嶺。明兵自密雲突出，與勞薩分兵擊敗之，得巨砲二十。復擊敗明總督吳阿衡，攻眞定，破太監高起潛兵，追至運糧河。敵夜犯本旗營，偕牛彔額眞俄兌等力戰卻敵。六年，從鄭親王濟爾哈朗圍錦州，明兵自杏山赴援，鄭親王設伏，令席特庫以噶布什賢兵誘敵，伏發還擊，大破之。

明總督洪承疇出松山拒戰，席特庫與勞薩力戰破敵。師復圍錦州，承疇以十三萬人赴援，席特庫與噶布什賢八章京迎戰，擊敗其將王樸等。承疇退塔山，我師躡擊屢勝；復退杏山，席特庫縱橫馳突，追至筆架山，斬四百餘級，得馬二百四十有奇，獲纛六。明兵自松山、杏山二城潛遁，席特庫與噶布什賢章京布爾遜追擊，斬數百人，得其駝馬。七年，克松山，從豫郡王多鐸伐明，明兵自寧遠至，擊卻之。以功進世職二等甲喇章京。旋率兵自界嶺口毀邊牆入，敗山海關明兵。將攻薊州，明總兵白騰蛟、白廣恩合軍赴援，席特庫與噶布什賢章京瑚里布督兵奮擊，破陣斬將，得馬六百有奇。

順治元年，從入關，破李自成將唐通於一片石。固山額眞葉臣徇山西，上命席特庫益其軍，至絳州，渡河，下汾州、平陽，降自成將康元勳，進攻黑龍關，降明將及其兵三千人。二年，移師略湖廣，逐自成至安陸，斬四百餘級，奪其戰艦，進世職一等。

三年，從豫親王討蘇尼特部騰機思，次土喇河，土謝圖等部以兵遮道，席特庫督兵追擊，斬獲無算，迭進一等阿思哈尼哈番。康熙五年，卒。

藍拜，亦佟佳氏，滿洲鑲藍旗人。父噶哈，太祖時來歸，授牛彔額眞。藍拜事太宗，天聰八年，授巴牙喇甲喇章京。從固山額眞阿山略錦州，又從噶布什賢噶喇依昂邦勞薩率兵迎察哈爾部衆之來歸者。尋擢梅勒額眞。崇德四年，以不稱職解任。尋命偕承政薩穆什喀、索海征索倫部，仍領梅勒事，道虎爾哈部攻克雅克薩城，索倫部長博穆博果爾迎戰，與索海設伏夾擊，大破之，以功授世職牛彔章京，賜貂皮及所獲人戶。六年，從鄭親王濟爾哈朗圍錦州，明兵來奪砲，擊卻之，擢兵部參政。明總督洪承疇援錦州，藍拜與諸將進擊，破三營。敵乘雨侵右翼，藍拜及甲喇額眞遜塔等與戰，敵敗走。尋調禮部。

順治元年，從入關，進世職三等甲喇章京。三年，復授梅勒額眞。從大將軍孔有德征湖南，明桂王由榔據武岡，其總督何騰蛟遣其將王進才、黃朝宣、張先璧等拒戰。有德至長沙，擊走進才，令藍拜與梅勒額眞卓羅追擊，殪其衆過半。下湘潭，朝宣屯燕子窩，藍拜與梅勒額眞佟岱乘艦至瀘口，督兵破其營。尋從尙可喜援桂陽，還師攻道州。又與可喜合軍攻沅州，先璧自黔陽出，扼隘爲五營。藍拜率先與戰，斬七千餘級，遂薄城，先璧又以三萬人拒戰，敗潰，遂克之，賜黃白金，進世職二等。六年，兼任禮部侍郎。八年，擢固山額眞，兼工部尙書。九年，調刑部。尋命罷尙書，專領固山事。累進世職二等阿思哈尼哈番。

十年，命率兵鎭湖南。明將孫可望等出峽窺湖北，藍拜督兵防禦，敵不能犯。十三年，召還。上親勞以酒，諭曰：「爾等爲朕宣力年久矣。今見爾等形貌癯瘠，朕心惻然！」尋以老病乞罷，加太子太保。康熙四年，卒。

鄂碩，棟鄂氏，滿洲正白旗人。祖倫布，太祖時率四百人來歸，賜名魯克素，子錫罕，授世職備禦。天聰初，從伐朝鮮，先驅戰沒。

鄂碩，錫罕子也。太宗以錫罕死事，進世職游擊，以鄂碩襲。八年，從貝勒多鐸伐明，攻前屯衞，斬邏卒。又從噶布什賢噶喇依昂邦勞薩率將士迎察哈爾部來歸者，授牛彔額眞。九年，招察哈爾部伐明，自朔州至崞縣，斬邏卒。自平魯衞出邊，明兵邀戰，鄂碩與固山額眞圖爾格擊卻之。進世職二等甲喇章京，擢巴牙喇甲喇章京。

崇德元年，與勞薩將百人偵明邊，至冷口，斬邏卒，得馬十五。二年，護甲喇額眞丹岱等與土默特互市，赴歸化城，斬明邏卒。三年，從睿親王多爾袞伐明，自青山口入邊，擊敗明太監高起潛兵。四年，與噶布什賢章京沙爾虎達將土默特兵三百略寧遠，挑戰，明兵堅壁不出，得其樵採者以還。

五年，從圍錦州，以噶布什賢兵敗敵騎。明總督洪承疇赴援，上營松山、杏山間，命吳拜等以偏師營高橋東。鄂碩詗明兵自杏山潰出，告吳拜，吳拜未進擊，明兵復入城。上以鄂碩不親擊責之。六年，復圍錦州，分兵略寧遠，遇明兵六百騎，擊破之，得纛二、馬六十餘。七年，從伐明，自界嶺口入邊，敗明總督范志完軍於豐潤。明兵自密雲出劫我輜重，奮擊卻之，遂越明都趨山東。師出邊，明總兵吳三桂邀戰，復擊之潰，追斬數十級，得纛三、邏卒二十九、馬二百餘。

順治初，從入關，逐李自成至慶都，從豫親王多鐸討之。自成據潼關，倚山爲寨，鄂碩與噶布什賢噶喇依昂邦努山攻拔之。二年，移師南征，鄂碩將噶布什賢兵先驅，至睢寧，敗明兵。從端重親王博洛下蘇州，擊明巡撫楊文驄舟師，得戰艦二十五。趨杭州，敗明魯王以海兵，獲總兵一。復與巴牙喇纛章京哈寧阿克湖州。世職累進二等阿思哈尼哈番。六年，擢鑲白旗滿洲梅勒額眞。從鄭親王濟爾哈朗征湖廣。師還，賚白金三百。八年，授巴牙喇纛章京。十三年，擢內大臣。世職累進一等精奇尼哈番。十四年，以其女冊封皇貴妃，進三等伯。十四年，卒，贈三等侯，謚剛毅。子費揚古，自有傳。

羅碩，鄂碩兄也。初授刑部理事官。從入關，擢甲喇額眞。順治六年，姜瓖叛，命梅勒額眞卦喇駐軍太原。瓖遣兵陷清源，與卦喇分道擊之，瓖兵棄城走，斬五千餘級。瓖遣兵犯太原，從端重親王博洛破賊壘，斬萬餘級。其徒圍絳州，擾浮山，迭戰勝之。八年，擢工部侍郎。進世職三等阿思哈尼哈番。九年，從征湖南，失利，奪官，降世職。尋授大理寺卿。十七年，以從女追冊端敬皇后，授一等阿思哈尼哈番。康熙四年，卒。

鄂爾多，羅碩孫。初授侍衛，累遷至侍郎，歷戶、刑二部。授內務府總管，擢尚書，歷兵、戶、吏三部。卒，謚敏恪。

伊拜，赫舍里氏，世居齋谷。父拜思哈，歸太祖，授牛彔額眞。旗制定，隸滿洲正藍旗。卒，伊拜與其兄宜巴里、弟庫爾闡分轄所屬，爲牛彔額眞。太宗卽位，察哈爾部貝勒圖爾濟來歸，命伊拜迎犒。天聰八年，上自將伐明，命伊拜徵科爾沁部兵，予世職半個前程。九年，遷正白旗蒙古固山額眞。

崇德元年，從伐明，入長城，攻克昌平等州縣，俘獲甚衆。三年九月，從伐明，入青山口，薄明都，徇山東。五年，從伐明，圍錦州。明兵自杏山、松山赴援，城兵出戰，伊拜屢擊敗之。六年，復圍錦州，破明兵，進世職牛彔章京。洪承疇赴援，上自將擊之，命諸將分屯要隘，要明兵，伊拜與梅勒額眞譚拜等依杏山而營。明兵敗走，伊拜逐擊至塔山，明兵多赴水死。七年，遂破承疇，下錦州，命伊拜戍杏山。八年，復命與輔國公篇古戍錦州。是時軍紀嚴，將士有過，輒論罰，伊拜屢坐罰鍰、罰馬。

順治元年，調正藍旗蒙古固山額眞。從入關，擊李自成。尋與固山額眞葉臣等徇山西，克太原，撫定旁近州縣。師還，賚白金三百。二年，從英親王阿濟格徇陝西，逐自成至武昌，屢擊破賊壘。三年，進三等阿達哈哈番。五年，從鄭親王濟爾哈朗徇湖南，時衡州、寶慶諸府尙爲明守。六年，師克湘潭，伊拜與固山額眞佟圖賴等分兵向衡州，未至三十里，明兵千餘人據橋立寨，伊拜與侍郎碩詹擊之潰。薄城，戰屢勝，斬明將陶養用，遂克衡州。別軍略寶慶及辰、沅、靖、武岡諸州，皆定。師還，賚白金三百。尋請老，授議政大臣。累進一等阿思哈尼哈番。十五年，卒，贈太子太保，謚勤直。第三子費揚武，襲世職。

庫爾闡，天聰間，以牛彔額眞從伐黑龍江，有功，予世職半個前程。崇德三年，授都察院理事官，兼甲喇額眞。五年，從伐索倫部，與其部長博穆博果爾力戰，却之。從睿親王多爾衮圍錦州，攻松山，戰有功。六年，擢都察院參政。復從圍錦州，明兵自松山來，將奪軍中砲，庫爾闡擊却之。率師依山爲寨，明兵復來攻，勢甚猛，工部承政薩穆什喀欲遣兵助戰，庫爾闡辭焉，獨以所部迎戰，斬四十一級，得雲梯、槍砲、甲楯、旗幟，進世職牛彔章京。八年，遷正藍旗蒙古梅勒額眞。

順治初，從入關，逐李自成至慶都，加半個前程。旋從豫親王多鐸破自成潼關，累進二等甲喇章京。四年，命帥師駐防濟南。淄川寇發，庫爾闡遣兵討之。部議責庫爾闡不親赴，當罰鍰，盡削其官職，上但命倍其罰。五年，遷都察院承政，尋仍改參政。六年，從譚泰討金聲桓江西，卒於軍，進一等阿達哈哈番。

阿哈尼堪，富察氏，滿洲鑲黃旗人，世居葉赫。天命時，曾祖椿布倫，偕兄楚隆阿、弟昂古里來歸。阿哈尼堪初授牛彔額眞。天聰九年，同蒙古兩黃旗將領布哈、阿濟拜略明寧遠，明兵千人追至，還擊，敗之。崇德二年，從征朝鮮，取江華島。五年，從承政薩穆什喀、索海伐虎爾哈部，克雅克薩城。博穆博果爾以兩烏喇兵六千來襲正藍旗後隊，索海設伏擊之，阿哈尼堪與焉。又攻掛喇爾，先入屯，授世職牛彔章京。擢禮部參政。六年，從伐明，圍錦州，擊敗松山援兵。又與固山額眞宗室拜音圖敗明總督洪承疇兵。松山守將夜襲我軍，又遣步兵犯正黃旗蒙古汛地，阿哈尼堪擊却之。擢鑲黃旗梅勒額眞。

順治元年，從入關，擊李自成。世祖將遷都燕京，命內大臣何洛會鎭盛京，阿哈尼堪與梅勒額眞碩詹將左右翼爲之佐。尋命偕固山額眞阿山等率兵之蒲州，助剿流寇。二年，進世職三等甲喇章京。大將軍豫親王多鐸南征，命阿哈尼堪會師，自河南下江南攻揚州，明兵來援，率甲喇額眞班代等連戰皆捷，與固山額眞瑪喇希克常熟。三年，從豫親王北討蒙古蘇尼特部，騰機思遁走，追擊，斬百餘級，俘獲無算，進世職一等。四年，擢兵部尙書。

六年，鄭親王濟爾哈朗師略湖廣，阿哈尼堪與固山額眞劉之源別將兵趨寶慶，明將王進才、馬進忠城守。師夜薄城，平旦，明兵出戰，急擊殲之，遂克寶慶。明將馬有志等九營屯南山，阿哈尼堪乘勝奮進，陣斬有志等。師徇洪江，又破袁宗第十營，克沅州。師復進，留阿哈尼堪駐守。明將王强等來攻，阿哈尼堪遣署巴牙喇纛章京都爾德等迎擊，戰沅水上，大破之，斬裨將三、兵七百餘。七年，師還，賜白金三百。調禮部尚書，加世職拖沙喇哈番。

睿親王遣迎朝鮮王弟，阿哈尼堪啓巽親王滿達海等，以甲喇額眞恩德代行。事覺，下王大臣會勘，論死，得旨，奪世職，罰鍰以贖。尋復世職，累進一等阿思哈尼哈番。八年，卒。

星訥，覺爾察氏，滿洲正白旗人。初事太祖，授二等侍衞，兼牛彔額眞。從伐明，次塔山北，遇蒙古兵四百，射殺其渠。事太宗，伐察哈爾，以二十人偵敵張家口，遇明兵，禦之四晝夜，俟貝勒阿濟格軍至，益兵二百擊破之。察哈爾部多爾濟蘇爾海倚山立寨，列火器拒守，星訥率巴牙喇兵先登破敵。天聰八年，復從上伐察哈爾，星訥佐額駙布顏代率蒙古兵進哈麻爾嶺，招其部俄爾塞圖等來降。移師伐明，與席特庫等略大同。論功，予世職半個前程，授刑部參政。

崇德三年，與承政葉克舒伐黑龍江，師有功，其兄辛泰、弟西爾圖戰沒；當得世職，合爲三等甲喇章京。尋坐事降理事官。四年，授巴牙喇甲喇章京，兼議政大臣。尋遷梅勒額眞。六年，授工部參政。八年，擢承政。

順治元年，從入關，改尙書，進世職一等。三年，從討張獻忠，師還，加太子少保。六年，從討姜瓖，攻大同。瓖以精銳出戰，塡塹毀垣，星訥督將士持短兵，力戰却之。瓖背城爲陣，星訥督將士直壓其壘，師乘之，殲其精銳略盡，進世職二等阿思哈尼哈番。八年，英親王阿濟格得罪，星訥故爲王屬，坐奪官，削世職，籍家產之半。尋復授工部尙書、議政大臣。十年，以老致仕。十四年，星訥自訟軍功，復世職一等阿達哈哈番兼拖沙喇哈番。康熙十三年，卒，諡敏襄。

褚庫，薩爾圖氏，滿洲鑲黃旗人，先世居札魯特。祖柏德，遷居葉赫，來歸。天聰四年，師圍大凌河，褚庫年十七，從軍。明軍中蒙古將徹濟格突陣，褚庫迎擊，生獲以歸。復伐明，攻萬全左衞，褚庫先登，頸被創，猶力戰破其城。論功，授世職備禦，賜號「巴圖魯」。授牛彔額眞，兼甲喇額眞。崇德三年，授吏部理事官。

順治元年，入關，從英親王阿濟格討李自成，略湖廣，自成將吳伯益以三千人拒戰，褚庫擊之，敗走。三年，從肅親王豪格討張獻忠，略陝西，與尙書星訥擊獻忠將高汝礪等，遂下四川，屢敗獻忠兵。六年，從討姜瓖，圍大同，敗瓖將楊振威。師還，坐値宿失印鑰，解理事官。九年，從固山額眞噶達渾征鄂爾多斯部，與其部長多爾濟戰賀蘭山，俘獲甚衆。世職累進二等阿達哈哈番。

十三年，鄭成功攻福州，時鄭親王世子濟度率師次漳州，遣梅勒額眞阿克善與褚庫別將兵赴援。成功以戰艦二百自烏龍江來犯，褚庫督兵迎戰，逐至大江口，得舟十二。成功又以千餘人屯江岸，褚庫督兵奮擊，斬二百餘級。康熙二年，擢正紅旗蒙古副都統，進世職一等。七年，以老乞休。十四年，卒，謚襄壯。

論曰：科爾崑、覺善、甘都逮事太祖，譚拜以下諸將，則太宗所驅策，入關後四征不庭，成一統之業，皆與有功焉。科爾崑尤忠直，與席特庫、褚庫並以驍武搴旗陷陣。干城腹心，由此其選矣。

清史稿卷二百四十二

列傳二十九

覺羅果科 覺羅阿克善　敦拜 哈寧阿　碩詹　碩詹孫達色
濟席哈 弟費雅思哈　噶達渾 費揚武　愛松古　興鼐　興鼐兄孫哈爾奇
達素 喀爾塔喇　喀爾塔喇子赫特赫

覺羅果科，滿洲鑲白旗人，未詳其屬籍。事太宗，授巴牙喇甲喇章京。崇德六年，從伐明，圍錦州，分兵屯杏山河岸。明兵自寧遠至，果科與噶布什賢噶喇依昂邦努山擊破之，逐至連山，斬級三十，得馬三十二。七年，與努山略寧遠，明兵自中後所犯我牧地，擊之潰遁。八年，復與努山至界嶺口詗明兵，與戰，斬裨將一、步騎三百餘。

順治元年，從入關，擊李自成，追至慶都。二年，從英親王阿濟格下陝西，克綏德。自成兄子錦據延安，果科與巴牙喇纛章京希爾根三戰皆捷。自成奔湖廣，師從之，次安陸，迭擊敗之，得舟八十。三年，從肅親王豪格討張獻忠，經漢中，擊叛將賀珍，進次西充，破獻忠，復與希爾根搜剿餘寇。五年，從鄭親王濟爾哈朗下湖南，授巴牙喇甲喇章京。攻湘潭，明總督何騰蛟城守，果科與噶布什賢章京瑚沙破西門入。尋與固山額眞佟圖賴率兵趨衡州，擊破明兵，攻拔石橋寨。又擊破明將周進唐、胡一清等，逐一清至全州。師還，授刑部理事官。

十一年，授工部侍郎。敍功，遇恩詔，並以監修壇廟，世職累進二等阿達哈哈番。十七年，擢工部尚書。十八年，卒。追坐修倉糜費，罰鍰，降世職拖沙喇哈番。聖祖親政，其子薩爾布訴枉，復拜他喇布勒哈番。

覺羅阿克善，滿洲正黃旗人，景祖兄索長阿三世孫。事太宗，授甲喇額眞。崇德六年，圍錦州，與果科同在行，擊敗明總兵吳三桂及松山、杏山援軍。師還，明兵襲梅勒額眞索海軍，阿克善與巴牙喇纛章京伊爾德赴援，擊卻之，又屢擊敗總督洪承疇軍，授半個前程。八年，從鄭親王濟爾哈朗伐明，攻寧遠，分兵攻前屯衞，先登，克其城。

順治元年，從入關。七年，擢正黃旗滿洲梅勒額眞，兼工部侍郎。八年，調兵部。敍功，並遇恩詔，進世職一等阿達哈哈番。九年，與固山額眞噶達渾征蒙古鄂爾多斯部，殲其衆於賀蘭山。總兵任珍殺其孥，賄兵部寢勿治，事發，阿克善罷侍郎，降世職拜他喇布勒哈番兼拖沙喇哈番。十一年，暫署都察院左都御史。從征湖廣，戰湘潭、常德、龍陽，屢捷。十三年，從鄭親王世子濟度討鄭成功，師次烏龍江，水險不可渡，乃間道趨福州，分兵令牛彔額眞褚庫先驅擊成功，署巴牙喇纛章京伊色克圖擊成功舟師，遂至福州。諜言成功舟三百泊烏龍江，阿克善等水陸合擊，逐敵至三江口，斬其將林祖蘭等，俘獲甚衆。十四年，成功兵侵羅源，阿克善督兵赴援，力戰死之，進世職三等阿達哈哈番。

敦拜，富察氏，滿洲正黃旗人，先世居沙濟。父本科理，歸太祖。嘗從鄂佛洛總管達賴討朱舍理部長尤額楞，有功，賜號蘇赫巴圖魯，授牛彔額眞。卒，敦拜嗣。天命十一年，從太祖攻寧遠，先驅，敗城兵。師還，敵騎追射，敦拜還擊卻敵，殿而歸。

天聰八年，授世職牛彔章京。崇德五年，擢巴牙喇纛章京。從鄭親王濟爾哈朗圍錦州，城兵出誘戰，敦拜突入敵隊中，斬三人，衆悉遁。明兵自杏山再來犯，皆戰卻之。六年，復圍錦州，明兵自松山攻兩紅旗及蒙古軍，敦拜禦敵力戰，斬二百餘級，得雲梯十四。七年，加半個前程。八年，與巴牙喇纛章京阿濟格尼堪率師駐錦州。

順治元年，從入關，擊李自成，逐之至慶都。二年，進世職二等甲喇章京。大將軍豫親王多鐸南征，敦拜將巴牙喇兵從。次陝州，破自成將劉方亮，方亮兵夜襲營，復擊敗之。

克潼關，定西安。自成走商州，入湖廣，敦拜與巴牙喇纛章京阿爾津等追斬三百餘級。從豫親王下江南，克揚州，薄明南都。追明福王至蕪湖，與阿爾津、圖賴等截江口，擊破明將黃得功，得明福王以歸。三年，進世職一等。從端重親王博洛自浙江徇福建，與梅勒額眞珠瑪喇合軍破敵。五年，從大將軍譚泰討金聲桓，攻九江，破王得仁軍，克之，撫臨江郡縣。六年，剿畿南土寇，斬其渠，獻、雄、任丘、寶坻諸縣悉定。七年，進世職三等阿思哈尼哈番。尋從睿親王畋於中後所，坐私出獵，降世職一等阿達哈哈番。八年，上親政，復世職。九年，進二等。

十一年，明將李定國犯廣東，命佐將軍珠瑪喇討之，克新會，逐之至橫州江岸，定國引去。師還，晉世職一等精奇尼哈番。以病乞休，加太子太保。十四年，起爲盛京總管。十七年，卒，謚襄壯。乾隆初，定封一等男。

富察之族，有哈寧阿、碩詹、濟席哈、費雅斯哈，皆以武功顯。

哈寧阿，滿洲鑲白旗人，世居額宜湖。父阿爾圖山，率其族攻薩齊庫城，殺其部長喀穆蘇尼堪，撫降三百餘人，以歸太祖，授牛彔額眞。既，復分其衆別編一牛彔，以命哈寧阿。天聰二年，從貝勒岳託等伐明，略錦州，攻松山、杏山、高橋諸臺堡，戰甚力，授巴牙喇纛章京。三年，從伐明，薄明都，與袁崇煥戰廣渠門外，以功授世職備禦。五年，從攻大凌河。八年，從攻大同，哈寧阿先驅，至小西城，樹雲梯以攻，克之，復將二十人出戰，敗敵兵三百。九年，與承政圖爾格入明邊。師還，道平魯衞，明兵躡師後，還擊敗之，逐薄壕，多所斬馘，進二等甲喇章京。

崇德元年，從攻皮島。二年，授議政大臣。三年，從豫親王多鐸如錦州會師，道中後所，祖大壽以輕騎掩我師，甲喇額眞翁克及土默特兵先奔，哈寧阿且戰且退，士卒有死者，論罪當死，上貸之，命奪世職，籍家產之半。四年，復以庇牛彔額眞阿蘭太失律，論罪當死，上復貸之。六年，從圍錦州，屢敗敵。明總督洪承疇赴援，上督諸軍環松山而營，度明師且遁，遣諸將分地爲伏以待。哈寧阿與巴牙喇纛章京鼇拜陣於海濱，夜初更，明師循海走，哈寧阿等起掩擊，明師蹂藉，死者甚衆。尋進攻松山，屢敗敵。八年三月，與巴牙喇纛章京阿爾津伐虎爾哈部，俘男婦二千五百有奇，獲牲畜、貂皮無算。師還，上厚賚之。

順治元年，從入關，擊李自成，戰慶都，再戰眞定，自成焚輜重走。二年，復授世職三等甲喇章京。逐賊綏德，徇延安，戰破城兵。南逐自成，戰安陸，得舟八十。復與譚泰合兵下江南，戰江上，奪敵舟。逐敵至富池口，敵據江岸爲陣，復擊之敗。三年二月，從順承郡王勒克德渾略湖廣，破明將吳汝義，降其衆。四月，進二等甲喇章京。五月，從肅親王豪格討叛將賀珍，取漢中，逐賊至秦州。珍黨武大定據三寨山，山勢峻不可攻，師圍之。會其將周克德、石國璽皆乞降，克德遣其子導師自僻徑登，國璽爲內應，哈寧阿與梅勒額眞阿拉善、署巴牙喇纛章京噶達渾將六百人破壘入，賊皆自投崖下，斬殺略盡。進討張獻忠，徇夔州、茂州、資州、遵義，皆下。五年，師還，進一等阿達哈哈番。尋卒。

碩詹，滿洲正紅旗人，世居訥殷。父舒穆祿，歸太祖，授牛彔額眞。卒，碩詹嗣，尋兼甲喇額眞。天聰五年，與甲喇額眞杭什木、沙爾虎達等略明邊，遇邏卒，斬其三，俘其五及邏卒長。八年，授世職牛彔章京。崇德元年，從伐朝鮮，攻江華島，碩詹舟越朝鮮戰艦，繼牛彔額眞阿哈尼堪以登，率衆合圍，降其城，加半箇前程。三年，兼刑部理事官。從伐明，深入山東，克禹城、平陰。四年，師還，明兵襲我後軍，與巴圖魯尼哈里等擊卻之，進世職三等甲喇章京。擢戶部參政。五年，師伐明，命碩詹如朝鮮徵糧及水師助戰。從圍錦州，甲喇額眞禧福率甲士二十四駐守駱駝山，明兵四百夜劫營，碩詹赴援，斬二百餘級，得馬十六。七年，領本旗梅勒額眞。

順治元年，從入關，改侍郎。上將遷都燕京，命碩詹統右翼兵留守盛京。尋復命從豫親王多鐸南征，自河南徇陝西，遂移師定江南。敍功，世職累進一等阿達哈哈番兼拖沙喇哈番。五年，從鄭親王濟爾哈朗征湖南，偕都統佟圖賴等師出湘潭，明兵阻橋立寨，與固山額眞伊拜、巴牙喇甲喇章京覺羅果科共擊下之，斬其將陶養用，衡州平。師還，賚白金三百，進世職一等阿思哈尼哈番。八年，坐戶部給餉不均，降世職一等阿達哈哈番。九年，以老病罷。十年，命復世職。康熙二年，卒，謚明敏。以其孫達色、法色分襲世職，並授二等阿達哈哈番。達色以參領從征福建，戰屢捷。鄭錦將劉國軒衆萬餘犯海澄，達色赴援，冒鎗砲力戰，聞城陷，自經死，加拖沙喇哈番。法色兼襲，復合爲一等阿思哈尼哈番兼拖沙喇哈番。子明寶，雍正間從征西藏，有功，進三等精奇尼哈番。乾隆初，改三等子。子德成，降襲三等男。

濟席哈，亦富察氏，滿洲正黃旗人。父本科里，官牛彔額眞。濟席哈初亦授牛彔額眞。崇德四年，擢巴牙喇纛章京。五年，從伐明，圍錦州。明兵自松山至，邀戰，與甲喇額眞布丹、希爾根等擊卻之。尋駐義州護屯田，上誡諸將固守營壘，勿與明兵戰。明兵犯鑲藍旗營，濟席哈越鑲紅旗營助戰，以擅離汛地，奪官，籍其家三之一。旋與梅勒額眞席特庫伐索倫部，得其部長博穆博果爾以歸。六年，師還，與宴勞。七年，授正紅旗蒙古梅勒額眞。八年，兼戶部參政。

順治元年，從入關，擊李自成，追之至慶都。敍功，授世職拜他喇布勒哈番。二年，從端重親王博洛下浙江，既克杭州，以梅勒額眞駐守。明大學士馬士英、總兵方國安據嚴州，屢來犯，濟席哈督兵禦之，五戰皆捷。還京，授工部侍郎，加世職拖沙喇哈番。

五年，命率兵駐東昌。尋以鄭彩寇福建，命從將軍陳泰南征，克長樂、連江、同安、平和諸縣，進世職二等阿達哈哈番。七年，調刑部，擢尙書，進世職三等阿思哈尼哈番。九年，授正紅旗蒙古固山額眞。十年，解尙書。膠州總兵海時行叛，命與梅勒額眞瑚沙討之，未至，時行走宿州降。詔移兵鎭湖南。十一年，召還。

十四年，命率梅勒額眞四、巴牙喇甲喇章京八，從大將軍貝子羅託征雲南。十五年，命佐將軍卓布泰，師進次都勻，擊敗明將李定國。會師，克雲南。十七年，以勘從征將士功罪不實，降一等阿思哈尼哈番。十八年，授靖東將軍，討棲霞土寇于七，擊破所據岠嵎山寨，七竄入海。康熙元年，卒。六十年，以其子西安副都統阿祿疏請，追謚勇壯。

費雅思哈，濟席哈弟也。初以巴牙喇壯達事太宗。天聰六年，從伐察哈爾，分兵略大同，至朔州，城兵出戰，費雅思哈與甲喇額眞道喇等擊敗之。崇德三年，署巴牙喇纛章京，從貝勒岳託伐明，敗密雲步兵。五年，師圍錦州，明兵自松山、杏山赴援，費雅思哈禦戰皆捷。六年，復圍錦州，同甲喇額眞哈寧阿擊敵城下，射殪三人，明總督洪承疇步隊自松山至，費雅思哈力戰卻敵。

順治元年，從入關，擊李自成，追敗之慶都，授巴牙喇甲喇章京。從英親王阿濟格西討，二年春，次榆林，自成兵夜襲營，與巴牙喇纛章京車爾布等擊之走，追自成至武昌，屢破其壘；又以舟師邀擊富池口，得舟三十。三年，從肅親王豪格討張獻忠，道西安，分兵徇邠州。其渠胡敬德以千餘人據三水西北山岡，費雅思哈與巴牙喇纛章京噶達渾破其壘，復與固山額眞巴哈納擊叛將賀珍於鷄頭關。師下四川，屢戰皆捷。正藍旗兵爲賊困，與噶達渾趨援，賊走。敍功，授世職拜他喇布勒哈番兼拖沙喇哈番。

六年，從英親王討叛將姜瓖，掘塹圍城，瓖兵步騎萬餘來犯，費雅思哈先衆迎戰，瓖兵不得入城。瓖兵分踞左衞，陷汾州，窺太原，費雅思哈率巴牙喇兵伺擊，會師圍大同，瓖黨斬以降，進世職一等阿達哈哈番。

十三年，擢巴牙喇纛章京。尋命率兵駐防湖南。明將孫可望據辰州，費雅思哈與固山額眞卓羅、梅勒額眞泰什哈等，自澧州、常德進征，可望棄城遁，縱火焚舟，阻我師。費雅思哈取其未焚者以濟師，躡擊至瀘溪，殲敵甚衆。十八年，從將軍愛星阿入緬甸，得明桂王以歸。師還，進世職三等阿思哈尼哈番。康熙十一年，卒，謚僖恪。子素丹，自有傳。

噶達渾，納喇氏，滿洲正紅旗人，世居哈達。其先有約蘭者，當太祖時，率其子懋巴里等來歸。天聰二年，噶達渾以巴牙喇甲喇章京從太宗伐多羅特部，有功。八年，從伐明，略山西，克應州。崇德五年，從伐明，略中後所。睿親王多爾衮等率師圍錦州，令領纛先進，敗杏山騎兵，設伏松山，斬十餘級，明兵營嶺上，擊破之；又從噶布什賢噶喇依昂邦勞薩追擊至北岡。七年，從豫親王多鐸攻寧遠，明兵躡我後，噶達渾先衆還擊，明兵潰走。師還，有巴牙喇兵達哈塔者，被創，仆，掖以歸。

順治元年，擢巴牙喇纛章京。從入關，擊李自成，授世職拜他喇布勒哈番。二年，從英親王阿濟格擊自成至九宮山，三敗之。三年，從肅親王豪格下四川，次西安，分兵討叛將賀珍，徇邠州，其黨胡敬德屯三水，噶達渾與梅勒額眞和託直入，破其壘。高汝礪、武大定等屯三寨山，復與巴牙喇纛章京蘇拜、哈寧阿，梅勒額眞阿拉善擊敗之，督步卒搜剿巖谷。大定等據山巓，其徒左右迎戰，噶達渾與巴牙喇纛章京阿爾津奮戰，挫其鋒。大定等兵攻正藍旗營，哈寧阿陷圍中，噶達渾與阿爾津、蘇拜疾馳赴援，圍乃解。擢戶部侍郎，五年，調吏部，進世職三等阿達哈哈番。

英親王阿濟格討叛將姜瓖，噶達渾與阿拉善濟師，七戰皆捷。克代州，進復渾源。六年，兼本旗蒙古固山額眞。七年，世祖親政，擢戶部尚書，進世職二等。改都察院左都御史，尋還爲尙書。率師征鄂爾多斯部，獲部長多爾濟，殲其衆於賀蘭山，進世職三等阿思哈尼哈番。調滿洲固山額眞、兵部尚書。十年，進世職二等。世職呂忠行賕事發，部議引赦例貸其罪，坐降世職一等阿達哈哈番。

大將軍鄭親王世子濟度討鄭成功，命噶達渾佐之，敕濟度調遣官兵，毋令噶達渾離左右。克海澄，水陸並進，復福州，遂下泉州，攻惠安海港衞套及閩安鎭，大捷。十四年，師還。卒，贈太子太保，謚敏壯。同族有費揚武、愛松古、興鼐。

費揚武，滿洲正藍旗人。初自巴牙喇壯達累遷甲喇額眞。崇德七年，從饒餘貝勒阿巴泰伐明，入塞，擊敗明總兵馬科。越明都，略山東，次膠州，明兵千餘屯城外，費揚武力戰破之；攻濱州，以雲梯先登。出塞，明總督范志完、總兵吳三桂等分道要我師，費揚武先後與戰皆勝，護所俘獲還。

順治初，從入關，擊李自成，敗其騎兵。尋署巴牙喇纛章京。從豫親王多鐸西討自成，次潼關，破自成將劉宗敏。二年，從定江南，攻揚州，得舟二百餘。攻明南都，敗其步兵。逐明福王至蕪湖，與明總兵黃得功戰，得舟三十有一。旋從端重親王博洛下浙江，破明馬士英軍於杭州，生致明總兵一，分兵定海寧、平湖土寇；又與明總兵王之仁戰，得舟十有六。授議政大臣，予世職甲喇章京，加半箇前程。四年，從軍福建。卒。

愛松古，滿洲鑲白旗人。太祖時，自葉赫來歸，屢從征伐。崇德元年，命與察漢喇嘛等赴明邊殺虎口互市。復遣往科爾沁徵兵。三年，初設理藩院，授副理事官。尋自歸化城導厄魯特部長墨爾根戴青來歸。再坐事鞭責。

順治元年，授牛彔額眞。從固山額眞葉臣徇山西。時李自成西走，其將陳永福據太原，發礮攻城圮，永福突圍走，愛松古以蒙古兵戰，多斬馘，得馬千餘。又逐自成將馬驥至河濱，得舟十五。二年，從圍延安，城兵出戰，擊卻之，以八騎躡自成，獲其孥。

三年，從豫親王多鐸討蘇尼特部長騰機思，將蒙古兵三百先驅扼隘，師繼進，騰機思遁走，從侍郎尼堪、梅勒額眞明安達里乘夜追擊，得其輜重；斬台吉茂海，遂渡圖喇河，土謝圖汗以二萬人拒戰，從鎭國將軍瓦克達等敗其騎兵。敍功，授世職拖沙喇哈番。

五年，命率蒙古兵六百駐太原，擊斬涇陽寇李陽，敗交城寇王豪明。時叛將姜瓖據大同，其黨劉遷以萬餘人犯代州，愛松古馳往守禦。遷衆傅雲梯乘城，鉤致其梯九，斬級三百；遷衆穴城，城上發矢石，遷衆多殪，乃走繁峙。六年，復來襲，有爲應者，引入郛，愛松古嬰城守十餘日，端重親王博洛師至，擊斬其渠郭芳，遷遁去。乃還駐太原，瓖黨十餘萬來犯，愛松古與巡撫祝世昌謀遣兵赴清源徐溝防禦，不使逼城下。端重親王師自晉陽至，破賊。累擢鑲白旗蒙古梅勒額眞，世職累進二等阿達哈哈番。九年，從敬謹親王尼堪南征，王沒於陣，愛松古不及救，降世職拜他喇布勒哈番兼拖沙喇哈番。十六年，致仕。康熙十四年，卒。

子訥青，以三等侍衞從討鄭成功，至厦門，卒於軍。

興鼐，滿洲鑲白旗人。父素巴海，自哈達率二百人來歸，太祖編牛彔，授其長子莽果，興鼐其第三子也。事太宗，天聰八年，授世職牛彔章京。崇德元年，從英親王阿濟格伐明，佐固山額眞達爾罕攻順義，先登，加半箇前程。三年，授工部理事官。考滿，進世職三等甲喇章京。順治元年，從入關，西討李自成。自成之徒自延安出犯，截擊，大破之。逐自成至武昌，躡之至富池口，列陣河岸，與巴牙喇纛章京哈寧阿、甲喇額眞希爾根擊之潰。移軍江南，與巴牙喇甲喇額眞布克沙敗明將黄蜚於池州，斬級二百，得舟十二。三年，從討蘇尼特部長騰機思，戰敗土謝圖汗、碩類汗二部兵。擢工部侍郎，累進世職二等阿思哈尼哈番。十五年，以勘羅源戰敗將士有所徇，奪官，削世職。十八年，聖祖卽位，復授一等阿達哈哈番兼拖沙喇哈番。康熙三年，卒。

哈爾奇，莽果孫也。順治十六年，以巴牙喇壯達從軍。鄭成功內犯，自荆州援江寧，破成功將楊文英。署巴牙喇甲喇章京。討耿精忠，迭戰敗其將楊益茂於九江、邵聯登於建昌，又敗吳三桂將夏國相於萍鄉、謝勝先於瀏陽、吳國貴於武岡。敍功，授拖沙喇哈番。卒。

達素，章佳氏，滿洲鑲黃旗人，先世居費雅朗阿。天聰五年，以巴牙喇壯達從伐明，圍大凌河。明兵來援，與巴牙喇壯達鼇拜同擊卻之。略明邊，斬敵騎。師還，擢巴牙喇甲喇額眞。

崇德五年，從圍錦州，敗杏山明兵。六年，復圍錦州，明兵數十人據塔山，列火器拒守。達素率六騎馳而上，盡斬之；復率兵邀擊，明兵走海岸，溺死者無算。七年，從甯遠，敗明騎兵。八年，從巴牙喇纛章京阿爾津等伐虎爾哈部，克博和理城，又招降能吉爾、大噶爾達蘇諸屯。

順治元年，從入關，擊李自成。從固山額眞巴哈納等徇山西，克絳州，逐賊至黃河。賊以舟濟，達素督兵射之，賊多墮水死。二年，從英親王阿濟格下湖廣，討自成，克安陸、武昌，逐之至富池口，賊營對岸，達素先諸將衝擊，多所俘獲。三年，從肅親王豪格討張獻忠，道漢中，擊破賀珍，下四川，屢戰皆捷。積戰功，授世職拜他喇布勒哈番兼拖沙喇哈番。

六年，從英親王阿濟格討姜瓖，戰於右衞，賊大至，達素奮前搏擊，飛矢及其喉，手足皆創，墮馬。軍校欲負以退，叱曰：「死則死耳，何避爲？」裹創督兵復戰，瓖兵敗卻。世職累進一等阿達哈哈番。

九年，從敬謹親王尼堪征湖南，次衡州。貝勒屯齊令別將兵詗敵寶慶，遇敵，擊敗之，進攻全州，破寨五，斬所置文武吏九及其徒四千餘，復興安、灌陽，復斬定國將倪兆龍。敬謹親王沒於陣，將佐俱坐罪，達素以別將兵克敵，得免議。十一年，擢巴牙喇纛章京。十三年，擢內大臣。十六年，鄭成功內犯江寧，授達素安南將軍，同固山額眞索渾、巴牙喇纛章京賴塔等率師赴援，至則成功已敗走，移師赴福建。十八年，召還。康熙八年，鰲拜敗，達素爲所引用，坐罷官。尋復世職。卒。同族有喀爾塔喇。

喀爾塔喇，滿洲鑲白旗人，先世亦居費雅朗阿。父圖爾坤詹，當太祖時，率五子及所部百餘戶來歸，授牛彔額眞。卒，喀爾塔喇嗣，事太宗。崇德三年，以巴牙喇甲喇章京從豫親王多鐸伐明，略寧遠，將入邊，破明兵；及還，又連敗之。六年，從圍錦州，城兵出犯鑲黃旗分守壕塹，坐退避，罪當死，上命罰鍰以贖。

順治元年，從入關，擊李自成，將本旗敗其騎兵，逐之至慶都，盡殲其後隊。旋從固山額眞巴哈納等徇懷慶，入山西境，破賊黃河渡口，逐之至榆林。二年，自成走湖廣，移師從之。與巴牙喇甲喇章京鰲拜攻克安陸，督兵進剿，毀其壘，得舟六十餘。

五年，從大將軍譚泰討金聲桓，師次童子渡。聲桓兵據水而陣，方舟爲梁，喀爾塔喇奪以渡師，分兵趨饒州。聲桓遣別將以三千人迎戰，喀爾塔喇與甲喇額眞巴朗等擊敗之，克饒州。進次南昌，營甫定，聲桓兵出戰，奮戰，挫其鋒。師合圍，喀爾塔喇屯江岸，聲桓兵以舟運糧入城，喀爾塔喇邀擊，得舟八，又縱火焚舟七百餘，師次城北。喀爾塔喇與甲喇額眞艮泰分兵攻城南，六年春，克南昌。

九年，擢巴牙喇纛章京。從敬謹親王尼堪征湖南衡州，乘勝疾進，遇伏，力戰，與王同沒於陣。喀爾塔喇積戰功，世職累進一等哈達哈哈番，卹進三等阿思哈尼哈番，諡忠壯。子赫特赫，襲。十六年，以甲喇額眞從討鄭成功，攻廈門，戰死，予世職拜他喇布勒哈番。

論曰：滿洲諸大家多以地爲氏，往往氏同而所自出異。戰績旣著，門材遂張。濟席哈、達素嘗專將，雖所當非大敵，或未與敵遇，要其才望必有足以勝此任者。果科等皆以裨佐樹績行間，勳閥所存，亦不得而略焉。

清史稿卷二百四十三

列傳三十

沙爾虎達 子巴海 安珠瑚 劉之源 吳守進 巴山 張大猷 喀喀木
梁化鳳 子鼐 劉芳名 胡有陞 楊名高 劉光弼 劉仲錦

沙爾虎達，瓜爾佳氏，其先蘇完部人，居虎爾哈。太祖時，從其父桂勒赫來歸，授牛彔額眞。天命初，從伐瓦爾喀部，有功，授世職備禦。天聰元年，太宗自將伐明，攻大凌河，圍錦州，沙爾虎達以噶布什賢章京從，屢戰輒勝。三年，復從伐明，拔遵化，薄明都，沙爾虎達戰郭外，敗明兵，進世職游擊。自是數奉命與噶布什賢章京勞薩等率游騎入明邊，往來松山、杏山間，獲明邏卒十八及牙將爲邏卒監者，並得牲畜、器械甚夥。大凌河城下，明將祖大壽降，既，復入錦州爲明守。上遣諸將略錦州，使沙爾虎達懸書十三站山坡諭大壽。九年，與白奇超哈將領巴蘭奇等徇黑龍江，加半個前程。冬，復略錦州，還，獻俘，命分賚將士。

崇德元年，從伐朝鮮，破敵南漢山城。二年，列議政大臣。甲喇額眞丹岱、阿爾津等如土默特互市，上慮明兵要諸途，命沙爾虎達帥師詣歸化城護行。三年，與噶布什賢噶喇依昂邦吳拜將八十人行邊，至紅山口，遇明兵，斬裨將二；擊走明騎兵自羅文峪至者，搴其纛，得馬四十；又破明步兵自密雲至者，斬百餘級。四年，上自將伐明，沙爾虎達將噶布什賢兵自義州向錦州，復將土默特兵二百人入寧遠北境，與甲喇額眞蘇爾德、鄂碩、布丹爲伏，以數騎致明師，明師堅壁不應，乃掠其採薪者以歸。五年，進世職二等甲喇章京。

六年三月，從睿親王多爾衮圍錦州，坐從王令離城遠駐，當奪職，籍家產之半，上命罰鍰。八月，遷噶布什賢噶喇依昂邦。上自將禦洪承疇，部分諸將擊敵，賜沙爾虎達馬，使將所部屯高橋東界，諭曰：「敵敗，當自杏山西臺截大道躡擊之，毋使入城。」且誡之曰：「汝平日行不逮言，今當自勉！」既戰，明師敗，沙爾虎達違節制，縱潰兵二百餘入城。上命縶而問之，沙爾虎達稽首對曰：「殺臣祇一死，宥當效命。」上乃宥之，降授甲喇額眞。七年，與珠瑪喇率師伐虎爾哈部，降喀爾喀木等十七人、戶千餘，得馬贏牲畜。師還，宴勞，賚布帛有差。

順治元年，伐庫爾喀，伐黑龍江，皆有功。復從擊李自成，破潼關。二年，從攻江寧，下杭州，進世職一等甲喇章京。四年，授梅勒額眞。帥師屯東昌，討平土寇丁維岳、張堯中，加半箇前程。五年，從討江西叛將金聲桓。遷巴牙喇纛額眞，復爲議政大臣。六年，定河間土寇。七年，調鑲藍旗滿洲梅勒額眞。累進一等阿思哈尼哈番。九年七月，命帥師駐防寧古塔。十年，擢固山額眞，仍留鎭，賜冠服、鞍馬。十五年七月，俄羅斯寇邊，沙爾虎達擊之走，多所俘馘。十六年，卒，謚襄壯。以其子巴海襲。

巴海初以牛彔額眞事世祖，累遷秘書院侍讀學士。旣襲世職，上諭吏部曰：「寧古塔邊地，沙爾虎達駐防久，得人心。巴海勤愼，堪代其父。授寧古塔總管。」十七年，俄羅斯復寇邊，巴海與梅勒章京尼哈里等帥師至黑龍江、松花江交匯處，詗敵在飛牙喀西境，卽疾趨使犬部界，分部舟師，潛伏江隈。俄羅斯人以舟至，伏起合擊，我師有五舟戰不利。旣，俄羅斯人敗，棄舟走，巴海逐戰，斬六十餘級。俄羅斯人入水死者甚衆，得其舟槍砲若他械，因降飛牙喀百二十餘戶。敍功，加拖沙喇哈番。明年，以巴海奏捷諱未言有五舟戰不利，盡削原襲及功加世職。

康熙元年，改設黑龍江將軍，仍以命巴海。十年，上東巡，詣盛京，巴海朝行在。上問寧古塔及瓦爾喀、虎爾哈諸部風俗，巴海具以對。諭曰：「朕初聞爾能，今侍左右，益知爾矣。飛牙喀、赫哲雖服我，然其性暴戾，當迪以教化。俄羅斯尤當愼防。訓練士馬，整備器械，毋墮其狡謀。爾膺邊方重任，當黽勉報知遇！」

邊外有墨爾哲之族，累世輸貢，巴海招之降。其長扎努喀布克托等請內徙，巴海請徙置寧古塔近地，置佐領四十，以授扎努喀布克托及其族屬，分領其衆，號爲新滿洲。十三年冬，巴海率諸佐領入覲，上錫予有差，賜巴海黑狐裘、貂朝衣各一襲。十七年，敕奬巴海及副都統安珠瑚撫輯新滿洲有勞，予世職一等阿達哈哈番兼拖沙喇哈番。

二十一年，巴海疏言官兵捕采葠者，當視所得多寡行賞。上爲下部議，幷誡非采葠者毋妄捕。是歲，上復東巡，詣盛京，幸吉林，察官兵勞苦。既還京師，諭巴海罷採鷹、捕鱘鰉諸役。二十二年，以報田禾歉收不實，部議奪官，削世職，上猶念巴海撫輯新滿洲有勞，命罷將軍，降三等阿達哈哈番。二十三年，授鑲藍旗蒙古都統，列議政大臣。三十五年，卒。子四格，襲職。

安珠瑚，瓜爾佳氏，滿洲正黃旗人，先世居蘇完。父阿喇穆，任牛彔額眞。順治元年，從入關，擊李自成，戰死，授世職半個前程。安珠瑚襲職，遇恩詔，累進三等阿達哈哈番。擢甲喇額眞，兼刑部郎中。從大將軍伊爾德攻舟山，從將軍濟什哈討萊州土寇于七，皆有功。康熙六年，授寧古塔副都統。十五年，增設吉林烏喇副都統，以命安珠瑚，佐巴海撫新滿洲，進世職如巴海。十七年，擢盛京將軍。二十一年，上東巡，見邊界多戰骨暴露，諭安珠瑚偏察收瘞。二十二年，以疾乞休，上責安珠瑚失職，奪官，發吉林烏拉効力。二十四年，授索倫總管。二十五年，卒。

安珠瑚入對，嘗言所轄士兵皆藐視之，上知其庸懦，及卒，命削其世職。

劉之源，漢軍鑲黃旗人。天聰九年，授甲喇額眞。崇德五年，從上伐明，攻錦州，距城東五里發砲隳其臺。復列砲城北擊晾馬臺，殪明兵。尋代馬光遠爲正黃、鑲黃二旗漢軍固山額眞。六年，從睿親王多爾袞圍松山，發砲隳臺四，獲明將王希賢、崔定國、楊重鎮等，又斬裨將三。七年，從鄭親王濟爾哈朗圍塔山，列砲城西，毀其垣二十餘丈，殲城兵，隳杏山城北臺，又擊毀其垣，城兵懼，乃出降，授世職二等甲喇章京。分設漢軍八旗，之源仍領鑲黃旗。八年，從鄭親王攻克中後所，斬明將吳良弼、王國安等；進攻前屯衞，發礮隳其城，進世職一等。

順治元年，從入關，命與固山額眞李國翰剿定畿南餘寇。復從固山額眞葉臣等西征，克太原。又與固山額眞巴哈納自汾州逐寇至平陽，斬馘四千餘。山西寇始盡。師還，優賚。二年，從順承郡王勒克德渾下湖廣，討李自成，與國翰合師破應山。降將馬進忠復叛，與固山額眞金礪擊敗之武昌，得舟六十餘，遂徇湖北。五年，授定南將軍，從鄭親王再下湖廣。六年，攻湘潭，明總督何騰蛟分三隊出戰，之源分兵應之，敗明兵，克其城，獲騰蛟。夜督兵逐進忠，平明剿其壘。復進克寶慶，並破南山坡九壘，斬明將馬有志、胡進玉等，進忠跳而免。又擊破明將袁宗第於洪江、王永强於便水驛。敍功，遇恩詔，世職累進一等阿思哈尼哈番兼拖沙喇哈番。

八年，與金礪駐防杭州。明大學士張肯堂與其將阮進、張名振擁魯王以海屯舟山，之源與總督陳錦、總兵田雄合師攻之，破明兵於横水洋，獲進。逼螺頭門，肯堂城守十餘日，師以雲梯登，肯堂及魯王諸臣李向中、吳鍾巒、朱永佑等縱火自焚死。名振以魯王遁三盤島，之源遣總兵馬進寶等追擊破之，焚其積聚；復敗之於沙埕，收各嶴戶口八千五百餘，悉令歸農。論功，進三等精奇尼哈番。

十六年八月，授鎭海大將軍，駐防鎭江。疏言：「京口百川匯流，江南財賦自此輓運北輸。近因鄭成功入犯，幾至横截運道。宜先練習水師，以資防禦。防海策有三：出海會哨，勿使入江，上也；循塘拒敵，勿使登陸，中也；列陣備兵，勿使近城，斯下矣。顧練水師當先造船，火器、水手、舵工，百無一備，何以禦賊？」上敕兵部下總督郎廷佐製備。十七年，疏言：「京口水師造船二百，募水手、舵工八千餘，一時難以集事。沿海民有雙桅沙船，造作堅固，其人熟於洋面水道，請查驗船堪用者予收用，船戶給以糧餉。舊設戰船低小，不必修補。邊海砲臺、烽墩、橋路，請敕督撫下沿海州縣修葺高廣。」下兵部，並從之。尋得成功遣諜與提督馬逢知關通狀，疏聞，命侍郎尼滿會之源鞫實，逢知坐誅。

康熙三年，召還京，仍任都統。四年，以病乞休，加太子太保，致仕，以其子光代爲都統。鰲拜得罪，之源、光坐黨附，奪官論死，上命寬之。之源尋卒。妻胡叩閽，訴之源功罪足相當，詔復官，并予三等精奇尼哈番，仍以光襲。三傳，降襲三等阿思哈尼哈番。乾隆初，定封三等男。

吳守進，漢軍正紅旗人，初籍遼陽。太祖時來歸，從征伐有勞，授世職游擊。天聰五年，授戶部承政。八年，考滿，進世職一等甲喇章京。時始設漢軍世管牛彔額眞，命守進兼任。崇德三年，改左參政。四年，坐賕，論罪至死，命貸之，削世職，解參政，籍其家之半，仍攝正紅旗漢軍梅勒額眞。旋眞除。

六年，從睿親王多爾袞、武英郡王阿濟格攻錦州，守進發砲克塔山四臺，獲明將王希賢、崔定國等，多所斬馘。七年，擢本旗固山額眞。率師攻松山、杏山，明兵屯呂洪山口，與固山額眞金礪擊破之。明兵保杏山側二臺，復與固山額眞劉之源擊破之，遂拔杏山。尋命與梅勒額眞馬光輝等詣錦州督鑄砲。八年，從攻寧遠，取中後所、前屯衞。

順治元年，從入關，復授世職二等甲喇章京。從固山額眞葉臣徇山西，克太原。復從西將軍，駐漢中。五年，卒。子國柄襲。從征湖廣，官梅勒額眞，加世職拖沙喇哈番。

豫親王破李自成，下江南，敗明師，克揚州、江陰，復進破嘉興。敍功，進一等。四年，授定

額眞。

巴山，瓜爾佳氏，滿洲鑲黃旗人，世居哈達。祖巴岱，國初率衆來歸，授世管牛彔額眞。再傳至巴山。天聰五年，從太宗伐明，圍大凌河。城兵出戰，梅勒額眞屯布祿、牛彔額眞郎格等戰沒，巴山馳入陣，以其尸還。六年，從伐察哈爾，其部人竄入大同，往取之。師還，巴山與承政圖爾格殿，明兵追襲，設伏邀擊，斬馘甚衆。八年，授世職牛彔章京。尋擢甲喇

崇德元年，從上伐朝鮮，與甲喇額眞屯泰等先衆破敵。三年，兼任工部理事官。從貝勒岳託伐明，自牆子嶺入邊，薄明都，擊敗明太監馮永盛兵；攻鉅鹿，率所部以雲梯先登，克之：加半個前程。五年，與承政薩穆什喀、索海等伐虎爾哈部，攻掛喇爾屯。七年，從奉國將軍巴布泰率師駐錦州。

順治元年，從入關，督所部步兵擊敗李自成，擢工部侍郎，進世職三等阿達哈哈番。二年，授梅勒額眞，鎭守江寧。三年，命總管江寧駐防滿洲兵，特置總督糧儲兼理錢法，駐江寧，以協領鄂屯兼任，加戶部侍郎，以重其事。時江北諸山寨並起，號爲明守。江寧民有

謀爲應者，巴山詗知之，捕斬三十人。未幾，明潞安王誼石以二萬人分三道攻江寧，巴山會招撫大學士洪承疇等督兵禦之，誼石敗走。語詳承疇傳。明故左通政嘉定侯峒曾以二年死難，四年，其子元瀞通表魯王以海，取敕書及其將黃斌卿致承疇書以歸。柘林游擊陳可得之，有「內殺巴、張二將」語，指巴山及提督張大猷也。事聞，上以敵謀設間，詔慰承疇，而諭奬巴山及大猷「嚴察亂萌，公忠盡職」。

六年，江南總督馬國柱討六安山寇，巴山及大猷以師會，斬其渠張福寰，諸寨悉平，進三等阿思哈尼哈番。是歲，裁總督糧儲錢法，不復置。九年，將軍金礪討鄭成功，請益師，部議調江寧駐防兵二百，鄂屯與理事官額赫納、烏庫理率以行，攻海澄。成功兵刦我軍砲，鄂屯與額赫納擊却之。成功兵十餘萬逆戰，鄂屯督兵縱擊，成功兵退，斷橋。鄂屯與烏庫理策馬逕渡，成功兵潰，破其壘數十，降數千人。尋召巴山還京，以喀喀木代。十一年，復錄江寧平寇功，進世職二等。康熙十二年，卒。

子舒恕，襲世職。從大學士圖海討王輔臣，次平涼城北虎山墩，擊敗輔臣兵。復從都統穆占討吳三桂，擊敗三桂兵於松滋，進圍雲南，屢敗吳世璠將胡國柄、劉玘龍、黃明等，又困其將馬寶、巴養元等於烏木山。論功，進世職一等。卒，子長淸，改襲一等阿達哈哈番。

張大猷，漢軍鑲黃旗人，初籍遼陽。太祖克遼陽，大猷以千總自廣寧來降，授牛彔額眞。天聰初，明邊將遣諜招我新附之衆，大猷發其事。太宗嘉之，予世職游擊。崇德三年，授刑部理事官。尋擢漢軍梅勒額眞。四年，更定漢軍旗制，授鑲黃旗梅勒額眞。五年，從睿親王多爾袞圍錦州，率本旗兵攻五里臺及晾馬山、馬家湖，皆下，又克金塔口臺。六年，從鄭親王濟爾哈朗圍錦州，明騎兵自松山至，謀奪砲，大猷擊卻之。復與固山額眞劉之源等攻克塔山、杏山及附近諸臺。論功，進二等甲喇章京。七年，遷兵部參政。十月，從貝勒阿巴泰伐明，築橋渾河濟師，擊破明總督范阿衡軍。八年，從攻寧遠，取中後所、前屯衞，進世職一等。

順治元年，從固山額眞葉臣徇山西，克太原，與固山額眞李國翰撫定諸郡縣。二年，師定江南，與固山額眞吳守進下浙江，次石門，明兵自杭州夜來襲，却之。還，克嘉興。三年，命與巴山率兵鎭守江寧，總管漢軍及綠旗兵。旋授提督江南總兵官。論功，進世職三等梅勒章京。六年，同討張福寰。總督馬國柱奏大猷身先士卒，履險摧鋒，功第一，進世職三等精奇尼哈番。九年，卒。三傳，降襲三等阿思哈尼番。乾隆初，定封三等男。

喀喀木，薩哈爾察氏，滿洲鑲黃旗人，先世居烏喇部。父塘阿禮，當太祖時，率百人來歸，授牛彔額真。從伐遼東有功，予世職游擊。從伐瓦爾喀，射熊，爲所傷，卒。

喀喀木嗣領牛彔。崇德三年，授吏部理事官。五年，從伐虎爾哈部，敵據柵拒戰，喀喀木督兵破柵，斬級二百，俘一百三十。七年，從伐明，攻松山，本旗將領失律未察舉，降世職牛彔章京。八年，擢吏部參政。順治元年，署梅勒額真。從入關，加半個前程。尋改侍郎。四年，復世職三等甲喇章京。鄖陽總兵王光恩坐事逮繫，其弟光泰叛據鄖陽，提督孫定遼戰死，勢甚張，上命喀喀木率兵討之。師將薄鄖陽，光泰遁走，喀喀木與副將王平率師逐捕，戰房縣，斬級千餘。光泰走四川，喀喀木駐軍鄖陽。

五年，金聲桓自江西窺湖廣，總督羅繡錦疏請留喀喀木駐荊州。六年，召還。七年，授鑲黃旗梅勒額真，世職累進三等阿思哈尼哈番。八年，命與固山額真噶達渾等率兵討蒙古鄂爾多斯部長多爾濟。九年，師出寧夏，至賀蘭山，擊斬多爾濟，幷殲其部衆，俘其餘以歸，得馬駝數百、牛千餘、羊萬餘。

尋命代巴山爲鎭守江寧總管。十年，明將李定國兵犯廣東，潮州總兵郝尚久叛應之，授喀喀木靖南將軍，率師會靖南王耿繼茂討尚久。圍逾月，督兵以雲梯登，尚久入井死，潮州及旁近州縣皆定。還駐江寧。

十六年，鄭成功大舉入犯，破鎭江，復陷瓜洲，泝江上。喀喀木與總督郎廷佐、提督管效忠謀禦敵，檄總兵梁化鳳赴援。會梅勒額眞噶褚哈、瑪爾賽自貴州旋師，循江東道江寧，入城同守。喀喀木曰：「賊勢盛，宜乘其未集先擊之。」簡精銳逆擊，成功前軍爲少却，得舟二十餘。俄成功兵大至，連營八十有三，舟蔽江，喀喀木晝夜防守。化鳳援兵至，乃議使綠旗兵先出戰。化鳳出儀鳳門，效忠出鍾阜門，夾擊，破成功兵，獲其將余新等。明日，喀喀木與噶褚哈、瑪爾賽督兵出神策門，成功兵據白土山列陣，乃分兵左右仰攻，與化鳳率精銳擣其中堅，獲其將甘輝及裨佐數人，斬馘無算。成功兵潰，走出海。事聞，部議失鎭江、瓜洲當議罪，上以固守江寧功大，命免議。

康熙元年，改總管爲將軍，仍以命喀喀木。七年，卒，授其子喇揚阿一等阿達哈哈番兼拖沙喇哈番。

梁化鳳，字翀天，陝西長安縣人。順治三年武進士。四年，授山西高山衞守備。五年，從英親王阿濟格討叛將姜瓖，克陽和城，擒瓖將郭二用。擢大同掌印都司。時大同、左衞、渾源、太原、汾、澤羣盜競起應瓖。六年，化鳳攻大同，破北窯溝，寇據山巓，懸柴以火燔之，獲其渠李義、張豹。攻渾源，徇韓村、玉合堡、張家堡，破賈莊，獲其渠王平；乃克渾源，又獲其渠方三、唐虎誅之。攻左衞，降雲岡、高山二堡，遂合圍。化鳳中三矢，戰愈力，寇以城降。敍功，超加都督僉事，以副將推用。進攻太原，寇出戰，化鳳左臂中鎗，矢集於髀，益奮鬭，執所置巡撫姜建勳，乃克太原。進解平陽圍，攻汾州，敗其渠沈海。攻孝義，寇渠張爾德來援，與戰大破之，乃克汾州，獲爾德。海復以兵至，再戰擊敗之，走潞安。迭下曹家堡、記古寨、善信堡。介休、平遙、祁、徐溝諸縣悉降。進攻太谷，克之，獲其渠蘇升，乃克潞安，海走九仙臺。拔長子，進攻九仙臺，山峻，騎不得上；以火攻之，寇不支，海出降。進定澤州。是歲凡二十二戰皆捷。七年，復殲餘寇於牛鼻寨，獲其渠袁忠。山西悉定。

八年，借補江南蕪永營參將。討平石皿、鷺鷥二湖盜，獲其渠楊萬科。十二年，擢浙江寧波副將。明將張名振屯崇明平洋沙，總督馬國柱檄化鳳署蘇松總兵。名振攻高橋，化鳳馳赴戰，迭擊敗之，遂復平洋沙。十三年，眞除蘇松總兵。化鳳以平洋沙懸隔海中，戍守不及。沿海築壩十餘里使內屬，並引水灌田，俾海濱斥鹵化爲膏腴。

會鄭成功攻崇明，遣諜疑衆，化鳳擒斬之，督兵迎戰，獲其將侯丁秀、宮龍、陳義等。又遣諸將設伏，斬其將陳正，縛致曾進等十一人。成功引去，七月，復大舉入寇，連舟蔽江，號百萬，陷鎭江，直犯江寧，南北中梗。化鳳將所部兵三千人疾馳赴援，升高瞭敵，見成功軍不整，樵蘇四出，軍士浮後湖而嬉，乃率五百騎夜出神策門，破白土山敵壘。明日，督兵出儀鳳門，提督管效忠出鍾阜門，夾擊搏戰，拔巨纛，毀其木寨，簡驍勇乘屋，發火器，矢石雜下，成功兵奔潰，遂至龍江關，獲其將余自新等。成功收餘衆，連營屯白土山，衆猶數十萬。又明日，復與總管喀喀木等出神策門，直攻白土山，督將士仰擊，寇迎拒，殊死戰。甘輝者，成功驍將也，化鳳入陣生獲之。成功兵奪氣，遂奔不可止，逐北斬馘。迫江上，化鳳先遣別將焚其舟，成功兵自蹂藉及入江死者無算。成功遁入海，化鳳策成功當還攻崇明，先遣別將爲備。成功出海攻崇明，化鳳自江寧還援；成功度不能克，括民舟將渡白茅口，化鳳與相值，絕流迅擊，砲石盪海波，成功復大敗，跳而免。敘功，授世職三等阿達哈哈番，賜金甲、貂裘。

十七年，擢蘇松提督，加太子太保、左都督。化鳳疏言：「蘇、松濱海，地袤八百餘里，標兵止二千餘。請酌調省兵三千八百，立六營，資捍禦。」下部議，從之。十八年，上復錄化鳳功，進世職三等阿思哈尼哈番。尋裁江安廬鳳提督，以化鳳爲江南提督。時議者以臺灣未復，用廣東、福建例，蘇、松濱海立界，徙居民於內地。化鳳曰：「沿海設兵，賦擬棄之地以養之。國既足兵，民無廢業，遷界何爲？」奏入，上從其言。康熙十年，卒，贈少保，諡敏壯。聖祖巡西安，遣官祭其墓。乾隆初，定封三等男。

鼐，其次子也。以廕授川陝督標左營游擊。吳三桂亂起，總督哈占令鼐率兵駐黑水峪，敗王輔臣之兵於觀音堂。調興安城守游擊。從征漢中，戰屢捷，克達州，加都督僉事。

三遷至福建陸路提督。四十五年，擢福建浙江總督。上南巡，書「旂常世美」字賜之。初，金世榮爲總督，請出洋大船易藏盜，奏定漁船不得用雙桅，商船悉令改造，樑頭不得過丈有八尺。鼐力言無益海疆，徒累於商民，上命弛其禁。四十七年，疏言嘉、湖諸水皆洩入太湖，通津要道，發帑疏治；支河淤淺，勸民開濬。上諭支河勸民開濬，慮有司藉此私派，當併發帑疏治。四十九年，以母喪去官。五十三年，卒。

劉芳名，字孝五，漢軍正白旗人，初籍寧夏。仕明至柳溝總兵。順治元年，降，命仍原官。二年，調寧夏，賜白金、冠服。時陝西初定，多盜，悍卒復伺隙謀亂。芳名撫綏訓練，冀樹威望，銷亂萌，總督孟喬芳疏獎其才。武大定叛固原，賀珍叛漢中，師進討，芳名皆有功。三年，方赴鞏昌剿寇，寧夏兵遽變，戕巡撫焦安民。芳名馳還，察知裨將王元、馬德首亂，遣德署花馬池副將，分元勢；偵元將出城就寇渠洪大誥，芳名設伏，俟元至，伏發，元力拒，諸將樊朝臣、姜九成等夾擊之，元敗奔，副將馬寧等追擊，獲以歸。芳名別遣將搜斬大誥。德聞元誅而懼。四年春，芳名偕河東道馬之先出師惠安，德乘間糾黨劫軍貲，遁入山，合寇渠賀宏器等自紅古城出口，襲破安定。螺山寇王一林戕參將張純以應之，橫行寧固、平慶間。芳名督所部兵進次亂麻川，破賊；復進次預望城，再破賊，斬一林，德以四騎走，追及之河兒坪，縛而磔之，亂乃定，授三等阿達哈哈番，擢四川提督、定西將軍。尋命以右都督留鎮寧夏。五年，討平香山寇李彩。

馬德之誅，副將劉登樓預有功。登樓居楡林寧塞，多力而狡。六年，以延安叛應姜瓖，易衣服，自署「大明招撫總督」，戕靖邊道夏時芳，騰書致芳名。芳名以見汙，怒，封其書示巡撫李鑑，鑑以聞。登樓西犯花馬池，下興武諸營堡，逼寧州。時定邊屯蒙古札穆素叛逃賀蘭山，芳名遣兵擊破登樓，登樓走定邊屯，結札穆素寇寧夏西境，犯河東，陷鐵柱、惠安、漢伯諸堡。將犯靈州，會固山額眞李國翰師至，乃定策：鑑守寧夏，禦札穆素；芳名引兵東渡河，趨楡林，與登樓戰於官園莊，大破之。登樓退據漢伯，師從之，絕其水道，遂合圍。芳名督兵逼壘東南，當矢石衝。諸將進曰：「當移數武避賊鋒。」芳名厲色叱之曰：「死則死耳，何懼爲？且士卒多傷痍，而我避鋒鏑可乎？」士卒益奮，攻十二日，克之，斬登樓，餘衆悉降。

亂定，進世職二等。疏言：「寧夏孤懸河外，延袤千里。鎭兵屢徵發，兵單力薄。請自後徵發缺額，卽令招補備守禦。」又請以減等罪人僉發沿邊，資生聚。皆下部議行。

十六年，調隨征江南右路總兵，加左都督，率寧夏三營駐江寧。鄭成功攻崇明，芳名與提督梁化鳳共擊敗之。十七年，疏言：「臣奉命勦賊，不意水土未服，受病難瘳。所攜寧夏軍士，訓練有年，心膂相寄。今至南方，半爲痌瘝傷損。及臣未塡溝壑，敢乞定限更調。」上報以優旨。旋卒於軍，加太子太保，謚忠肅。命所部將士還寧夏本鎭。

胡有陞，錦州人。崇德元年，睿親王多爾袞、豫親王多鐸率師攻錦州，有道人崔應時者，與州民張紹禎，門世文、世科，秦永福等謀以城降，使有陞持書詣師，期內應。豫親王與書齎還。明將詗知之，執應時等下獄。有陞與紹禎、世文、世科、永福脫走來歸，各賜冠服、鞍馬、妻室、奴僕。授世職，有陞得三等梅勒章京，隸漢軍鑲黃旗。屢從征伐，進二等。

順治四年，授南贛總兵。五年，金聲桓、王得仁以南昌叛，犯贛州。副將高進庫出戰而敗，巡撫劉武元與巡道張鳳儀分守城東西，有陞率健卒循城策應。得仁兵穴城，將置火具仰攻，有陞以石窒其竇。圍三月，糧匱，有陞出戰，得仁敗走。聲桓聞征南大將軍譚泰師至，引退，有陞督兵迫擊，多所斬馘。未幾，李成棟復來攻，有陞乘成棟兵方鑿壕，出戰大破之。語互見武元傳。初，柯永盛自南贛總兵遷湖廣總督，請以鎭兵二千自隨。有陞疏言：「贛地江、湖關鍵，聲桓亂未平，鎭兵習水土，便征勦，宜遣還鎭。」上從之。六年，聲桓誅，成棟走死。譚泰師還，土寇猶未靖，上猶劉飛、龍南葉芝、石城鄒華、雩都彭順慶、瑞金陳其綸，皆負固爲亂，有陞與武元分遣諸將次第討平之。敍功，加左都督，賜紫貂冠服、甲冑、佩刀、鞍馬，進世職三等精奇尼哈番。

十年，以尚可喜、耿繼茂疏論有陞功，復加太子少保。十七年，以老解官。康熙三年，武元子濆疏請加敍守贛州功，有陞亦以請，進一等。九年，卒，子啓泰襲，改隸正白旗。再傳，降襲一等阿思哈尼哈番。乾隆初，定封一等男。

楊名高，漢軍鑲黃旗人，初籍遼東。太宗時，率其族百餘人來歸，授牛彔額眞，兼任兵部理事官。崇德間，屢從征伐，克塔山、杏山，擊敗明總督范志完，取前屯衞、中後所，皆在行。順治元年，授世職牛彔章京。二年，遷甲喇額眞。三年，擢都察院參政。六年，授福建漳州提督。明新建王由模據大田，勾延平高峯諸土寇爲亂。七年，名高率師破石磯巔，由模走永安，副將王愛臣追獲之。高峯寨渠陳光等招德化土寇鄭文薦來援，名高令副將韓尙亮等率師截擊，圍寨。光奪圍走，名高督兵奮擊，寇多墮壕死。師進次大田，寇潰走，敗之龍門橋，擒其將郭奇，廖明正，諸寨悉降。

尋又率師徇邵武，寇走入江西新城，名高分兵三道進，與總兵王之綱殿，逐寇三十餘里，擒其將洪國玉、李安民、王恆美等，得牛馬、鎗砲無算。敍功，進世職二等阿達哈哈番。九年，鄭成功自廈門陷長春、漳浦、海澄、南靖諸縣，以二十餘萬人寇漳州，屯鳳巢山。名高督兵擊破之，成功退屯海澄，所陷諸縣皆復。尋復出，陷漳州及所屬諸縣。給事中魏裔介劾名高怠玩，下總督佟岱按治，坐奪官。尋卒。

劉光弼，漢軍鑲藍旗人，初籍遼陽，冒曹氏。天聰五年，命守耀州。率兵從太宗伐明，圍大凌河，克城旁三臺。城兵出戰，光弼先衆馳擊，我兵有陷陣者，力援之出。明監軍道張春、總兵吳襄等自錦州赴援，光弼馳入陣，斬其裨將。崇德五年，授甲喇額眞。從攻錦州，與墨爾根轄李國翰同克呂洪山諸臺。屢擊敗松山、杏山馬步兵。明兵屯山口阻我師，與國翰督兵奮戰，明兵引去。錦州旣下，發砲攻克塔山、杏山兩城，及附近臺堡。敍功，予世職牛彔章京。七年，擢鑲藍旗漢軍梅勒額眞。八年，偕固山額眞劉之源詣錦州督鑄礮。尋從鄭親王濟爾哈朗攻寧遠，取前屯衞、中後所。

順治元年，從入關，擊李自成。旋從固山額眞葉臣徇山西，克太原。三年，從端重親王博洛下浙江，拔金華，進定福建。五年，授禮部侍郎。從大將軍譚泰討金聲桓，克南昌，譚泰疏請以光弼署江西提督。六年，平廣昌土寇，旋命眞除。土寇張自盛、洪國玉等據湖東爲亂。光弼督參將陳陞等討平之。其黨董明魁、郭承琨等皆降。遇恩詔，世職累進一等阿達哈哈番。十三年，賜鞍馬、弓矢。十六年，以老病致仕。康熙十二年，卒。

劉仲錦，漢軍正藍旗人，初籍遼陽東寧衞。崇德五年，以牛彔額眞從睿親王多爾袞等伐明，圍錦州，騎兵千餘出迎戰，仲錦擊破之，追薄城下始還。復擊敗松山、杏山、呂洪山口敵兵。七年，從鄭親王濟爾哈朗等攻塔山，發礮擊城圮，仲錦率所部兵先登，克之。進攻杏山，復發礮擊城，毀其垣，城人遂降。敍功，予世職半箇前程。八年，從巴牙喇纛章京阿爾津、哈寧阿等伐黑龍江虎爾哈部，克博和哩、諾爾噶勒、都里三屯，降大小噶勒達蘇、綽庫禪、能吉勒四屯。賜貂皮、白金。復從攻寧遠，取中後所、前屯衞。進世職甲喇章京。

順治元年，從入關，授戶部理事官，兼甲喇額眞。從固山額眞葉臣等徇山西，克太原。又從英親王阿濟格西討李自成，自陝西下湖廣，敗其將馬進忠，得舟十一。五年，擢兵部侍郎。六年，從睿親王討姜瓖，攻渾源、左衞，進攻汾州，皆發紅衣砲克之。七年，授山東臨清總兵，加都督同知，世職累進一等阿達哈哈番加拖沙喇哈番。十年，改福建右路總兵，加左都督，駐泉州。十一年，以疾解任。旋卒。

論曰：滿洲兵初入關，分駐都會，其後乃久屯，置總管。沙爾虎達招徠新滿洲，劉之源、巴山、喀喀木鎭撫江南，喀喀木合羣力摧大敵，厥功尤著。漢兵入關後來附者，不復入烏眞超哈，循舊制分設提鎭。化鳳援江寧，與喀喀木同功。芳名偕馬之先守寧夏，有陸佐劉武元守贛州，皆有殊績。名高等以卿貳出專閫，亦能稱其職者。若富喀禪鎮西安，烏庫理守盛京，皆見於他篇，故不復著。

清史稿卷二百四十四

列傳三十一

趙開心　楊義　林起龍　朱克簡 成性　王命岳
李森先 李呈祥　魏琯　李裀　季開生 弟振宜　張煊

趙開心，字靈伯，湖南長沙人。明崇禎進士，官至兵部員外郎。順治元年，授陝西道監察御史。是歲有自稱故明皇太子者，令故明貴妃袁氏及故東宮官屬內監等視之，皆言不相識。開心及給事中朱徽疏請詳審，下法司，自承爲京師民楊玉。以開心疏言「太子若存，明朝之幸」，論死，上命免之。二年，疏言：「刑部治庶獄，數日卽結正。惟自別衙門發送者，恆不時讞決，久置獄中。請令所司五日一稽核，當鞫當釋，勿使留滯。並請通飭諸行省撫按遵行。」從之。

尋命巡視南城。滿洲兵初入關，畏痘，有染輒死。京師民有痘者，令移居出城，杜傳染。有司行之急，嬰稺輒棄擲。開心疏請四郊各定一村，移居者與屋宇聚處。旋又疏言：「立政之始，一事之得失，關天下萬世之利害。疏奏不能盡陳，封章不敢頻瀆。乞時賜召對，霽顏聽受。庶用人施政，悉奉宸斷。」睿親王攝政，入朝，朝臣皆跪迎，開心疏請敕禮部詳定儀注。江、浙、湖廣諸行省初定，開心疏請急置撫按，以時綏撫。並得旨俞允。擢左僉都御史。三年，坐事，罷。

八年，召起原官。旋超擢左都御史。開心子而忭，爲唐王時舉人。九年，開心疏乞許而忭會試，禮部議不許，開心坐奪職，永不敍用。十年，諭曰：「開心有直名，畀風憲重任。不言國家大事，乃庇子瀆奏，辜朕望實深。朕念開心大臣，一事差謬，遂永棄不用，心終未恝然。召還京。」開心至，疏論湖廣巡撫遲日益、偏沅巡撫金廷獻、鄖襄巡撫趙兆麟所屬寇盜充斥，勦撫無能。得旨，下部察議。又言：「江南諸行省，每因捕治叛逆，株連無辜。如常鎭紳士王期昇、路邁、蔣拱辰等，久錮獄中，虛實未辨。就一方一事，可推之他省。」上命確察以聞。時方考察京官，甄別翰林，開心疏論大學士馮銓、陳名夏等，各植門戶，開朋黨之漸，上命開心據實覆奏，未能實指其人，得旨申飭。旋授原官。

十一年，疏陳時政，請御經筵，親奏對，遴賢才，原過誤，許流徙自贖，重法司職掌。上以疏中有「屛斥畋游」語，諭曰：「講武習兵，乃祖宗立國大法，何謂畋游？開心常談淺見，沽名塞責，殊負委任。」尋以名夏獲罪，責言官不先事舉發，降補太僕寺卿。

十二年，遷戶部侍郎。疏言：「畿甸流民載道，有司恐誤留逃人，聽其轉徙。請暫寬隱匿逃人之罪，以免株連，俾流民得邀撫輯。」諭曰：「逃人之多，因有隱匿者，故立法不得不嚴，何謂株連？」因責開心沽譽，降補太僕寺寺丞。尋擢少卿，協理兵部督捕事。十三年，上以逃人多不獲，所司督責不嚴，復降補鴻臚寺少卿。十六年，遷太僕寺少卿。康熙元年，擢總督倉場戶部侍郎，加工部尚書銜。卒官。

楊義，山西洪洞人。明崇禎進士，官山東聊城知縣。順治元年，授河南汝陽知縣。五年，行取，擢江西道御史，巡視兩浙鹽政。義疏請定行鹽掣驗之法，遴選清廉有司照引盤驗，御史親臨監掣。八年，睿親王得罪，義劾工部侍郎李迎晙前官營繕郎中，監造王府，僭擬禁廷，不數年閒，躐陞華膴，請敕部治罪。以迎晙事在赦前，寢其議。復巡視長蘆鹽政，劾運使趙秉樞貪酷骫法，削籍逮治。

九年，督學江南，尋掌京畿道事。十一年，大學士陳名夏得罪，義因劾請告侍郎孫承澤黨附名夏，下部，令承澤休致。吏部尚書劉正宗薦降調員外郎董國祥，擬授文選司郎中，義面詰正宗專擅，即具疏劾之，正宗得旨察議，國祥卒以贓敗，謫徙尚陽堡。

十二年，條陳時政，言：「大學士呂宮久疾曠職，宜令歸田，養大臣廉恥。」「巡按既停閱城、審錄諸事，督撫按期巡行，宜令簡隨從，愼關防，毋以擾民。」「兵民匱乏，請令各州縣廩生捐銀准貢，以給滿洲兵備鞍馬器用，餘賑被災貧民。」「諭旨嚴禁加派，有司抗不遵行。如臣籍洪洞，地畝正糧外，又加驛站坐司馬夫、工食、公費等項，幾半正糧。祈敕禁革。」會宮已得旨致仕，飭下所司議行。時議復設巡按，義奏請甄舉才守兼優考試，請簡不拘資俸。是歲四遷至刑部侍郎。十四年，調工部。十七年，調倉場侍郎，擢工部尚書。康熙元年，致仕。卒。

林起龍，順天大興人。順治三年進士，授吏科給事中。疏請嚴禁白蓮、大成、混元、無爲等邪教。又疏請重守令，課以十五事，曰：招流亡，墾荒萊，巡阡陌，勸樹藝，稽戶口，均賦稅，輕徭役，除盜賊，抑豪强，懲衙蠹，賑災患，濟孤寡，濬溝池，治橋梁，興學校。考其殿最，而大吏以時訪察。俱如所奏行。四年，劾山東巡撫丁文盛不能弭盜，並薦大理寺卿王永吉可代，部議以起龍有私，降二級外用。又坐劾登州道楊雲鶴婪贓不實，奪官。

世祖親政，召來京。十年，復原官。時軍旅未靖，急轉餉，不遑言積貯，起龍請敕計臣籌畫，先實京倉，次及近輔各直省，務使倉有儲穀，備水旱，應調發。又言：「滿洲兵昔在盛京，無餉而富；今在京師，有餉而貧。時地旣迥異，法制宜更定。凡駐守征行，所需馬匹、草束、軍裝、戎器，悉動官帑籌備，毋使拮据。」疏入，諭曰：「滿洲兵建功最多，資生無策，十年來未有言及此者。起龍實心爲國，忠誠可嘉！」下部議，以五品京堂用，起龍疏辭。

十一年，轉刑科，加大理寺寺丞銜。疏言：「州縣吏媚事上官，耗費不貲，請禁革；並請遣廉能大臣巡行各直省，體察利弊。」旣，疏劾總河楊方興及工部尚書劉昌，召方興、昌相質，所劾皆不實，部議當杖流，上特宥之，左授光祿寺署正。十二年，遷大理寺寺丞。十三年，一歲中三遷，擢工部侍郎。十五年，改戶部侍郎，總督倉場。

十六年，加太子少保。疏請更定綠旗兵制，略言：「有制之師，兵雖少，一以當十，餉愈省、兵愈强而國富；無制之師，兵雖多，萬不敵千，餉愈費、兵愈弱而國貧。今綠營兵幾六十萬，而地方有事，卽請滿洲大兵，雖多仍不足用。推原其故，總緣將官赴任，召募家丁，隨營開糧，軍牢、伴當、吹手、轎夫，皆充兵數。甚有地方鋪戶子姪，充兵免徭。其月餉則歸之本管，馬兵剋扣草料，驛遞缺馬，亦供營兵應付。是以馬皆骨立，鞭策不前。又如弓箭、刀鎗、盔甲、火器，俱鈍弊朽壞，帳房、窩鋪、雨衣、弓箭罩，則竟闕不具。春秋兩操，不復舉行。將不知分合奇正之勢，兵不知坐作進退之法。徒空國帑，竭民膏，雖衆何益？推其病有二：一則營兵原以戡亂，今乃責之捕盜；一則出餉養兵，原以備戰守之用，今則加以剋扣。兵丁所得，僅能存活，又不按月支發，貧乏何以自支？今誠抽練綠旗精兵二十萬，養以四十萬之餉，餉厚兵精，地方有警，戰守有人。不過十年，可使庫藏充溢。」下所司議行。十七年，加太子太保、兵部尚書，巡撫鳳陽。時議懲官吏犯贓，視輕重科罪，不許納贖，起龍疏請如舊例收贖充餉，下廷議，請從之。上曰：「立法止貪，今因濟餉而貸法，如民生何？」絀起龍議不行。

聖祖卽位，授起龍漕運總督，迭疏請免濱海移民田地賦額，濬淮城迤南運河，直達射陽湖，修築濟寧、臨清諸處隄閘，並請禁運丁毋病民，運弁毋病丁，條議以上，皆從其請。又疏請禁運丁多攜貨物，稽滯漕運，定分地稽察例。康熙六年，糧艘至濟寧，運丁有多攜貨物者。事覺，總河盧崇峻疏陳起龍言江南漕儲道旣裁，總漕不任稽察，御史張志尹糾起龍不引罪。上以詰起龍，起龍謝失職，鐫三級休致。卒。

嘉慶四年，仁宗親政，閱世祖實錄，得起龍更定綠營兵制疏，諭諸行省督撫整飭營伍，並以所言抽練精兵，是否可仿行，飭妥議具奏。諸行省督撫憚改作，議格不行。

朱克簡，字敬可，江南寶應人。順治四年進士，授內閣中書。五年，考授御史。八年，典廣東鄉試。十二年，巡按福建。福建八府一州，其五濱海。鄭成功時入寇，民苦焚掠。

克簡至，申明軍政，綢繆防禦，請增兵防仙霞關。時兵部尚書王永吉疏請減兵額，汰營兵老弱，下諸行省。克簡疏言：「福建內防山賊，外禦海寇，省兵三萬四千，不可復減。」上如其議。又疏論防海，略言：「用水師不難得其力，難得其心。漳泉爲鄭成功故土，沿海多戚屬，宜以連保法察其蹤跡，考其身家，不使入伍；降者令歸耕，或移置他軍，使離舊巢，乃堅歸志。水師戰海中，破浪擒賊，當受上賞，宜著爲令。水師用在舟，木、竹、釘鐵、油、麻、檾葉，皆海之所無，一物不具，不可以爲舟。宜設專官譏察，毋以資敵。」「寧化、崇安濱海要地，今俱爲賊踞，當按形勢增兵固守。」又立六規二十四約，與提督馬成功、總兵王之綱等深相結納，諸將咸奉令。

巡汀州，聞成功兵攻福州，卽率汀州鎭兵還援。成功兵引退，克簡入城，曰：「寇知我援寡，且復來。」令完城垣、簡卒伍爲備。數日，成功兵復至。初，官軍得成功兵輒誅之，克簡令髮不過五寸者貸死，編爲民，得萬餘人，皆恩克簡，至是助守城，發礮擊寇，寇潰，遂出戰，解圍去。至漳州，布政使詳請徵逋賦，克簡力阻之，疏請蠲徵，上從之。至福清，以閩安地當衝，設兵守之，連江、羅源、福清、長樂諸縣要隘皆置汛。至興化，見道有流民，與知府張彥珩議賑，活者萬數千人。至泉州，令崇武、獺戶、大盈諸隘皆置汛。至延平，知其地舟人多通寇，令循江諸州縣設「循環簿」譏察。汀州、延平、建安三郡多伏戎，克簡遣兵破其巢穴，離其黨羽，次第皆就撫。迭疏請汰冗員，蠲鹽課，恤驛困，皆報可。秩滿，乞歸。康熙三十二年，卒。

子約，以副貢生充敎習，歷知福安、南豐、費諸縣，擢晉州，所至皆有惠政。

成性，字我存，江南和州人。順治六年進士，授中書科中書。十四年，考授御史，巡按福建。疏言：「福建山海征剿，師旅繁興，民窮地荒。條上四策：一曰嚴汛守。濱海地寥廓，不能徧防。臣愚以爲宜設水師，求熟練舟楫、諳識水性之將吏，廣選舵工水手，繚椗招斗，惟其能者，廩餉不爲常格。以舟爲家，銃械用其長技，操演習熟，庶幾水師可成。泉州近賊巢，水師宜移石湖。崇武、石芝駐陸軍爲聲援。惠安北有峯尾司，宜駐兵，爲惠州藩籬。同安隣廈門，當於高浦設屯，劉五店置警礮，時出游騎巡視要隘。此又惠州之唇齒也。一曰分界址。有司禁遏接濟，商阻物貴，民生窮蹙。臣愚以爲先定禁例，若竹木、鑌鐵、硝礦、油、麻，毋許通貿。小民日用所需，宜聽轉運。惟濱海大道或捷徑可通者，嚴立疆界。更定勾稽文法，以時比驗。自泉州西出延平上游，去海甚遠，百貨交易，宜聽民便。一曰輯降衆。山海嘯聚之徒，漸次來降。入伍者多，歸耕者少。間有悍氣未馴，凌轢鄉里。居民亦負氣不相下，訐訟不受理，則自相格鬭。臣愚以爲宜令解散宿怨，禁止羅織。新附之衆，合者漸分，聚者漸散，近者漸遠，庶可消弭反側。一曰清營伍。府縣編氓，既有保甲，諸營什伍，猶未整齊。臣愚以爲當責成兵吏，自爲版籍。略倣保甲之制，同居連坐。則軍伍肅、盜源遏矣。」事下兵部議行。

既，又上疏言：「下游四府濱海，海徼無險阻可守，且又兵力所不及。宜令居民築土堡，多備長鎗鳥銃，習爲團練。賊至，人自爲守，家自爲戰，馳報附近將領，以兵赴援。久之使賊糧絕勢窮，未有不瓦解者也。」又疏論鹽場利弊，請裁上里、海口、牛田諸場，以福淸知縣領其事。十六年，報績，授兵部主事。移疾歸。

康熙七年，始出就官。十一年，授工科給事中。時議招募游民，開墾荒田。性疏言：「民貧不能耕，乃有荒田。游民既失業，安能開墾？請敕督撫令縣官勸民開墾，無力者上布政司給牛種貲錢。以本縣之民，墾本縣之田，官既易於稽察，朝廷本貲亦易於徵收。」又迭疏請獎進廉吏，爲國家培元氣，密諭推舉督學，以重人才根本之地。又疏陳民生十害，謂：「州縣胥役挾持長吏，爲衙蠹之害；官吏私交舊識，關說曲直，爲抽豐之害；鄉民錢糧訟獄，必投在城所主之戶，聽其侵蝕唆使，爲歇家之害；大奸巨猾武斷鄉曲，爲奸豪之害；督撫及司道胥吏干託有司，爲上官胥吏之害；丞簿佐貳濫受訟牒，爲佐貳之害；奸民譸張上控，株連蔓衍，爲越訴之害；顏料本色，緣時價低昂，不載由單，任意苛斂，爲雜派之害；百姓十室九空，無藉乘急取利，逐月合券，俗謂『印子錢』，利至十之七八，折沒妻孥，爲放債之害；郵傳往來，强捉人夫，挽舟負輿，爲縴夫之害。請下所在有司，每季書狀，不蹈十害，中大吏按驗。」又請飭督撫嚴飭所司，復社學，講鄉約，舉節孝，立義冢，不力行者，不得與卓異。旋擢掌科。十五年，以疾乞歸，家居三年，卒。

國初循明舊，御史出爲巡按。順治七年罷，旋復設。八年，世祖親政，特敕誡諭，並命都察院察訪舉劾。御太和殿，召新命諸巡按入見，賜坐宣諭。十七年，都察院復請罷，王大臣會議，安親王及侍郎石申等議留，別疏上。又以御史陸光旭疏爭，令再議，仍議罷不復設。巡按能舉其職者，又有寧承勳按河南，請塞黃河決口；秦世禎按江蘇，劾罷巡撫土國寶：最知名。承勳大興人，明天啓舉人，自禮部主事考選御史，官至大理寺右寺正。世禎自有傳。

王命岳，字伯咨，福建晉江人。順治十二年進士，改庶吉士。時雲南、貴州未定，策問及之。命岳言：「李定國貳於孫可望，當綏定國，行間使與可望相疑忌。我兵以守爲戰，以屯爲守，視隙而動。」上異之，擢工科給事中。上經國遠圖疏，略言：「今國家所最急者，財也。歲入千八百一十四萬有奇，歲出二千二百六十一萬有奇。出浮於入者四百四十七萬。國用所以不足，皆由養兵。各省鎮滿、漢官兵俸米、草豆，都計千八百三十八萬有奇，師行芻秣又百四十萬，其在京王公百官俸薪、披甲俸餉不過二百萬。是則歲費二千二百萬，十分在養兵，一分在雜用也。臣愚以爲今日不宜再議剝削以給兵餉，而當議就兵生餉之道。宜令各省駐防官兵分地耕種，稍倣明洪武中屯田之法，初年有司給與牛種、耕具、餼糧，自次年後，兵皆自食其力，便可不費朝廷金錢，此其爲利甚溥。古者郡縣之兵，什伍相配，千百成旅，將帥因而轄之。乃者將帥多以僕從、厮役、優伶爲兵，其實能操戈殺賊者十不得二三。故食糧有兵，充伍無兵。官去兵隨，難議屯種。今當先定兵額，官有升降，兵無去來。平定各省及去賊二三百里外者，皆給地課耕。因人之力與地之宜，一歲便可生財至千餘萬。羣情不爲深慮，不過議節省某項、清察某項。譬如盤水，何益旱田？臣見今日因賊而設兵，因兵而措餉，因餉而病民。民復爲賊，展轉相因，深可隱憂。要在力破因循，斷無不可核之兵，斷無不可耕之田，斷無不可生之財。」疏下各直省督撫，議格不行。

世祖惡貪吏，令犯贓十兩以上籍沒。命岳疏言：「立法愈嚴，而糾貪不止，病在舉劾不當。請敕吏部，督撫按舉劾疏至，當參酌公論，果有賢者見毀，不肖者蒙譽，據實覆駁。如部臣耳目有限，科道臣皆得執奏。又按臣原有都察院考核甄別，督撫本重臣，言官恐外轉爲屬吏，參劾絕少。請特敕責成，簡別精實。每歲終仍命吏部、都察院考核督撫舉劾當否，詳具以聞。庶激勵大法以倡率小廉。」轉戶科。再上疏論漕弊，大要謂：「百姓爲運官所苦，運官又自有其苦，不得不苦百姓。請革通倉需索，禁旗丁混搶，倉場督臣親監河兌。」福建方用兵，時又苦旱，命岳疏陳五事，曰：緩徵買，羅勸賑，督催協餉，嚴治奸盜，安置投誠。

十五年，調兵科。師下湖廣，命岳復申屯田之議，請復明軍衞屯田之制，設指揮、千百戶等官，以勞久功多之臣膺其任，子孫世及。無漕之地，專固封疆；有漕之地，卽使領運。新附之將，有功亦得拜官。量易其地，勿在本省。尋疏言：「各省除荒之數，歲縮銀五百五十萬有奇。荒地以河南、山東爲最多。請選淸正御史，督察二省田地，率諸州縣淸丈，編造魚鱗圖册。他省除荒多者，如例均丈。」得旨舉行。命岳又上淸丈事宜十餘條。

明桂王旣出邊，雲南猶未平。命岳疏言：「雲南歲餉九百萬，而一省正雜賦稅都計十六萬有奇，是以九百萬營十六萬之地也。雲南原有舊屯萬一千一百七十一頃有奇，科糧三十八萬九千九百九十二石有奇。請敕巡撫袁懋功責成原軍，換帖領種。暫發二十萬金，買牛辦種，借給軍民。經年銷算，必無虧損，又可收復科糧舊額。且官收額內，軍餘額外，每粟一石，價可三金，視今年每石十二金，已省餉費四分之三。庶幾兵食兼足，不至竭天下之物力以奉一隅。」上可其奏，命發十萬金買牛辦種，修復舊屯。

命岳乞假歸葬，還朝，疏言：「賊習於海戰，我師皆北人，不諳水性。惟有堵截隘港，禁絕接濟，嚴號令，輕徭賦，與民休息，使民不爲賊，賊不得資。久之必有繫醜獻闕下者。」吏部以浙江右布政員盡忠遷廣東左布政，命已下，命岳劾其貪穢，盡忠坐罷。康熙初，使廣東還，遷刑科都給事中。時陳豹據南澳，尙爲明守，命岳疏請招豹收南澳。尋以議獄未當，奪官。六年，畿輔旱，詔求直言。命岳家居，以天子方沖齡，宜覽古今，廣法戒，撰千秋寶鑑，書垂成，未進，卒。

李森先，字琳枝，山東掖縣人。明崇禎進士。順治二年，自國子監博士考選江西道監察御史。睿親王發大學士馮銓貪穢及其子源淮諸不法狀，御史吳達，給事中許作梅、莊憲祖、杜立德，御史王守履、羅國士、鄧孕槐、桑芸等先後論劾。睿親王於重華殿集大學士，刑部、科道諸臣，召銓等面質，以爲無實迹，語詳銓傳，責森先啓請肆市語過當，奪官。世祖旣親政，銓罷去。九年十一月，大學士范文程以劾銓諸疏進，上閱之竟，曰：「諸臣劾銓誠當，何爲以此罷？」文程曰：「諸臣劾大臣，無非爲君國，上當思所以愛惜之。且使大臣而能鉗制言官，非細故也。」越數日，上諭吏部，諸臣以劾銓罷者皆起用，森先補原官。

十三年，巡按江南，劾罷貪吏淮安推官李子燮、蘇州推官楊昌齡，論如律。巡蘇州，杖殺不法僧三遮、優王紫稼並爲優張榜少年沈濬，一時震悚。淮安吏張電臣坐侵蝕漕折銀一百二十兩有奇，例當追比，森先爲疏請緩之。上責森先徇縱，奪官，逮至京訊鞫，事白，復原官。

十五年，應詔陳言，略曰：「上孜孜圖治，求言詔屢下；而諸臣遲回觀望者，皆以從前言事諸臣，一經懲創，則流徙永錮，相率以言爲戒耳。臣以爲欲開言路，宜先寬言官之罰。如流徙諫臣李呈祥、季開生、魏琯、李裀、郝浴、張鳴駿等，皆與恩詔因公詿誤例相應。倘蒙俯賜軫恤，使天下昭然知上寬宥直臣，在遠不遺。凡有言責者，有不洗心竭慮而興起者乎？」上責其市恩徇情，奪官，下刑部議，流徙尙陽堡，上仍寬之，復原官。尋命察荒河南，用左都御史魏裔介言，給敕印，未訖事而卒。

十七年，上命吏部開列建言得罪諸臣，其流徙者，舉呈祥、琯、裀、開生及彭長庚、許爾安凡六人。上命釋呈祥、許琯、開生歸葬。餘雖係建言，情罪不同，無可寬免。裀、開生自有傳。長庚、爾安事見睿親王傳。

呈祥，字吉津，山東霑化人。明崇禎進士，選庶吉士。順治初，授編修。累遷少詹事。十年二月，條陳部院衙門應裁去滿官，專用漢人。上諭大學士洪承疇等曰：「呈祥此奏甚不當。昔滿臣贊理庶政，弼成大業。彼時豈曾咨爾漢臣？朕滿、漢一體眷遇，奈何反生異意耶？」副都御史宜巴漢等因劾呈祥，奪官，下刑部，坐呈祥巧言亂政，論斬，上命免死，流徙盛京。居八年，至是命釋還，詣京師疏謝，遂還里。康熙二十七年，卒。

琯，字昭華，山東壽光人。明崇禎進士，官御史。順治二年，以薦起原官，巡按甘肅。請開馬市以柔遠人，下部議行。涼州兵劫參議道廨，捕得倡亂者二十餘人，琯疏言西陲兵驕悍，由明季專事姑息，養姦滋亂，宜用重典。上命悉誅之，並詔後有犯者，首從駢斬，著爲令。

四年，授江寧學政。七年，還京，掌河南道。八年，漕運總督吳惟華請輸銀萬，又括諸項羨餘，得九萬三千，請以助餉。琯疏言淮、揚連年水旱，惟華輸餉皆分派屬吏，仍取自民間，乞賜察究，會巡漕御史張中元發惟華貪黷狀，逮治奪官。琯又劾鄖陽撫治趙兆麟，甄別文武屬吏，薦舉多至數十，糾劾僅一二微員，上爲責兆麟，幷誡諸督撫不得劾微員塞責。九年，授順天府府丞。

十二年，遷大理寺卿。八旗逃人初屬兵部督捕，部議改歸大理寺，琯疏言其不便，乃設兵部督捕侍郎專董其事。又言：「逃人日多，以投充者衆。本主私縱成習，聽其他往，日久不還，概訟爲逃人。逃人至再，罪止鞭百，而窩逃猶論斬，籍人口、財產給本主。與叛逆無異，非法之平。」下九卿議，改爲流，免籍沒。又言窩逃瘐斃，妻子應免流徙，時遇熱審，亦應一體減等。上責其市恩，下王大臣議琯巧寬逃禁，當坐絞，上寬之，降授通政司參議。

德州諸生呂煌窩逃事發，州官當坐罪，瑄持異議。王大臣劾瑄，因追議瑄前請熱審減等爲煌地，坐奪官，流徙遼陽，卒於戍所。上旣許歸葬，並宥其孥還故里。

諸與森先同時劾馮銓者：吳達，江南人。自刑部員外郞授御史。順治二年七月，疏言：「今日用人，皆取材於明季。抗直忤時，山林放棄，此明季所黜而今日當用者也。逆黨權翼，貪墨敗類，此明季所黜而今日不可不黜者也。持祿養交，倒行逆施，此明季未黜而今日不可不黜者也。定鼎初年，藉招徠爲名，猶可兼收邪正。江南旣定，人材畢集，若復涇渭不分，則君子氣沮，宵小競進。卽如阮大鋮、袁宏勛、徐復陽輩，聯袂而至，豈可概加錄用乎？至廣開言路，尤爲創業急務。乃動責回奏，是沮敢諫之氣而塞後進之路也。卽如趙開心論事爽剴，用其人矣，而所規切時政，果一一用之否耶？」得旨：「朝廷用人，非曰誘之，若先旣錄用，後無罪而黜，是有疑心矣。屢飭回奏，欲求其實，非沮言路也。」疏寢不用。旋命巡按山東、湖南，官至太僕寺少卿。

桑芸，山西楡次人。自行人授御史，巡按順天，累遷光祿寺卿。出爲河南汝南道參政，督民墾荒土，除雜派，捕治巨猾斃杖下。累遷廣東左布政。道卒。

又有許作梅，河南新鄉人。亦以劾銓罷，復起官至太僕寺少卿。王守履，山西寧鄉人。自工部郎中授御史，巡按湖北。羅國士，山東德州人。自禮部主事授御史，巡按順天。莊憲祖，直隸東光人。以明進士起戶科給事中。順治三年新進士，除科道，憲祖與吏科都給事中向玉軒疏爭，下刑部，並坐奪官。玉軒，四川通江人。鄧孕槐，失其籍，自順天府推官授御史，巡按江南。

李裀，字龍袞，山東高密人。順治六年，以舉人考授內院中書舍人。擢禮科給事中，轉兵科。劾吏部郎中宋學洙典試河南，宿妓納餽，鞫實，奪官。

八旗以俘獲爲奴僕，主遇之虐，輒亡去。漢民有願隸八旗爲奴僕者，謂之「投充」，主遇之虐，亦亡去。逃人法自此起。十一年，王大臣議，匿逃人者給其主爲奴，兩隣流徙；捕得在途復逃，解子亦流徙。上以其過嚴，命再議，仍如王大臣原議上。十二年，裀上疏極論其弊曰：「皇上爲中國主，其視天下皆爲一家。必別爲之名曰『東人』，又曰『舊人』，已歧而二之矣。謂滿洲役使軍伍，猶兵與民，不得不分；州縣追攝逃亡，猶清勾逃兵，不得不嚴覈：是已。然立法過重，株連太多，使海內無貧富良賤，皆惴惴莫必旦夕之命。人情洶懼，有傷元氣，可爲痛心者一也。法立而犯者衆，當思其何利於隱匿而愍不畏死。此必有居東人爲奇貨，挾以爲囮。殷實破家，奴婢爲禍，名義蕩盡，可爲痛心者二也。犯法不貸，牽引不原，卽大逆不道，無以加此。破一家卽耗一家之貢賦，殺一人卽傷一人之培養。十年生聚，十年教訓，今乃用逃人法戕賊之乎？可爲痛心者三也。人情不甚相遠，使其居身得所，何苦相率而逃，況至三萬之多？其非盡懷鄉土、念親戚明矣。不思恩義維繫，但欲窮其所往，法愈峻，逃愈多，可爲痛心者四也。自逮捕起解，至提赴質審，道路驛騷，雞犬不寧。無論其中寃陷實繁，而瓜蔓相尋，市鬻鋃鐺殆盡。日復一日，生齒彫殘，誰復爲皇上赤子？可爲痛心者五也。又不特犯者爲然，饑民流離，以譏察東人故，吏閉關，民扃戶，無所投止。嗟此窮黎，朝廷方蠲租煑粥，衣而食之，柰何因逃人法迫而使斃？可爲痛心者六也。婦女躑躅於郊原，老稚僵仆於溝壑。强有力者，犯霜露，冒雨雪，東西迫逐，勢必鋌而走險。今寇孽未靖，招撫不遑，本我赤子，乃驅之作賊乎？可爲痛心者七也。臣謂與其嚴於既逃之後，何如嚴於未逃之先？今逃人三次始行正法，其初犯再犯，不過鞭責。請敕今後逃人初犯卽論死，皇上好生如天，不忍殺之，當倣竊盜刺字之例：初逃再逃，皆於面臂刺字。則逃人不敢逃，卽逃人自不敢留矣。」疏入，留中。後十餘日，下王大臣會議，僉謂所奏雖於律無罪，然「七可痛」，情由可惡，當論死。上弗許，改議杖，徙寧古塔；上命免杖，安置尚陽堡。逾年，卒。

上深知逃人法過苛重，紬王大臣議罪裍。十三年六月，諭曰：「朕念滿洲官民人等，攻戰勤勞，佐成大業。其家役使之人，皆獲自艱辛，加之撫養。乃十餘年間，背逃日衆，隱匿尤多，特立嚴法。以一人之逃匿而株連數家，以無知之奴僕而累及官吏，皆念爾等數十年之勞苦，萬不得已而設，非朕本懷也。爾等當思家人何以輕去，必非無因。爾能容彼身，彼自體爾心。若專恃嚴法，全不體恤，逃者仍衆，何益之有？朕爲萬國主，犯法諸人，孰非天生烝民，朝廷赤子？今後宜體朕意省改，使奴僕充盈，安享富貴。」十五年五月，復諭曰：「督捕逃人事例，屢令會議，量情申法，衷諸平允。年來逃人未止，小民牽連，被害者多。聞有姦徒假冒逃人，詐害百姓，將殷實之家指爲窩主，挾詐不已，告到督捕，冒主認領，指詭作眞。種種詐僞，重爲民害。如有旗下姦宄横行，許督撫逮捕，併本主治罪。」逃人禍自此漸熄。

季開生，字天中，江南泰興人。順治六年進士，改庶吉士。累遷禮科給事中。明將張名振犯上海，開生疏言防禦海寇，宜遠偵探，扼要害，備器械，嚴海禁，杜接濟，密譏察。十一年，因地震，疏言：「地道不靜，民不安也。民之不安，官失職也。官之失職，約有十端：一曰格詔旨，二曰輕民命，三曰縱屬官，四曰庇胥吏，五曰重耗剋，六曰納餽遺，七曰廣株連，八曰閣詞訟，九曰失彈壓，十曰玩糾劾。」分疏其目以上，章下所司。調兵科右給事中。

十二年秋，乾清宮成，發帑遣內監往江南採購陳設器皿，民間訛言往揚州買女子，開生上疏極諫。得旨：「太祖、太宗制度，宮中從無漢女。朕奉皇太后慈訓，豈敢妄行，卽太平後尚且不爲，何況今日？朕雖不德，每思效法賢聖主，朝夕焦勞。若買女子入宮，成何如主耶？」因責開生肆誣沽直，下刑部杖贖，流尚陽堡，尋卒戍所。十七年，旱，下詔罪己，命吏部察謫降言官，諭曰：「季開生建言，原從朕躬起見，准復官歸葬，廕一子入監讀書。」

弟振宜，字詵兮。順治四年進士，授浙江蘭溪知縣。行取刑部主事，遷戶部員外郎、郎中。十五年，考選浙江道御史。及上以旱下詔罪己，言十二、十三年間，時有過舉。振宜疏言：「伏讀上諭，興革責之部院，條奏責之科道，而內閣諸臣闕焉未及。夫用人行政，其將用未用、將行未行之際，毫釐千里，間不容髮。天顏咫尺，呼吸可通者，惟內閣諸臣。皇上親政以來，憂勤惕厲，原未見有過舉。皇上以爲有過舉矣，試問其時有言及者乎？則宰相之不言亦可見矣。皇上以心膂股肱寄之內閣諸臣，徒以票擬四五字了宰相事業，皇上縱不譴責，清夜捫心，恐有難以自慰者。」得旨：「閣臣不能盡言，初非其罪。前諭十二、十三年間過舉，皆已行之事。朕心過失，卽今豈能盡無，閣臣何由得知？部覆章奏，照擬票發，皆朕親裁，亦非閣臣之咎。朕恆慮此心稍懈，諸臣其各加內省！」

左都御史魏裔介疏劾大學士劉正宗蠹國亂政，振宜亦疏舉正宗樹黨納賄諸罪狀，正宗以是得罪。互見正宗傳。振宜又疏言：「府庫已竭，兵革方興。雲南守禦，專任平西王，滿兵抽十之四五駐湖南。鄭成功爲閩、浙、江南三省之患，當擇地駐兵，絕其登陸。閩撫徐永楨、浙督趙國祚、浙撫史記功，軍旅皆不嫻習，宜簡賢員以代其任。山東、河南輔翼京師，連年水旱，盜賊實繁。北直八府，白晝公行劫掠。明末流寇，殷鑒不遠。蒙古闌入陝西洮、岷一帶耕種，西寧抵宣、大，長城頹塌，防衞空虛。國家中外一統，疆界原宜分明，何可聽其出入不加譏察？」又請復六科封駁舊制，復以揚、徐近河諸縣加派河夫爲民間重累，疏請申禁，下部議行。尋命巡視河東鹽政。乞歸，卒。

順治初以建言名者，又有給事中常若柱、張國憲。若柱疏言：「賊相牛金星弒君殘民，抗拒王師，力盡始降，宜嬰顯戮。乃復玷列卿寺，靦顏朝右。其子銓同父作賊，冒濫爲官，任湖廣糧儲道，贓私鉅萬。請將金星父子立正國法，以申公義，快人心。」得旨：「流賊僞官投誠者，多能效力。若柱此奏，殊不合理，應議處。」遂罷歸。國憲疏言：「前朝廠衞之弊，如虎如狼，如鬼如蜮。今易錦衣爲鑾儀，此輩無能，逞其故智。乃臣聞有緝事員役在內院門首，訪察賜晝。賜晝特典，內院重地，安所用其訪察？城狐社鼠，小試其端。臣竊謂宜大爲之防也。」疏入，下廷臣議禁止，得旨：「鑾儀衞專司扈從，訪役緝事，一概禁止。」廠衞之禍始息。若柱，陝西蒲城人。順治四年進士，自庶吉士改戶科給事中。國憲，順天宛平人。順治三年進士，除吏科給事中。

張煊，山西介休人。明崇禎間進士，自知縣擢河南道御史。爲大學士陳演所搆，遣戍。順治元年，薦起原官，以憂歸。三年，復補浙江道御史，仍掌河南道事。六年，疏言：「有司朘削小民，督撫徇不以告。言官論劾，乃其職守。乞付廷臣公議，勿遽下獄對理。」上從之，諭：「惟挾仇誣陷，仍奪官治罪。自非然者，雖有不實，不得逕送刑部。」八年，疏言：「文武全才難得。近以武職改任督撫，恐政體民瘼未必曉暢，請還本職。」又言：「貪吏坐贓，多委諸吏役，遇赦輒復原官。請將援免諸人應左降者，調補閒曹；應奪官者，勒令休致。」下部議行。

是年值計典，煊以河南道掌計册，劾御史李道昌、王士驥、金元正、匡蘭兆、李允嵩等巡方失職。時大學士洪承疇掌都察院，甄別諸御史，議道昌降調，士驥等均奪官，并列煊外轉。煊疏劾吏部尙書陳名夏，以故明修撰，諂事睿親王，驟陟尙書，父爲縣民所殺，賜銀歸葬。名夏貪緣奪情，卹典空懸。因舉紊亂銓序，把持計典，列十罪、二不法，并及名夏與洪承疇、陳之遴於火神廟屏左右密議，承疇送母回籍未先奏，亦非法。疏下王大臣勘奏。時上方出獵，巽親王滿達海等召名夏、承疇與煊質，名夏事俱實，承疇言火神廟集議，卽爲甄別諸御史，送母回籍未先奏，當引罪。上還京，復命王大臣廷鞫，吏部尙書譚泰袒名夏，奏名夏事在赦前；煊奏不多實，且先爲御史不言，今當外轉，挾私誣衊，罪當死，因坐絞。九年正月，譚泰得罪，上復發煊疏，命王大臣覆讞，名夏坐奪官。語詳名夏傳。遂下詔雪煊冤，贈太常寺卿，賜祭葬。以贈官官其子基遠，官至禮部侍郎。

論曰：國初言事侃侃，以開心爲最。義、起龍皆用言事致顯擢，克簡巡方著聲績，命岳策屯田雖未用，要自有所見。森先、裀、開生以謇直蒙譴，獨森先復起。煊死非罪，世尤哀之；然挾外轉之嫌，授讒人以隙，與森先諸人不同矣。

清史稿卷二百四十五

列傳三十二

剛林 祁充格 馮銓 孫之獬 李若琳 陳名夏 陳之遴 劉正宗 張縉彥

剛林，瓜爾佳氏，字公茂，滿洲正黃旗人，世居蘇完。初來歸，隸正藍旗，屬郡王阿達禮。授筆帖式，掌繙譯漢文。天聰八年，以漢文應試，中式舉人，命直文館。崇德元年，授國史院大學士，與范文程、希福等參與政事。疏請重定部院承政以下官各五等，又疏請定試士之法，皆報可。太宗四征不庭，疆宇日闢。剛林屢奉使軍前，宣布威德，咸稱上旨。積功，授世職牛彔章京。八年，阿達禮有罪，改隸正黃旗。

世祖定鼎，進世職二等甲喇章京。三年、四年，迭主會試。考滿，進世職一等阿達哈哈番。五年，復進三等阿思哈尼哈番，賜號「巴克什」。六年，充太宗實錄總裁，復主會試。疏請令六科錄諸臣章奏並批答，月送史館，備纂修國史，報可。八年，以編撰明史闕天啓四年至七年實錄，請敕懸賞購求；崇禎一朝事蹟無考，其有野史、外傳，並令訪送。章下所司。睿親王多爾袞薨，得罪。剛林阿附睿親王，參與移永平密謀，又與大學士祁充格擅改太祖實錄，爲睿親王削匿罪愆、增載功績，坐斬，籍沒。

祁充格，烏蘇氏，滿洲鑲白旗人，世居瓦爾喀。國初從其族吉思哈等來歸。太宗時號「四貝勒」，以祁充格嫻習文史，令掌書記。天聰五年，初設六部，授禮部啓心郎。八年，考績，授牛彔額眞。崇德元年，睿親王多爾袞伐明，攻錦州，命羣阿岱往濟師，祁充格從師有功，還報捷。三年，睿親王復伐明，太宗親餞於郊。祁充格以不啓豫親王多鐸從上出送，又於是日私往屯莊，坐死，命寬之，奪官，貫耳鞭責，以隸睿親王。順治二年，授弘文院大學士，充明史總裁官、册封朝鮮世子正使。四年，考滿，加授牛彔額眞。六年，充太宗實錄總裁官，與剛林等同主會試。八年，與剛林同誅。

馮銓，字振鷺，順天涿州人。明萬曆進士，授檢討。諂事魏忠賢，累遷文淵閣大學士兼戶部尚書，加少保兼太子太保，以微忤罷去。莊烈帝旣誅忠賢，得銓罷官後壽忠賢百韻詩，論杖徒，贖爲民。

順治元年，睿親王既定京師，以書徵銓，銓聞命卽至，賚冠服、鞍馬、銀幣。令以大學士原銜入內院佐理機務，與大學士洪承疇疏請復明票擬舊制，又與大學士謝陞等議定郊社、宗廟樂章。十月朔，世祖御皇極門受賀，給事中孫承澤疏糾朝班雜亂，語侵內院。銓與陞、承疇乞罷，諭令益殫忠猷，以襄新治。

二年，授弘文院大學士兼禮部尙書。御史吳達劾銓向降將姜瓖索銀三萬，許以封拜，未稱其意；內院政本所關，乃令其子源淮擅入，張宴歡飮。給事中許作梅、莊憲祖、杜立德，御史王守履、羅國士、鄧孕槐、桑芸等亦交章劾銓得招撫侍郎江禹緒金，爲源淮賄招撫侍郎孫之獬充標下中軍；禮部侍郎李若琳爲銓黨羽，庸懦無行。御史李森先疏繼入，語尤峻，略謂：「明二百餘年國祚，壞於忠賢，而忠賢當日殺戮賢良，通賄謀逆，皆成於銓。此通國共知者。請立彰大法，戮之於市。」疏並下刑部鞫問，刑部以所劾不實，啓睿親王。王集廷臣覆讞，以銓降後與之獬、若琳皆先薙髮，之獬家男婦並改滿裝，諸臣遂謀陷害。王謂三人者皆恪遵本朝法度，詰責科道諸臣。給事中龔鼎孳言銓附忠賢作惡，銓亦反詰鼎孳嘗降李自成。王問鼎孳：「銓語實否？」鼎孳曰：「豈惟鼎孳，魏徵亦嘗降唐太宗。」王因斥鼎孳，遂寢其事。以森先言過甚，奪官，互見森先傳。

三年正月，銓疏言：「臣蒙特召入內院，列同官舊臣之前，臣固辭不敢。攝政王面諭：

『國家尊賢敬客，卿其勿讓！』今海宇漸平，制度略定。金臺駿骨，暫示招徠。久假不歸，實逾涯分。況叨承寵命，賜婚滿洲，理當附籍滿洲編氓之末。迴繹尊賢敬客之諭，輾轉悚懼，特懇改列范文程、剛林後。如以新舊爲次，並當列祁充格、寧完我後。」得旨：「天下一統，滿、漢無分別。內院職掌等級，原有成規，不必再定。」是年命典會試，列范文程、剛林後，寧完我前。四年，復典會試。六年，加少傅兼太子太傅。

八年，上親覈諸大臣功績，諭：「銓先經吳達奏劾得叛將姜瓌賄，便當引去；乃隱忍居官，七年以來，無所建白。令致仕。」李若琳憸險專擅，與銓朋比爲奸，奪官，永不敍用。」銓既罷，代以陳名夏，坐事奪官；代以陳之遴，亦不久罷。上復召銓還，諭曰：「國家用人，使功不如使過。銓素有才學，博洽諳練，朕特召用，以觀自新。」銓至，召見，又與承疇、文程等同夕對論翰林官賢否，上曰：「朕將親試之！」銓奏曰：「南人優於文而行不符，北人短於文而行或善。今取文行兼優者用之可也。」上頷之，仍授弘文院大學士。以議總兵任珍罪坐欺飾論絞，上命寬之。銓入謝，奏對失旨，諭誡之。

龔鼎孳爲左都御史，復劾銓，上命指實。鼎孳言銓罪過頗多，惟以密勿票擬，非如諸曹有實可指，上切責鼎孳。十二年，居母喪，命入直如故。尋加少師兼太子太師。十三年，上以銓衰老，加太保致仕，仍令在左右備顧問，銓疏請回籍，許之。十六年，改設內閣，命以原銜兼中和殿大學士。康熙十一年，卒，謚文敏。旋命削謚。

孫之獬，山東淄川人。明天啓進士，授檢討，遷侍讀。以爭毁三朝要典入逆案，削籍。順治元年，侍郎王鰲永招撫山東。土寇攻淄川，之獬斥家財守城。山東巡撫方大猷上其事，召詣京師，授禮部侍郎。二年，師克九江，之獬奏請往任招撫，從之，加兵部尚書銜以行。三年，召還。總兵金聲桓劾之獬擅加副將高進庫、劉一鵬總兵銜，市恩搆釁；之獬議撫諸將懷觀望，不力攻贛州。之獬疏辨，下兵部議，奪之獬官。四年，土寇復攻淄川，之獬佐城守，城破，死之，諸孫從死者七人，下吏部議卹。侍郎陳名夏、金之俊議復之獬官，予卹；馬光輝及啓心郎寧古里議之獬已削籍，不當予卹。兩議上，命用光輝議。

李若琳，山東新城人。明天啓進士，授檢討。順治元年，起原官，累遷少詹事，兼國子監祭酒。詹事府裁，改翰林院侍讀學士，兼祭酒如故。二年，請更定孔子神牌，復元制曰大成至聖文宣王，下禮部議，定稱大成至聖先師。再遷禮部侍郎。五年，進尚書。六年，加太子太保。既罷歸，未幾卒。

陳名夏，字百史，江南溧陽人。明崇禎進士，官修撰，兼戶、兵二科都給事中。降李自成。福王時，入從賊案。順治二年，詣大名降。以保定巡撫王文奎薦，復原官。入謁睿親王，請正大位。」王曰：「本朝自有家法，非爾所知也。」旋超擢吏部侍郎，兼翰林院侍讀學士。師定江南，九卿科道議南京設官。名夏言：「國家定鼎神京，居北制南。不當如前朝稱都會，設官如諸行省。」疏入稱旨。三年，居父喪，命奪情任事，請終制，賜白金五百，暫假歸葬，仍給俸贍其孥在京者。五年，初設六部漢尚書，授名夏吏部尚書，加太子太保。八年，授弘文院大學士，進少保，兼太子太保。

名夏任吏部時，滿尚書譚泰阿睿親王，擅權，名夏附之亂政。睿親王薨，是夏，御史張煊劾名夏結黨行私，銓選不公，下王大臣會鞫，譚泰袒名夏，坐煊誣奏，論死。語詳煊傳。是時御史盛復選亦以劾名夏坐黜。迨秋，譚泰以罪誅，九年春，復命王大臣按煊所劾名夏罪狀，名夏辨甚力。及屢見詰難，詞窮，泣訴投誠有功，冀貸死。上曰：「此輾轉矯詐之小人也，罪實難逭！但朕已有旨，凡與譚泰事干連者，皆赦勿問。若復罪名夏，是爲不信。」因宥之，命奪官，仍給俸，發正黃旗，與閒散官隨朝，諭令自新。

十年，復授秘書院大學士。吏部尚書員缺，侍郎孫承澤請以名夏兼攝，上責承澤以侍郎舉大學士，非體。翌日，命名夏署吏部尚書。上時幸內院，恆諭諸臣：「滿、漢一體，毋互結黨與。」名夏或强辭以對，上戒之曰：「爾勿怙過，自貽伊戚。」諸大臣議總兵任珍罪，皆以珍擅殺，其孥怨望，宜傅重比。名夏與陳之遴、金之俊等異議，坐欺蒙，論死，復寬之，但鐫秩罰俸，任事如故。

十一年，大學士寧完我劾之，略言：「名夏屢蒙赦宥，尙復包藏禍心。嘗謂臣曰：『留髮復衣冠，天下即太平。』其情叵測。名夏子掖臣，居鄉暴惡，士民怨恨。移居江寧，占入官園宅，關通納賄，名夏明知故縱。名夏署吏部尙書，破格擢其私交趙延先，給事中郭一鶚疏及之，名夏欲加罪，以劉正宗不平而止。浙江道員史儒綱爲名夏姻家，坐事奪官逮問，名夏必欲爲之復官。給事中魏象樞與名夏姻家，有連坐事，應左遷，僅票罰俸。護黨市恩，於此可見。臣等職掌票擬，一字輕重，關係公私；立簿注姓，以防推諉。名夏私自塗抹一百十四字。上命詰誡科道官結黨，名夏擅加抹改，其欺罔類是。請敕大臣鞫實，法斷施行。」疏下廷臣會鞫，名夏辨諸欵皆虛，惟「留髮復衣冠」，實有其語。完我與正宗共證名夏諸罪狀皆實，讞成，論斬，上命改絞。掖臣逮治，杖戍。

陳之遴，字彥升，浙江海寧人。明崇禎進士，自編修遷中允。順治二年，來降，授秘書院侍讀學士。五年，遷禮部侍郎。六年，加右都御史。八年，擢禮部尙書。御史張煊劾大學士陳名夏，語涉之遴，鞫不實，免議，加太子太保，九年，授弘文院大學士。

時捕治京師巨猾李應試，王大臣會鞫，之遴默不語，王大臣詰之，之遴曰：「上立置應試於法則已，如或免死，則必受其害，是以不言。」王大臣等以聞，上以詰之遴，疏引罪。上以之遴既悔過，宥之。調戶部尚書。議總兵任珍罪，與名夏及金之俊持異議，坐罪，寬貸如名夏。十二年，奏請依律定滿臣有罪籍沒家產、降革世職之例，下所司議行。復授弘文院大學士，加少保兼太子太保。

十三年，上幸南苑，召諸大臣入對，諭之遴曰：「朕不念爾前罪，屢中詰誡，嘗以朕言告人乎？抑自思所行亦曾少改乎？」之遴奏曰：「上教臣，臣安敢不改？特臣才疏學淺，不能仰報上恩。」上曰：「朕非不知之遴等朋黨而用之，但欲資其才，故任以職。且時時教飭之者，亦冀其改過效忠耳。」因責左副都御史魏裔介等婾阿緘默，裔介退，具疏劾之遴植黨營私，當上詰問，但云「才疏學淺」，良心已昧；並言之遴諷禮部尚書胡世安舉知府沈令式，旋爲總督李輝祖所劾，是爲結黨之據。給事中王楨又劾之遴市權豪縱，昨蒙詰責，不思閉門省罪，卽於次日邀游靈佑宮，逍遙恣肆，罪不容誅。之遴疏引罪，有云：「南北各親其親，各友其友。」上益不懌，下吏部嚴議，命以原官發盛京居住。是冬，復命回京入旗。十五年，復坐賄結內監吳良輔，鞫實，論斬，命奪官，籍其家，流徙尙陽堡，死徙所。

劉正宗，字可宗，山東安丘人。明崇禎進士，自推官授編修。福王時，授中允。順治二年，以薦起國史院編修。累遷秘書院學士。十四年，授吏部侍郎，擢弘文院大學士。吏部尙書缺員，諭以「正宗清正耿介，堪勝此任，加太子太保，管吏部尙書」。

給事中周曾發，御史姜圖南、祖建明交章劾之。御史楊義論部推越次，正宗與辨，執相詬詈。給事中朱徽復劾正宗擅擬僉事許宸遷通政司參議，不由會推，又未專疏題明。御史張嘉復以正宗昏庸衰老，背公徇私，疏請罷斥。下部議，以無實據，寢其事。正宗以疎忽引咎，當罰俸，援恩詔以免。旋引疾乞休，不允。辭尙書，命以兼銜回內院，加少保兼太子太保。十四年，考滿，進少傅兼太子太傅。十五年，改文華殿大學士。

十六年，上以正宗器量狹隘，終日務詩文，廷議輒以己意爲是，降旨嚴飭，並諭曰：「朕委任大臣，期始終相成，以愜簡拔初念。故不忍加罪，時加申戒。當痛改前非，稱朕優容寬恕之意。」十七年，自陳乞罷，不允。左都御史魏裔介劾「正宗自陳奏內不敍上諭切責，無人臣禮。李昌祚叛案有名，票擬內升。先後薦董國祥、梁羽明，今皆事敗，被劾不自檢舉。欺君之罪何辭？正宗與張縉彥爲友，縉彥序正宗詩曰『將明之才』，詭譎尤不可解。正宗弟正學，爲鄭成功總兵，正宗囑巡撫耿焞躐升中軍。蠹國亂政，其事非一端。請乾斷以杜禍萌」。御史季振宜繼劾，亦及國祥、正學，並正宗貪賄營利諸事。正宗疏辨，略謂：「李昌祚爲叛黨，裔介身爲法司，何不早行糾參？例凡薦舉之官，在本任不職，追坐舉主。國祥、羽明皆升任後得罪。縉彥序臣詩有曰『將明之才』，臣詩稿見存，縉彥序未見此語。」疏入，上奪正宗官，下王大臣會鞫；亦責裔介、振宜不早糾參，并奪官待質。旋議上裔介、振宜劾正宗罪狀鞫實者十一事，罪當絞。上斥「正宗性質暴戾，器量褊淺，持論偏私，處事執謬。惟事沽名好勝，罔顧大體，罪戾滋甚。從寬免死，籍家產之半，入旗，不許回籍」。十八年，聖祖卽位，以世祖遺詔及正宗罪狀，當置重典，愍其衰老，貸之。未幾病卒。

張縉彥，河南新鄭人。明崇禎進士，自知縣行取授主事。再授編修，擢兵部尚書。順治元年，詣固山額眞葉臣軍前納款，福王授以總督，乃遁去。既，復受洪承疇招降。九年，以薦下吏部考核。十年，授山東右布政。十五年，擢工部侍郎。十七年，甄別三品以上大臣，降授江南徽寧道。裔介劾正宗，詞連縉彥，奪官逮訊。御史蕭震疏劾縉彥編刻無聲戲，自稱「不死英雄」，惑人心，害風俗。王大臣會鞫，論斬，上命貰死，籍其家，流徙寧古塔。尋死於戍所。

論曰：剛林相太宗，與范文程、希福並命，祁充格掌記室，於創業宜皆有功。銓故明相，諳故事，與名夏皆善占對。名夏勸進雖不用，以此邀峻擢。之遴、正宗各有所援引，知當時亦頗用事。際初運，都高位，而不足以堪之。誅夷削奪，曾莫之惜。正宗傾名夏，亦不免於罪，尤可鑑矣。

清史稿卷二百四十六

列傳三十三

譚泰　何洛會　錫圖庫　博爾輝　冷僧機

譚泰，舒穆祿氏，滿洲正黃旗人，揚古利從弟也。初授牛彔額眞。天聰八年，擢巴牙喇章京，與固山額眞圖爾格分統左右翼兵，略錦州。還從太宗伐明，自上方堡毀邊牆以入，敗明兵，克保安州。擢巴牙喇纛章京，令闗白諸事。九年，揚古利賜第，侍衞宗室濟馬護欲得其舊居，揚古利不可。濟馬護囑譚泰入奏，譚泰匿不以聞，濟馬護訴於上，上責譚泰曰：「爾爲朕耳目，凡事當無隱。濟馬護乃朕叔父之子，其言尙不能達，民間勞苦嗟怨，何由得使朕知？爾恃宗族强盛，欺陵愚弱，朕所深惡！」下刑部質訊，奪官。尋復授本旗固山額眞。

崇德元年，從武英郡王阿濟格等伐明，克延慶等十二城。進圍定興，先登有功。復與固山額眞阿山等設伏，敗明遵化三屯營守兵，盡殲之。師還，宴勞。復從上伐朝鮮，朝鮮王棄城走，譚泰率師入其城，盡收其輜重。從上逐朝鮮王至南漢城，受降而還。四年，從睿親王多爾衮等伐明，與固山額眞葉臣自太平寨破青山口，與明兵十三戰，皆捷。輔國將軍鞏阿岱，濟馬護兄也，譚泰與相詬於禁門，坐罰。

六年，從圍錦州，譚泰將四百人自小凌河直抵海濱，絕明兵歸路。與明總督洪承疇兵戰，大敗之。授世職二等參將。七年，從輔國公篇古等攻薊州，擊敗明總兵白騰蛟、白廣恩等，俘馘爲諸軍最。八年，命率銳卒與固山額眞準塔更番戍錦州。順治元年，從入關，逐破李自成於慶都。復將巴牙喇兵躡擊，至眞定，大破之，敍功授一等公。

睿親王攝政，譚泰與巴牙喇纛章京圖賴、啓心郎索尼並見信任。固山額眞何洛會誣肅親王豪格怨譚泰等不附己，訐之睿親王，王謂譚泰忠，益信任之。大學士希福忤譚泰，希福欲易賜第，譚泰不可，希福誚之，益怒。其弟譚布以希福述睿親王自言過誤告譚泰，譚泰訐之法司，希福坐黜。二年，英親王阿濟格坐奏軍事不實得罪，命譚泰與鰲拜等集衆宣其罪。譚泰匿諭旨不以示衆，索尼發其罪，降世職昂邦章京，奪官。譚泰怨索尼，訐索尼於內庫牧馬鼓琴及禁門橋下捕魚，索尼亦坐黜。譚泰復起爲本旗固山額眞。

初，師下江南，譚泰自西安逐捕流寇，慮不與平江南功，使謂圖賴曰：「我軍道迂險，後至。今南京未下，請留待我軍。」圖賴書告索尼，使啓睿親王，或發覯之，懼譚泰得罪，毀其書勿使達索尼。圖賴師還，詰索尼，發其事，王鞫齎書者，得狀。譚泰又坐與婦翁固山額眞阿山遣巫者治病。下廷臣議罪，論死，下獄，王使視之，並餽食焉。譚泰曰：「王若拯我，我殺身報王！」乃出之獄。五年，復原官。

金聲桓叛江西，授譚泰征南大將軍，率師討之。聲桓以步騎七萬人抗我師，譚泰督諸軍與戰，次九江，大敗聲桓兵，獲其舟以濟師。攻南昌，爲長圍困之，數月，麾將士以雲梯登，聲桓中二矢，投水死；又破其將王得仁。南康、瑞州、臨江、袁州並下。當聲桓叛時，李成棟以廣東應之，南昌圍急，成棟赴援。譚泰師將至贛州，聞成棟入信豐，譚泰遣諸將乘勝襲擊，成棟兵潰，溺水死，克信豐。別將徇撫州、建昌。江西悉平。師還，授一等精奇尼哈番。

七年，睿親王薨，上命吏、刑、工三部增設滿洲尙書各一，授譚泰吏部尙書。八年，世祖親政，追論睿親王罪狀，大學士剛林、祁充格皆坐誅，罪不及譚泰。時圖賴已卒，索尼方罷廢，譚泰毀圖賴墓室，洩舊忿。五月，御史張煊劾大學士陳名夏等，下王大臣會鞫。譚泰袒名夏，讞上，命未下，譚泰前奏，言煊劾皆虛，且所擧諸事皆在赦前，煊以外轉嫌，誣名夏等死罪，當反坐，煊遂見法。

譚泰愈縱恣，岳爾多其妻弟也，襲一等精奇尼哈番，爲奪其族人法喀應襲一等阿思哈尼哈番合併爲三等侯；佟圖賴其女弟之夫也，時金礪駐防杭州，妄稱員缺，以佟圖賴擬補。上自譚泰祖陳名夏搆張煊，心厭惡之。是歲八月，下詔責其專橫，命執付獄，集廷臣議罪。鰲拜復訐譚泰阿附睿親王及營私擅政諸狀，讞皆實。王大臣議誅譚泰及其子孫，上命誅譚泰，籍其家，子孫貸連坐。

何洛會，失其氏，滿洲鑲白旗人。父阿吉賴，事太祖，從征戰，官牛彔額眞。卒，何洛會嗣，兼巴牙喇甲喇章京。天聰八年，從伐明，略錦州。九年，詔免諸功臣徭役，何洛會與焉。崇德五年，授正黃旗蒙古固山額眞。從睿親王多爾袞伐明，圍錦州。調滿洲固山額眞。七年，錦州既下，追論圍錦州時何洛會匿鄂羅塞臣破陣功，當奪官，上宥之。

何洛會隸肅親王豪格，頗見任使。世祖卽位，睿親王攝政，與肅親王有隙。何洛會訐肅親王與兩黃旗大臣揚善、俄莫克圖、伊成格、羅碩將謀亂，肅親王坐削爵，揚善等皆棄市。賞何洛會告姦，籍俄莫克圖、伊成格家畀之，授世職二等甲喇章京。尋從睿親王入關，擊李自成，逐至慶都。還，睿親王令奉表迎世祖，擢內大臣，留守盛京。阿哈尼堪將左翼，碩詹將右翼，並於熊耀城、錦州、寧遠、鳳凰城、興京、義州、新城、牛莊、岫巖城各置城守官，皆統於何洛會。

順治二年，敍功，進世職一等。旋命率師駐防西安，道河南，討定西平土寇劉洪起等。是歲十二月，授定西大將軍，命自陝西徇四川。時自成將劉體純等犯商州，叛將賀珍與其黨孫守法、胡向宸等分據漢中、興安。三年，珍以七萬人犯西安，何洛會督兵迎戰，珍敗走，復逐破之，並破體純商州。

肅親王從入關，破李自成，復爵。至是，上命爲靖遠大將軍，下四川，召何洛會還京師。四年，命率師駐防宣府，仍授正黃旗滿洲固山額眞。五年，調鑲白旗。命佐譚泰定江西，擊破金聲桓、王得仁、李成棟，事具譚泰傳。師還，賜所獲金銀珠玉，進世職三等精奇尼哈番。

肅親王師還，貝子屯齊等訐王諸悖妄狀，何洛會復從而證之，遂坐奪爵，以幽繫終。睿親王取肅親王福金，召肅親王諸子入府校射，何洛會詈之曰：「見此鬼魅，不覺心悸！」尚書譚泰聞其語。及睿親王薨，世祖親政，何洛會語貝子錫翰曰：「兩黃旗大臣與我相惡，我嘗訐告肅親王，今豈肯容我？」八年二月，蘇克薩哈等訐睿親王將率兩白旗移駐永平，且私具上服御，及薨用斂，何洛會、羅什、博爾惠等皆知狀。時羅什、博爾惠已先誅，執何洛會，下王大臣會鞫。譚泰、錫翰各以何洛會語告，又追論誣告肅親王罪，與其兄胡錫並磔死，籍其家。

錫圖庫，烏扎拉氏，滿洲正白旗人，世居烏拉。兄福蘭，當太祖時來歸，授世職備禦。卒，錫圖庫嗣，授牛彔額眞，兼巴牙喇甲喇章京。天聰四年，師克永平，錫圖庫與甲喇額眞圖魯什等率兵循徼，得邏卒二、馬十七。五年，詗敵大凌河，得二人以還。上伐明，圍大凌河城，敗錦州援兵，錫圖庫皆有功。六年，復從伐明，略宣府、大同邊外，多所斬獲。八年，復略蒙古錫爾哈、錫伯圖諸地，斬七十餘級，俘百餘戶及馬駝，賚以所獲，進世職一等甲喇章京。九年，偕噶布什賢噶喇依昂邦勞薩等略明邊，入長城，攻代、朔諸州，多所斬獲。

崇德元年，睿親王多爾衮率師伐明，攻寧遠，錫圖庫以二十人前驅，至中後所及山海關外詗敵，屢得邏卒，幷獲其馬，又於前屯衞設伏敗敵。喀木尼堪部葉類等盜科爾沁諸部馬叛走，錫圖庫率巴牙喇壯達八人詣寧古塔，與梅勒額眞吳巴海督兵追之。行數十日，及於溫鐸，招降不從，葉類潛遁，盡殲其黨九十四人，俘婦女八十餘，得馬五十六；復逐捕葉類，入山，射之殪。師還，上遣大臣出迎五里，宴勞，進世職一等梅勒章京。

五年，命偕巴牙喇纛章京濟什哈率師並徵蒙古敖漢、柰曼、烏喇特諸部兵伐索倫部，敗敵於甘河，擒部長博木博郭爾，籍千餘戶，得馬數百。師還，賜宴北驛館，進世職三等昂邦章京。旋授本旗梅勒額眞。七年，從貝勒阿巴泰伐明，自薊州越明都，下山東。師還，以先出邊，部議當奪官，命寬之，罰白金百。八年，擢巴牙喇纛章京。

順治元年，從睿親王多爾袞伐明，敗李自成將唐通於一片石，遂入山海關，屢戰皆勝；敗自成游騎於三河，追擊至安肅。旋從固山額眞葉臣等取太原，戰於汾州、於絳州，屢破敵。二年，進二等精奇尼哈番。時自成猶據陝西，師自潼關、綏德南北兩路入，錫圖庫率師與北路軍會，敗賊延安。自成走入湖廣，錫圖庫移兵從之，自安陸至於荊門，屢擊敗自成兵。

三年，復從肅親王豪格下四川，討張獻忠。五年，進世職一等。復從鄭親王濟爾哈朗下湖南。六年，師次長沙，錫圖庫從左翼巴牙喇纛章京努三率兵前驅，攻湘潭。努三軍北門，錫圖庫軍西門，遂克之。進徇永興，斬明將尹舉智、杜貞明等。再進定寶慶，取全州，破明將焦璉。又移兵克永安關，取道州。師還，賜白金三百。

七年，睿親王多爾袞薨。八年春，吳拜、羅什、博爾輝等訐英親王阿濟格將謀亂，鞫實，錫圖庫坐與謀，誅死，籍其家。

博爾輝，他塔喇氏，滿洲正白旗人。初以巴牙喇壯達從征棟奎部，有俘馘。天聰三年，從太宗伐明，自龍井關入攻遵化。明總兵趙率教自山海關赴援，與戰，博爾輝斬其副將，明兵驚潰。五年，擢巴牙喇甲喇章京，兼戶部參政。復從伐明，與明兵遇寧遠，擊殺前隊七人。八年，復從伐明，攻大同，明兵三千自龍門迎戰，博爾輝與噶布什賢章京錫特庫、牛彔額眞星訥等奮擊破之。九年，命偕承政馬福塔齎敕諭朝鮮國王。師出邊招察哈爾部衆，自歸化經明邊東還，博爾輝殿。明兵二百三十追擊我師，博爾輝以二十人擊卻之，斬十人，俘一人，得馬三。明兵從我師，有垂爲所獲者，博爾輝救之得脫。崇德元年，敍功，授世職牛彔章京。三年，裁參政，專任巴牙喇甲喇章京。

順治元年，兼任刑部理事官。從入關，擊李自成，敍功，進世職一等甲喇章京。旋署巴牙喇纛章京。從順承郡王勒克德渾下湖廣，師至武昌。時自成將馬進忠、王進才旣降復叛，據岳州，令博爾輝率師討之，次臨湘，擊敗其兵。進攻岳州，進忠、進才走長沙，逐擊敗之，其將黑運昌以舟師降。師還，優賚。五年，眞除巴牙喇纛章京，列議政大臣，進世職二等阿思哈尼哈番。

睿親王攝政，諸王多與忤。鄭親王濟爾哈朗降郡王，旋復爵。初以端重親王博洛、敬謹親王尼堪佐理事，亦以專擅降爵。博爾輝及諸大臣羅什、額克親、吳拜、蘇拜皆謹事睿親王，從王獵喀喇城。王薨，喪還。英親王阿濟格爲睿親王同母兄，欲繼王柄政，博爾輝等與阿爾津共發其罪，英親王奪爵幽禁，賞諸告者，博爾輝進世職二等精奇尼哈番。博爾輝等傳睿親王遺言，復理事二王親王爵，以告兩黃旗大臣。居月餘，命未下，博爾輝有疾，穆爾泰往視之，博爾輝以爲言。穆爾泰告額爾德赫，額爾德赫告敬謹郡王尼堪，遂與端重郡王博洛訴於鄭親王。八年正月，復二王爵。越八日，執博爾輝等下獄，坐博爾輝、羅什動搖國事，蠱惑人心，論死，籍其家。額克親削宗室籍，及吳拜、蘇拜皆奪官爲民。議上，得旨：「朕每聞刑人，殊不忍。二人罪當誅，姑宥死何如？」王大臣復以初議上，乃誅死。

冷僧機，納喇氏，滿洲正黃旗人，葉赫部長金台石之族也。葉赫亡，來歸，隸正藍旗，屬貝勒莽古爾泰。天聰元年，敖漢部長索諾木來歸，尙公主爲額駙，以冷僧機隸焉。莽古爾泰旣卒，九年，冷僧機詣法司言莽古爾泰及貝勒德格類與公主及索諾木結黨，設誓謀不軌。冷僧機與甲喇額眞屯布祿、巴克什愛巴禮並下法司，鞫實，冷僧機以自首免罪，屯布祿、愛巴禮皆坐誅，籍其家以畀冷僧機，改隸正黃旗，授世職三等梅勒章京。

崇德二年，固山額眞都類坐事下兵部待鞫，兵部參政穆爾泰令諸在繫者避都類。或以告冷僧機，聞於上，穆爾泰及同官皆坐降罰，授冷僧機一等侍衞。七年，祖大壽來歸，上幸牧馬所，命內大臣侍衞與大壽等校射，中的者有所賜，冷僧機得駝一。世祖卽位，授內大臣。順治二年，進二等阿思哈尼哈番兼拖沙喇哈番。譚泰訐索尼，引冷僧機爲證，謝未聞，坐徇庇，當削世職籍沒，上貰之。旋進世職三等精奇尼哈番。七年，睿親王有疾，怨上未臨視，冷僧機及貝子錫翰等奏請上臨視，睿親王坐以擅請降世職，恩詔復故，進一等伯。睿親王薨，以豫親王多鐸子多爾博爲後，襲爵。冷僧機言於上曰：「昔太宗登遐，兩黃旗大臣誓立肅親王。睿親王定策奉上紹統，多爾博宜特見優遇。」又舉侍衞羅什，羅什上爲冷僧機乞恩。八年，鄭親王濟爾哈朗等劾羅什蠱惑諸王，坐誅，辭連冷僧機。上因命諸大臣詰誓立肅親王事，冷僧機窮，諸大臣兼發阿諛睿親王諸罪，論斬籍沒，命寬之。九年，追論冷僧機與貝子鞏阿岱、錫翰，內大臣西訥布庫等迎合睿親王，亂國政，下王大臣鞫實，與鞏阿岱、錫翰、西訥布庫等並誅，籍其家。

論曰：定金聲桓、王得仁之亂，譚泰專將，何洛會爲之佐。錫圖庫、博爾輝亦久從征戰有勞。睿親王旣薨，諸阿附者乃互相傾，何洛會之獄，譚泰證之；錫圖庫之誅，博爾輝等發之：轉相排軋，同就誅夷。若冷僧機者，專事告訐，其及也亦宜矣。

清史稿卷二百四十七

列傳三十四

彭而述　陸振芬　姚延著　畢振姬
方國棟　于朋舉　王天鑑　趙廷標

彭而述，字子籛，河南鄧州人。明崇禎進士，官陽曲知縣，母憂歸。順治初，英親王徇湖廣，薦爲提學僉事，遷永州道參議。孔有德定湖南，薦而述授貴州巡撫，予兵三千以行。次靖州，降將陳友龍叛，圍州城，而述夜開西門出，營山下，選勁騎乘霧衝陣，賊潰且走，副將賀進才戰死。城兵大噪，欲與友龍合，而述拔衆退守寶慶，告有德益師，與賊相持紫陽河上。永州陷，劾免官。

久之，以尙書王永吉薦，命赴經略洪承疇長沙軍前，陳黔、楚山川形勢，戰守方略，甚悉，承疇異之。補衡州兵備道副使。尋令管雲南右布政事，調廣西桂林道參政。僮酋莫扶豹聚衆劫永寧，而述用始龍故土司覃法歐爲嚮導，檄永寧知府史贊勳募士兵數百人，遣裨將分道進，敗扶豹於酉山，又敗於㢚岡，擒之。擢貴州按察使。

吳三桂征水西土司安坤，而述謀曰：「烏蒙、烏撒、鎭雄、東川四府與水西爲脣齒，土司隴安藩又與安氏婚媾。今四府雖名內附，狼子野心，勢必顧惜其種類。以水西之强，而安藩與四府附之，安坤未易制也。莫如先定四府，誡安藩，然後西南可無患。」三桂用其策，誅安坤。遷廣西右布政使。三桂薦爲雲南左布政使，而述乞歸，三桂留之，會有詔召，遂行，出會城三十里，一夕無疾卒。

陸振芬，字令遠，江南華亭人。順治六年進士。時兩粵未平，廷議破格用人，卽新進士中遴才除道府。振芬授廣東惠潮道副使，從師南征。是冬，克南雄。七年春，度大庾嶺，次韶州。韶州以南望風降，進規會城，旣下，振芬與總兵郭虎率師赴惠州，剿撫歸善、海豐諸寨。將至，諸寨窺兵寡，出拒。振芬選精銳數百人繞出其旁擊之，獲一隊，諸寨皆懼。於是諭以禍福，降者踵至。至海豐，守者抗不下。振芬與虎駐五坡驛，他將自羊蹏嶺會師合攻之，遂克其城。碣石衞亦降。

八年，抵潮州，上官，聯結諸鎭，檢制土官，招集流亡，簡省徭役，民始有更生之樂。亂甫定，用法嚴，郡縣輒濫禁無辜。振芬與屬吏約，期五十日清庶獄，囹圄爲空。九年，會師復平遠，總兵郝尙久故降將，陰持兩端，聞將改授水師副總兵，結山海諸寇僭立帥府。振芬牒大吏策弭變，不應。十年春，尙久自署新泰侯，舉兵圍道署。振芬諭以大義，不從，使告變。秋，固山兵至，振芬約爲內應，引外兵入，誅尙久。事平，引疾歸里。家居四十年乃卒。

姚延著，字象懸，浙江烏程人。順治六年進士，除廣西慶遠知府。從師南征，調柳州，有守禦功，又調平樂。遷廣東嶺南道副使，撫僮寨，擢江南按察使。

十六年，鄭成功內犯，陷鎭江，入攻江寧。延著佐總督郎廷佐繕守備，安輯危城，閭閻不擾。民間時有羊尾黨，事發，株連數百人。延著謂廷佐曰：「寇在門，不可興大獄，搖人心。」獄乃解。當事急，人多疑貳，民間有宿怨，輒誣以通敵。延著嚴治反坐，多所全活。城民有升高而望者，邏者執之，總管喀喀木以爲敵諜，延著力爭，得不死。喀喀木部兵擾城市，延著捕得械斃之。吏卒私掠被難婦女，延著親駐江干，召其家，遣還者一千七百人，以此忤喀喀木。事定敍功，擢河南左布政使。旋以憂歸，而金壇獄起。

鎭江之陷也，屬縣戒嚴。金壇知縣任體坤集縣中士大夫王重、袁大受等謀遣諸生十輩詣鎭江乞緩兵。丹徒亂民王再興兵起，復令書吏、耆民數十人送欵，盡竊庫帑以遁。喀喀木等擊敗成功，體坤乃復至縣，賂重、大受謁大吏，謂士民送欵，冀掩棄城罪。重、大受居鄉多不法，爲諸生所撓。至是欲以叛坐諸生，洩私怨，列姓名以上。巡按馬騰聲疏聞，下廷佐令延著鞫其獄。延著縶縣吏李鍾秀，訊得實，欲但坐體坤，餘皆減罪。大受騰書京師爲蜚語，欲並陷延著，御史馮班發其狀。時侍郞尼滿奉詔勘提督馬逢知獄，命卽訊，乃坐重、大受及諸士大夫集議者。諸生及書吏、耆民送欵者皆斬，體坤以被逼迫減爲絞。巡按何可化又疏劾延著讞從叛罪人史記靑、管得勝傅輕比，又有王天福、韓王錫幷縱不擬罪，與金壇獄並論，亦坐絞。時喀喀木主軍事，新破敵，尤威重，素不慊於延著。民間謂延著之死，喀喀木實主之。就刑日，江寧爲罷市，士民哭踊。喪歸，數百里祭奠不絕，建祠雞鳴山下私祀焉。

子淳熹，康熙六年進士，授內閣中書舍人。伏闕上書爲延著訟冤。累擢湖廣提學道僉事，坐事罷，未行，值叛卒夏逢龍之亂，誓死不爲屈。事聞，復官，授岳常澧道副使。卒。

畢振姬，字亮四，山西高平人。順治三年進士，授平陽教授。入爲國子監助教，累遷刑部員外郞。曹事暇，獨坐陋室，布被瓦盆，讀書不稍倦。

十年，出爲山東濟南道參議。歲旱，流民踞山谷爲盜，振姬晝夜馳三百里往諭之，悉就撫，全活者七千餘人。泰山香稅，歲羨餘七千金，例充公使錢，振姬悉以佐餉。調廣東驛傳道僉事。時三藩使命往來絡繹，胥吏乘以私派折價，民苦之，振姬一繩以法，閱數月，減船數百，減費七萬有奇。調浙江金衢嚴道參政，擢廣西按察使。所至以廉能聞。遷湖廣布政使，乞病歸。

康熙中，詔舉博學鴻儒，左都御史魏裔介、副都御史劉楗疏薦之。十八年，命廷臣舉清廉吏，裔介復疏言：「振姬清操絕世，才略過人。請告十餘年，躬耕百畝，讀書不輟。」楗亦言：「振姬居官不染一塵。歸日一僕一馬，了無長物，眞學行兼優之人。」下部議，以振姬老，置勿用。尋卒。

方國棟，字干霄，順天宛平人。順治三年舉人，授蠡縣教諭。入爲國子監助教，累擢至刑部郎中。

十六年，出爲廣東海北道僉事。海寇鄧耀居島中，時出剽掠。國棟以三千人分五道進剿，檄隣道出兵扼要隘，擒耀，解散餘黨。事平，雷、廉兩部諸富人爲賊所誣，械繫者衆，國棟察其冤，爲辨雪。諸富人裒千金爲報，國棟曰：「吾憫若無辜，柰何汚我？」卻之。

遷山西寧武道參議。康熙六年裁缺，改江南蘇松常道參議。太湖隄岸傾圮，率吏民修葺，修沿海墩臺及吳淞、劉河兩牐，工費不擾民。師下閩、粵，徵調旁午，國棟一意與民休息，每遇急徵，從容部署。芻茭糧糗，預儲以待，軍興無乏，閭左晏然。戒屬吏無朘民，郡縣稍稍知歛戢，不敢事剝削。

連歲用兵，度支不給，詔各省籌裕餉之策。國棟言：「古今生財之說，開與節二者而已。議開於今日，已無可加，當議節，自朝廷始。舊制，江南歲市布五萬匹供宮府賚予，宜可罷，歲省帑金三萬。」議上，報可。滿洲兵駐防蘇州，議築營舍於王府基，當城中。國棟以兵民雜居難久安，持不可，乃改營南城隙地，民便之。宜興善權山中寺僧與豪族爭地，聚衆焚寺殺僧，知縣告亂，大吏將發兵。國棟單騎馳往，得首禍寘法，餘無所問。吳俗健訟，喜投匭告密，國棟輒不問，卽有所案，亦從寬。馭吏嚴，而拊循士民具有恩意。十六年，卒。吳民思之，建祠虎丘山麓以祀。

于朋舉，字襄子，江南金壇人。順治六年進士，改庶吉士，散館授檢討。十二年，出爲河南睢陳道副使，政不擾民。鄢城盜殺縣官而逸，士民洶洶，謂城將受屠。朋舉馳至，撫諭毋恐。營將以兵至，拒不使入城。大吏召朋舉詰責，對曰：「鄢城令，朋舉婦翁也。豈不欲甘心是盜？獨柰何苦良民！」大吏悟，止兵，亦得盜正其罪。

遷福建福寧道參政。興化瀕海，鎭將所部皆羣盜受撫者。有材官辱張氏僕，張氏以告。鎭將撻材官，部卒大譁，毁張氏之室，欲劫鎭將爲亂。鎭將避去，則縊被撻者實張氏，謂其僕殺之。朋舉甫到官，廉得首惡，猝縛至，集文武吏會鞫，健兒帶刀環立瞋視。朋舉從容曰：「若曹干軍法，罪重。念若曹約束無素，但用殺人律，罪有專屬。」衆乃泥首，言殺人者爲張氏僕。朋舉曰：「若曹氣餒何等，彼能於千百健兒中奪一人縊之耶？」召訊證者，俱吐實，誅三人而事定。泉州提督剿海盜，盜逸入興化界，鎭將獲數百人。朋舉視其嘗薙髮者，曰：「此良民被陷，當宥。」有年少者，曰：「童穉何知，又當宥。」全活甚衆。

鄭成功屯廈門，與漳州隔海相望。固山額眞駐會城，遣兵戍漳州，番代歲四易，民苦供役。朋舉請駐防無屢更，不許；固請展其期，歲再易，民稍蘇息。擢四川按察使、山東右布政使。父憂歸。

起授湖南布政使。上官，見胥吏至數百，曰：「兵初罷，民方重困。此曹鮮衣美食，縱橫市井間，何所取諸？」汰其十九，擇謹愿者，取足供文書而已。數爲大吏言地方利病，有司賢不肖積與之忤，被劾鐫級，未行，而大吏以貪敗。士民惜之。尋卒。

王天鑑，字近微，直隸萬全人。順治三年進士，授山東恩縣知縣。縣接直隸界，自明季爲盜藪，嘗一歲七被寇。天鑑上官，諭父老曰：「往歲寇至，縣輒不守，由人無固志。自今勿復逃，視知縣所向。」俄而寇大至，天鑑坐城上，從容指揮，寇疑有伏，逡巡去。於是葺樓櫓，治城隍，嚴候望，時巡徼，守具大備。按行鄉鄙，舉團練，立砦十有九，枹鼓相聞，久之得步卒萬八千、騎士三百。巡按御史疏聞，令天鑑自治兵。廉得境內賊渠數輩，夜突至其鄉呼之出，賊錯愕不能遁，皆誅之。寇據曹縣，巡撫檄天鑑與諸道兵會剿，率所部爲前鋒，冒矢石深入，諸軍踵之，復其城。嘗以輕騎逐賊，日暮被圍，短兵相接，手格殺數賊，潰圍出，不失一騎。在恩四年，屢與寇戰，俘馘無算，降者安撫之。寇遠遁，招徠屯種，流亡復歸，墾荒千八百頃。建書院，絃誦不輟。政聲爲山東最，上考，內遷禮部主事。十一年，始行耤田親耕禮，天鑑參酌古今，悉合禮宜。累遷郎中。主山東鄉試。十二年，出爲陝西河西道參議。與屬吏約，毋獵民枉法。天鑑固長治兵，按籍討軍實，誡將弁毋以軍糈肥私槖。性剛介負氣，數忤上官。歲餘，謝病歸。絕跡公府，門下士或有餽遺，不受，曰：「飭簠簋，惜名節，足以報舉主矣！」康熙初，大臣薦，不出。尋卒。

趙廷標，浙江錢塘人。順治三年，以拔貢生授福建永定知縣。廣東大埔逸寇江龍以萬餘人犯縣城，廷標城守。寇穴地入，瀦池水以待，地礮不得發；樹雲梯乘城，於城上懸栅墮之。持三月，食垂盡。值立春，廷標張鼓樂，開城門，迎春東郊。寇疑有伏，引去。密遣兵間道往伏兩山間，出不意夾擊，敗之。進至龍磜寨，捕斬略盡。

擢湖廣衡州同知，署府事。蠲賦墾荒，流亡復業。歲大饑，賑卹有實惠。經略大學士洪承疇薦廷標，十七年，擢雲南迤東道副使。安普諸番爲土官所誘，競作不靖。廷標設方略，行間，解散之，遂復維摩舊地。移檄諭寧州彌勒、巴盤、八甸，罷捕逐之令，令諸持田器者皆爲良民，持兵者乃爲賊。巡行安撫，諸路悉平。治迤東十八年。康熙中，調廣東廣肇南韶道副使。安普民、蠻聞其去，塹道塞城留之。慰諭再三，乃得行。

兩粵八排諸山寇聞廷標來，望風解散。連州亂，至，立就撫。踰年以憂去。起湖南驛鹽道副使。捕治劇寇，誅其渠，餘悉縱歸農。湖南方用兵，芻茭械仗，儲峙供給，不誤晷刻，民不困役。兼攝糧道。會湘東民變，巡撫韓世琦令廷標往撫之。單騎馳諭，皆悔泣聽命，散遣之。事稍定，修嶽麓書院，置田廩諸生。嘗行部至衡州，父老羅拜車下，號以「慈母」。俄遷陝西糧儲道參議。已病，值武昌兵變，軍書至，猶强起視事。病篤乞歸，至家卒。

論曰：自置督撫，而兩司權輕，況於各道；然以賢者處之，奉職循理，視民之所急，弭亂解嬈，亦足以爲治。而述、振芬、振姬、天鑑皆有才略，根本尤在廉勤。延著、國棟、廷標當治亂用重之日，濟之以寬仁，雖以是罷貶，甚或中危法，而一不自恤，是皆能舉其職者。澤及於斯民，亦已多矣。

清史稿卷二百四十八

列傳三十五

許定國 劉良佐　左夢庚 郝効忠 徐勇 盧光祖　田雄 馬得功
張天祿 弟天福 趙之龍　孫可望 白文選

許定國，河南太康人。明崇禎間，官山西總兵官。李自成圍開封，趣定國赴援，師次沁水，一夕師潰，逮治論死。尋復授援勦河南總兵官。福王時，駐軍睢州。

順治元年，豫親王多鐸下河南，次孟津，定國使請降。肅親王豪格略山東，復上書請以其孥來附，肅親王命遣子爲質。二年，遣其子詣肅親王軍。明督師大學士史可法遣總兵高傑徇河南，次歸德，聞定國已遣子納欵，招往會，不赴。傑乃與巡撫越其杰、巡按陳潛夫就定國睢州，定國不得已郊迎。其杰勸傑勿入城，傑輕定國，不聽。既入，定國宴傑，侑以妓。傑酣，爲定國刻行期，並徵及遣子納款事。定國益懼，中夜伏兵殺傑。明日，傑部將攻定國屠城。定國走考城，遂來降。

豫親王請以定國從征，留其孥曹縣，命河道總督楊方興厚贍之。定國妻邢有疾，乞還鄉里，方興爲代奏。命暫居曹縣，俟定國入覲。豫親王師還，定國詣京師，隸漢軍鑲白旗。三年，卒。五年，以來降功，授一等精奇尼哈番，子爾安襲。十二年，詔求言，爾安爲睿親王多爾袞訟功德，請修其墓。語詳睿親王傳。坐煽惑，減死流寧古塔。弟爾吉襲。

史可法置江北四鎭，傑與劉澤清、劉良佐、黃得功分領之。傑爲定國所殺，得功戰死蕪湖。

劉良佐，直隸人，明總兵，預擁立福王。順治二年，豫親王下江南，良佐以兵十萬來降。江南定，詣京師，隸漢軍鑲黃旗。五年，以來降功，授世職二等精奇尼哈番。從大將軍譚泰討金聲桓。師還，授散秩大臣。十八年，授江南江安提督，加總管銜。尋改直隸提督，改左都督。康熙五年，以病乞休。六年，卒。劉澤淸旣降復叛，誅死。

左夢庚，山東臨淸人。父良玉，明史有傳。良玉初授平賊將軍，及封寧南伯，以平賊將軍印授夢庚。福王時，良玉舉兵自武昌東下，號「淸君側」。次九江，病卒。諸將推夢庚爲帥。總督袁繼咸禦戰，夢庚還駐池州，遣兵間道自彭澤下建德，遂取安慶。總兵黃得功破之銅陵，乃退保九江。

順治二年，英親王阿濟格逐李自成至九江，夢庚率衆降。師還，入覲，宴午門內，命隸漢軍正黃旗。疏言：「部將盧光祖、李國英從入京師，餘若張應祥、徐恩盛、郝効忠、金聲桓、常登、徐勇、吳學禮、張應元、徐育賢俱奉英親王調發防剿江西、湖廣。誠恐諸將在外，蹤跡未定，室家未安，訛惑之事，不可不籌。」命有司安插。五年，敍來降功，授一等精奇尼哈番。六年，從英親王討大同叛將姜瓖，攻左衞，克之。擢本旗固山額眞。十一年，卒，諡莊敏。乾隆初，定封一等子。夢庚諸將，李國英最顯，自有傳。

郝効忠，遼東人，隸漢軍正白旗。從英親王定湖南，擢湖南右路總兵，加都督僉事，授世職三等阿達哈哈番。孫可望陷沅州，効忠率師克黎平。可望兵驟至，力戰，馬蹶被執，不屈，遂見殺，贈都督同知。

徐勇，亦遼東人。英親王檄署九江總兵，調黃州，捕治九江、黃州土寇。明唐王使招之，勇斬使以聞，命移鎭長沙。金聲桓叛，招勇，復斬其使。與李錦戰江中，中矢，裹創戰愈奮。賊攻城，設策守禦，錦遁去。迎鄭親王師擊破明大學士何騰蛟。復調辰常總兵，授世職一等阿達哈哈番兼拖沙喇哈番。明桂王遣將張光翠、張景春窺辰州，屯荔溪。勇督將士渡江戰，擊殺景春，擒裨將六，馘士卒數百，加左都督，進世職三等阿思哈尼哈番。桂王復遣白文選來攻，驅象爲陣，破城，勇巷戰死之，贈太子太保，進世職二等，諡忠節。以其兄子襲，入籍武昌衞。

盧光祖，遼東海州人，隸漢軍鑲藍旗。從肅親王下四川，破張獻忠。授夔州總兵。擊破明桂王將朱天麟等。取順慶，屢捕治土寇。甘一爵、朱德洪據鄰水、大竹爲亂。光祖督師討之，戰七晝夜，斬一爵、德洪，降硐寨十餘。以功授世職一等阿達哈哈番。孫可望破敍州，將軍李國翰率師赴援，光祖殿，遇敵，戰敗，命立功自贖。尋改川北總兵。卒。金聲桓既降復叛，誅死。

田雄，直隸宣化人。馬得功，遼東人。仕明皆至總兵。順治二年，豫親王多鐸下江南，明福王由崧走蕪湖。巴牙喇纛章京圖賴督兵截江斷道，雄、得功縛福王及其妃來獻，豫親王令以原銜從征。尋授雄杭州總兵，得功鎭江總兵。

雄佐總督張存仁、梅勒章京珠瑪喇，駐軍杭州。時明魯王以海稱「監國」紹興，乘間渡錢塘江窺杭州，雄與存仁、珠瑪喇等屢擊破之。三年，擢浙江提督。六年，發李成棟逆書，加左都督。八年，敍來降功，授世職一等精奇尼哈番。

明魯王與其臣阮進、張名振等據舟山，雄與固山額眞金礪以舟師出海擒進，遂破舟山，隳其城，名振擁魯王入海。十二年，進將阮思、陳六御等復據舟山，朝命寧海大將軍伊爾德率師南征。雄預治戰艦攻具，分兵遣裨將扼要隘，通聲援，而以舟師會伊爾德擊思，以橫洋、金塘爲舟山要路，分兵擊破之。張兩翼夾擊，殲其衆無算，思赴水死。捷聞，加少傅兼太子太傅。十五年，疏請歸旗籍，隸漢軍鑲黃旗。

鄭成功兵擾浙境，陷遂安、平陽諸縣。兵部劾雄，上命寬之。十六年，成功兵攻太平，擊却之。復攻寧波，雄督戰，分三路進剿，成功兵引退。十八年，進二等侯。康熙二年，卒，贈太傅，謚毅勇。

得功，亦隸漢軍鑲黃旗。江寧初定，明瑞昌王誼泐屯花山、龍潭間。順治三年，謀攻江寧，事泄，走鎭江。得功獲誼泐，誅之。尋以收劫盜入伍，降調。四年，大學士洪承疇請以得功署副將。從浙閩總督張存仁剿建寧、邵武山寇，克松溪、政和、建陽、崇安、光澤諸縣，即令駐松溪。復克慶元、永春、德化諸縣。六年，授右路總兵，加都督僉事。克南安，破海寇林忠。復捕治興化、仙游、惠安諸縣海寇鄭丹國等。

時鄭成功據厦門，巡撫張學聖詗成功方出，令得功攻厦門，克之。成功還救，復陷。遂圍漳州，破海澄。得功退守泉州，與固山額眞金礪會師解漳州圍。以得功初克厦門貪取財物爲成功所乘，命逮治，援赦免。十一年，敍前功，賜一品頂帶，出鎭泉州。得功自陳與雄同降，援雄例乞世職，授一等精奇尼哈番，加都督同知。

十三年，擢福建提督。林忠復據永春、德化、尤溪、大田諸縣，巡撫宜永貴令得功率師討之。師行，寇自閩安逕攻會城，得功引師還，與城兵夾擊，圍解。十四年，與浙閩總督李率泰等合兵克閩安，成功屢內犯，得功擊卻之。十八年，進三等侯。康熙元年，遷濱海居民內地，擊敗海寇阻民遷者。二年，師進攻廈門，得功克烏沙，以舟師出海。南風起，寇乘上流來戰，得功奮擊，沒於陣。李率泰以聞，進一等侯，諡襄武。子三奇，襲爵，官至潮州總兵。乾隆十四年，定諸侯、伯封號，雄曰順義，得功曰順勤。

張天祿，陝西榆林人。明季與弟天福以義勇從軍，積功至總兵。福王時，大學士史可法督師，令屯瓜洲爲前鋒。豫親王師下江南，天祿、天福率所部三千人從趙之龍迎降，豫親王令以原官從征，隸漢軍鑲黃旗。

明僉都御史金聲家休寧，受唐王命，糾鄉勇十餘萬據徽州。貝勒博洛遣固山額眞葉臣率師擊之，天祿及總兵卜從善、李仲興、劉澤泳並從。師自旌德入，戰績溪，獲聲及中軍吳國禎、副將成有功、守備萬全等，送江寧殺之。徽州平。

明大學士黃道周率兵犯徽州，天祿擊之，斬其將程嗣聖等十餘人，獲總兵李堯光等。順治三年，戰婺源，獲道周，亦送江寧殺之。分兵出祁門、江灣、街口、黃源，四道逐捕道周餘衆。以功加都督同知，授徽寧池太總兵官。天祿屯徽州城外，依山爲營。值雨，父老迎天祿入城，天祿曰：「三軍方在泥塗，何忍獨安？」終不下山。軍民皆稱之。明嵩安王常淇糾衆數千擾婺源，天祿率副將許漢鼎等擊之，獲常淇及監軍江于東等。四年，授江南提督。五年，敍來降功，授世職三等阿達哈哈番。八年，進三等精奇尼哈番。

九年，鄭成功圍漳州，命天祿赴援，成功引退。天祿留駐延平，捕治山寇。十一年，明魯王將張名振攻崇明，天祿還松江禦戰。名振既出海，復侵吳淞。我水師與戰，敗績。江南總督馬鳴佩劾天祿失舟師三百餘及砲械，匿未報；閩浙總督佟泰劾天祿與名振通書：逮下刑部，讞通書無據，坐匿失砲械等，奪官，降世職三等阿達哈哈番。十六年，卒。

天福初降，從征崑山、嘉定。民不薙髮，據城抗我師，天福與總兵李成棟討平之。順治五年，授陝西漢羌總兵。敍來降及戰功，授世職一等阿思哈尼哈番。明山陰王鼎濟聚兵據毛壩關，署單一涵爲元帥。年六，天福自漢中率師入山，獲鼎濟，一涵投崖死。參將王永祥叛延安，山寇劉宏才攻同官，天福先後討平之。以病還京師，授散秩大臣。十七年，授本旗都統。康熙六年，卒。

趙之龍，江南虹縣人。崇禎時，以忻城伯鎭南京。福王立，與擁戴，干政。豫親王師至，與魏國公徐允爵、保國公張國弼、隆平侯張拱日、臨淮侯李祖述、懷寧侯孫維城、靈璧侯湯國祚，安遠侯柳祚昌，永昌侯徐宏爵，定遠侯鄧文囿，項城伯常應俊，大興伯鄒存義，寧晉伯劉允極，南和伯方一元，東寧伯焦夢熊，安城伯張國才，洛中伯黃九鼎，成安伯郭祚永，駙馬齊贊元，大學士王鐸，尚書錢謙益，侍郎朱之臣、梁雲構、李綽等迎降。之龍授世職三等阿思哈尼哈番，允爵等皆置勿用。鐸等詣京師。先是北都降者多授原官，御史盧傳言南都新人不得與舊臣比。鐸至，命以尚書管弘文院學士，累擢至禮部尚書，卒，謚文安。謙益語在文苑傳。

孫可望，陝西延長人。從張獻忠爲賊，與李定國、劉文秀、艾能奇並爲獻忠養子。獻忠據四川，使分將其衆，可望號平東將軍。順治三年，肅親王豪格師定四川，獻忠敗死。可望與定國等率殘衆南竄，道重慶、綦江、遵義入貴陽。阿迷土司沙定洲亂雲南，可望率衆兼程赴之。定洲方攻楚雄，迎戰大敗，走歸阿迷。可望入雲南會城，遣定國徇迤東，而與文秀率兵西出，得副使楊畏知，相誓扶明室，與俱至楚雄，略迤西諸府。定國亦定迤東諸府。可望遂盡有雲南，自號平東王，以干支紀年，鑄錢曰「興朝通寶」。時能奇已前死，可望併將其衆。定國、文秀故等夷，不爲可望下。可望假事杖定國，欲以威衆，隙益深。

明桂王在肇慶，乃遣畏知奉表乞王封，桂王封可望景國公，賜名朝宗。使以敕印往，而桂王諸將爭欲得可望爲强援。堵胤錫駐梧州，承制改封平遼王；陳邦傳守泗城，又矯命封秦王；可望乃不受景國公命。會我師克韶州，桂王走梧州。可望復遣使請封，議封澂江王。使者謂非秦不敢復命，大學士嚴起恆持不可，議中寢。可望襲貴陽，復遣文秀攻嘉定，入四川。我師定兩廣，桂王至南寧，乃遣使封可望冀王，可望猶不受，復使畏知詣桂王，而遣其將賀九儀等以五千人先驅，取起恆及諸臣阻秦封者盡殺之。桂王乃眞封可望秦王，而留畏知授大學士。可望聞之怒，召至貴陽面數之，畏知以冠擊可望，亦被殺。

桂王遣大學士文安之督師四川，將以招川中諸鎭。可望遣兵伺於都勻，邀止之。可望將移桂王自近，挾以作威。桂王奔廣南，可望遣兵迎入安隆所，改爲安龍府，歲供銀八千、米百石，窮迫不可堪；而馬吉祥、龐天壽輩方欲戴可望行禪讓，可望遂自設內閣六部等官，立太廟，定朝儀，改印文爲八疊。桂王益憂懼。

初，定國自廣西入湖廣，兵益强，不復稟可望約束。會定國敗於衡州，使召詣沅州議事，將以爲罪而殺之；定國辭不赴，又自柳州攻肇慶，下高、廉、雷諸府。至是，桂王聞定國兵强，密詔使入衞。可望聞，使執大學士吳貞毓等，凡預謀者盡殺之。議移桂王貴陽，使其將白文選督行期。文選心不直可望，以情輸桂王，緩其行。俟定國至，奉桂王自安南衞走雲南。時文秀守雲南，亦怨可望，迎桂王入雲南會城。可望舉兵反桂王，以雙禮留守，令文選統諸軍前行。定國、文秀率師禦之，次三岔河，夾水而軍。文選輕騎奔定國。可望遣其將張勝、馬寶等自尋甸間道襲雲南，而自率勁卒擊定國等。戰方合，其將馬惟興先奔，遂大潰，定國遣文秀等追之。

可望至貴陽，雙禮紿言追兵且至。可望知事去，將詣經略洪承疇請降，遣使先納欵。文秀等遣將楊武追之，及於沙子嶺。承疇援兵至，乃得脫，將妻子詣長沙降，時順治十四年十月也。詔封義王，慰諭之。尋遣學士麻勒吉等齎敕印冊封。十五年，詣京師，命簡親王濟度等郊迎。入覲，宴中和殿，賜白金萬，官其部將陳傑、劉天瑞等百餘人，命隸漢軍正白旗。可望請從討雲南自效，下王大臣議，寢其奏。十七年，疏辭封爵，復慰諭之。尋卒，諡恪順。

子徵淇襲，未幾卒。徵淳襲，卒，諡順愍。徵灝請襲，御史孟飛熊疏言：「可望，獻忠餘黨，久據滇、黔，負固不服。及爲定國所敗，窮蹙來歸，濫膺非分。宜即停止，或以次降等。」下部議，降襲慕義公，官至兵部尚書，諡淸端。子降襲一等阿達哈哈番。乾隆三十六年，命停襲。

文選，陝西吳堡人，亦從獻忠爲賊。獻忠敗，從可望入貴州。其綏桂王使得入雲南也，桂王封爲鞏國公，令還貴陽慰諭可望，可望奪其兵，置軍中。及將舉兵，諸將說可望顧得文選爲大將，可望使將前鋒，遂降定國，可望以是敗。桂王封文選鞏昌王。順治十六年，我師下雲南，定國戰屢敗，令文選爲殿；戰於玉龍關，文選復敗，走木邦。桂王入緬甸，居赭硜。十七年，文選攻阿瓦，弗克，與定國會師孟艮；再攻阿瓦，求出桂王，終不獲，我師益深入。文選據錫箔，憑江拒守。我師出木邦，造筏將渡，文選奔茶山。總兵馬寧將偏師追之，及於猛養，文選降。詔封承恩公，亦隸漢軍正白旗。康熙元年，命予三等公俸。七年，加太子少師。十四年，卒。子繪，降襲一等精奇尼哈番。卒，停襲。

論曰：邦家新造，師行所至，逆者誅，順者庸。雖其人叛故國，賊舊君，苟爲利於我，固不能不以爲功也。可望獨以臺官言降爵，終見削奪。唐通降自成，旣復來歸，授世職，康熙間卽停襲，事又在其前；而定國、夢庚、雄輩及他諸降將，皆襲封如故。民間傳雄負福王出，王嚙其項，遂潰死。雄死時，明亡已二十年。其言誠無稽，然民之所惡，蓋亦可見矣。

清史稿卷二百四十九

列傳三十六

索尼 蘇克薩哈 蘇納海 朱昌祚 王登聯 白爾赫圖
遏必隆 子尹德 鼇拜 弟穆里瑪 班布爾善

索尼，赫舍里氏，滿洲正黃旗人。父碩色，大學士希福兄也，太祖時，自哈達挈家來歸。太祖以其兄弟父子並通國書及蒙、漢文字，命碩色與希福同直文館，賜號「巴克什」。授索尼一等侍衞。從征界藩、棟夔。天聰元年，從太宗攻錦州，偵敵寧遠，並有功。

二年，上親征喀爾喀，徵兵外藩，科爾沁不至。命索尼與侍衞阿珠祜齎諭飭責土謝圖額駙奧巴。初，奧巴爲台吉，入朝，太祖以貝勒舒爾哈齊女妻焉。既而奧巴屢背約，私與明通，復徵兵不至。索尼受方略行，既入境，其部人饋以牲，索尼不受，曰：「爾汗有異心，爾物豈可食耶？」時奧巴病足，索尼與阿珠祜見公主，以諭旨告。奧巴聞之，扶掖至，佯問曰：

「此爲誰？」索尼曰：「吾儕天使也！爾有罪，義當絕。今特以公主故，使來餽問耳。」奥巴顧左右趣具饌，索尼等不顧而出。奥巴恐，使台吉塞冷等請其事。索尼出璽書示之，卽令從者先行。奥巴得書大驚，令所屬大臣跽留，索尼責以大義，奥巴叩首悔罪，願入朝。索尼與阿珠祜偕其大臣黨阿賴先歸奏狀，帝甚悅。

三年，從大軍入關，薄燕京，明督師袁崇煥赴援，列營城東南。貝勒豪格突入陣，敵兵蹙之，矢石如雨。索尼躍馬馳入，斬殺甚衆，拔豪格破圍出。四年，諭降榛子鎮、沙河驛，拔永平，守之。五年，擢吏部啓心郎。從圍大凌河。明兵自錦州來援，敗之。六年，從征察哈爾，略大同，取阜臺寨。尋予牛彔章京世職，仍直內院。崇德八年，考績，進三等甲喇章京。

太宗崩後五日，睿親王多爾衮詣三官廟，召索尼議册立。索尼曰：「先帝有皇子在，必立其一。他非所知也。」是夕，巴牙喇纛章京圖賴詣索尼，告以定立皇子。黎明，兩黃旗大臣盟於大清門，令兩旗巴牙喇兵張弓挾矢，環立宮殿，率以詣崇政殿。諸王大臣列坐東西廡，索尼及巴圖魯鄂拜首言立皇子，睿親王令暫退。英親王阿濟格、豫親王多鐸勸睿親王卽帝位，睿親王猶豫未允，豫親王曰：「若不允，當立我。我名在太祖遺詔。」睿親王曰：「肅親王亦有名，不獨王也。」豫親王又曰：「不立我，論長當立禮親王。」禮親王曰：「睿親王若允，我國之福。否則當立皇子。我老矣，能勝此耶？」乃定議奉世祖卽位。索尼與譚泰、圖賴、鰲阿岱、錫翰、鄂拜盟於三官廟，誓輔幼主，六人如一體。都統何洛會等訐告肅親王豪格，王坐廢，詔褒索尼不附王，賜鞍馬。

順治元年，從睿親王入關，定京師。二年，晉二等昂邦章京。睿親王令解啓心郎職，仍理部事。睿親王方擅政，譚泰、鰲阿岱、錫翰皆背盟附之，憾索尼不附。李自成之敗也，焚宮殿西走。至是議修建，睿親王亦營第，勼工庀材，工部給直偏厚，諸匠役皆急營王第。佟機言於王，王怒，欲殺之。索尼力言其無罪，王以是愈憾索尼。英親王阿濟格慢上，目爲「八歲幼兒」，索尼以告睿親王，請罪之，王不許。王嘗召諸大臣議分封諸王，索尼持不可。鰲阿岱、錫翰進曰：「索尼不欲王平天下乎？」請罪之，王亦不許。索尼發固山額眞譚泰隱匿詔旨，譚泰坐削公爵；因訐索尼以內庫漆琴與人，及使牧者秣馬庫院，傔從捕魚禁門橋下，索尼遂坐罷。

三年，巴牙喇纛章京圖賴劾譚泰怨望，詞涉索尼。順治初，大軍分道剿賊西安，譚泰後至，無功。及移師江南，譚泰慮勿預，語圖賴，甚怏怏。圖賴遺書索尼，使啓睿親王，齎書者私發之，恐譚泰獲罪，沉諸河。圖賴發前事，逮訊齎書者塞爾特，詭云書已達索尼。諸大臣論索尼罪當斬，王親鞫之，索尼曰：「吾前發譚泰匿詔旨罪，顧匿圖賴書以庇之乎？」王窮訊齎書者，事得白。尋復世職，然王與譚泰等憾索尼滋甚。五年，値清明，遣索尼祭昭陵，旣行，貝子屯齊訐索尼與圖賴等謀立肅親王，論死，末減，奪官，籍其家，卽安置昭陵。

八年，世祖親政，特召還，復世職。累進一等伯世襲，擢內大臣，兼議政大臣、總管內務府。十七年，應詔上言，略謂：「小民冤抑，有司不爲詳審者，請嚴察，使毋壅於上聞。犯罪發覺，其奉有嚴旨者，有司輒從重比，不無枉濫。請敕法司詳愼。前議福建將士失律罪，在大將軍止削一不世襲之拜他喇布勒哈番，而所屬將領乃盡奪世職，輕重不平，有乖懲勸，請敕更正。開國諸臣，自拜他喇布勒哈番以上皆有功業，宜予世襲；其後恩詔所加，非有戰功，請毋給世襲敕書。在外諸藩，風俗不齊，若必嚴以內定之例，恐反滋擾，請予以優容。大臣奪據行市，姦宄之徒，投托指引，以攘貨財，四方商賈，負擔來京，輒復勒價强買。諸王貝勒及大臣私引玉泉山水灌漑，泉流爲之竭。邊外木植，皆商人僱民採伐。今又爲大臣私行强占，致商不聊生。大臣不殫心公事，惟飾宅第。皆請申禁。五城審事官，遇世族富家與窮民訟者，必罪窮民，曲意徇私，不思執法。請嚴飭毋得枉屈賄庇。」疏入，上以所奏皆實，飭議行。

十八年，世祖崩，遺詔以索尼與蘇克薩哈、遏必隆、鼇拜同輔政。索尼聞命，跪告諸王貝勒，請共任國政，諸王貝勒皆曰：「大行皇帝深知汝四大臣，委以國家重務，誰敢干預？」索尼等乃奏知皇太后，誓於上帝及大行皇帝前，其辭曰：「先皇帝不以索尼、蘇克薩哈、遏必隆、鼇拜等爲庸劣，遺詔寄託，保翊沖主。索尼等誓協忠誠，共生死，輔佐政務。不私親戚，不計怨讐，不聽旁人及兄弟子姪教唆之言，不求無義之富貴，不私往來諸王貝勒等府受其餽遺，不結黨羽，不受賄賂，惟以忠心仰報先皇帝大恩。若各爲身謀，有違斯誓，上天殛罰，奪算凶誅。」誓訖，乃受事。

世祖定中國，既親政，紀綱法度，循太祖、太宗遺制；亦頗取明舊典損益之，務使稱國體。四輔臣爲政，稱旨諭諸王、貝勒、諸大臣，詳考太祖、太宗成憲，勒爲典章。引世祖遺詔，謂：「不能仰法太祖、太宗，多所更張；今當率祖制，復舊章，以副先帝遺意。」乃改內閣翰林院還爲內三院，復設理藩院，罷裁太常、光祿、鴻臚諸寺。他舉措皆類是。而鑲黃、正白兩旗互易圈地，興大獄。四輔臣稱旨，亦謂太祖、太宗時，八旗莊田廬舍，依左右翼順序分給。既入關，睿親王多爾衮使鑲黃旗處右翼之末，正白旗圈地本當屬鑲黃旗，今還與相易，亦以復舊制。

索尼故不慊蘇克薩哈，顧見鼇拜勢日張，與蘇克薩哈不相容，內怵；又念年已老，多病，康熙六年三月，遂與蘇克薩哈、遏必隆、鼇拜共爲奏請上親政。上未卽允，而詔褒索尼忠，加授一等公，與前授一等伯並世襲，索尼辭，不許。六月，卒，謚文忠，賜祭葬有加禮。七月，乃下索尼等奏，上親政，以第五子心裕襲一等伯，法保襲一等公。長子噶布喇官領侍衞內大臣，孝誠皇后父也，十三年，后崩，推恩所生，授一等公，世襲。第三子索額圖，自有傳。

蘇克薩哈，納喇氏，滿洲正白旗人。父蘇納，葉赫貝勒金台什同族。太祖初創業，來歸，命尚主爲額駙，授牛彔額眞。累進梅勒額眞。天聰初，從太宗征錦州，貝勒莽古爾泰帥偏師衞塔山餉道，蘇納屯塔山西，明兵來攻，擊破之。三年，與固山額眞武納格擊察哈爾，入境，降其民二千戶。聞降者將爲變，盡殲其男子，俘婦女八千餘，上責其妄殺。蒙古人有自察哈爾逃入明邊者，命蘇納以百人逐之，所俘獲相當。累進三等甲喇章京。坐隱匿丁壯，削職。尋授正白旗蒙古固山額眞。崇德初，從伐明，攻雕鶚、長安諸堡及昌平諸城，五十六戰皆捷。又攻破容城。及出邊，後隊潰，坐罰鍰。又從伐朝鮮，擊破朝鮮軍，俘其將。以朝鮮王出謁時亂班釋甲，又自他道還，坐罰鍰。尋以讞獄有所徇，坐罷，仍專管牛彔事。順治五年，卒。

蘇克薩哈初授牛彔額眞。崇德六年，從鄭親王濟爾哈朗圍錦州，明總督洪承疇師赴援，太宗親帥大軍蹙之，蘇克薩哈戰有功，授牛彔章京世職，晉三等甲喇章京。順治七年，世祖命追復蘇納世職，以蘇克薩哈併襲爲三等阿思哈尼哈番。尋授議政大臣，進一等，加拖沙喇哈番。蘇克薩哈隸睿親王多爾袞屬下，王薨，蘇克薩哈與王府護衞詹岱等訐王謀移駐永平諸逆狀，及殯斂服色違制，王坐是追黜。是年，擢巴牙喇纛章京。

十年，孫可望寇湖廣，命蘇克薩哈偕固山額眞陳泰率禁旅出鎭湖南，與經略洪承疇會剿。十二年，劉文秀遣其將盧明臣等分兵犯岳州、武昌，蘇克薩哈邀擊，大敗之。文秀引兵寇常德，戰艦蔽江，蘇克薩哈六戰皆捷，縱火焚其舟，斬獲甚衆，明臣赴水死，文秀走貴州。敍功，晉二等精奇尼哈番，擢領侍衞內大臣，加太子太保。

聖祖立，受遺詔輔政。時索尼爲四朝舊臣，遏必隆、鼇拜皆以公爵先蘇克薩哈爲內大臣，鼇拜尤功多，意氣凌轢，人多憚之。蘇克薩哈以額駙子入侍禁廷，承恩眷，班行亞索尼；與鼇拜有姻連，而論事輒齟齬，寖以成隙。鼇拜隸鑲黃旗，與正白旗互易莊地，遂興大獄。大學士兼戶部尙書蘇納海，總督朱昌祚、巡撫王登聯坐紛更阻撓，下刑部議罪，以律無正條，請鞭責籍沒。上覽奏，召輔臣議，鼇拜請置重典，索尼、遏必隆不能爭，獨蘇克薩哈不對，上因不允。鼇拜卒矯命，悉棄市。

鼇拜以蘇克薩哈與相抗，憾滋甚。鼇拜日益驕恣，蘇克薩哈居常怏怏。康熙六年，上親政，加恩輔臣。越日，蘇克薩哈奏乞守先帝陵寢，庶得保全餘生。有旨詰問，鼇拜與其黨大學士班布爾善等遂誣以怨望，不欲歸政，搆罪狀二十四款，以大逆論，與其長子內大臣查克旦皆磔死；餘子六人、孫一人、兄弟子二人皆處斬，籍沒；族人前鋒統領白爾赫圖、侍衞額幼子蘇常壽襲。

年，鼇拜敗，詔以蘇克薩哈雖有罪，不至誅滅子孫，此皆鼇拜挾讐所致，命復官及世爵，以其

爾德皆斬；獄上，上不允。鼇拜攘臂上前，强奏累日，卒坐蘇克薩哈處絞，餘悉如議。八

蘇納海，他塔喇氏，滿洲正白旗人。由王府護衞擢弘文院學士，累遷工部尚書，加太子少保。聖祖即位，拜國史院大學士，兼管戶部。時鼇拜擅權，以蘇納海不阿附，嗛之。尋鼇拜欲以薊、遵化、遷安正白旗諸屯莊改撥鑲黃旗，而別圈民地益正白旗，使旗人訴請牒戶部。蘇納海持不可，謂旗人安業已久，且奉旨不許再圈民地，宜罷議，鼇拜益銜之，矯旨遣貝子溫齊等履勘。旋以鑲黃地不堪耕種疏聞，遂遣蘇納海會直隸總督朱昌祚、巡撫王登聯董理其事。昌祚、登聯交章請停圈換，蘇納海亦言屯地難丈量，候明詔進止，鼇拜遂坐以藐視上命，並棄市。鼇拜獲罪，昭雪復官，謚蘇納海襄愍，昌祚勤愍，登聯愨愍。

昌祚，字雲門，漢軍鑲白旗人。順治初，官宗人府啓心郎。十八年，以工部侍郎巡撫浙江，清廉沉毅。平寇盜，撥荒地，給瀕海內徙居民開墾，免其所棄田畝丁糧，戒所司藉端苛斂，浙人德之。康熙四年，擢直隸、山東、河南三省總督。圈地議起，旗民失業者數十萬人。昌祚抗疏力言其不便，卒以冤死。祀直隸、浙江名宦。

登聯，字捷軒，漢軍鑲紅旗人。自貢生授河南鄭州知州，薦擢山東濟寧道，累遷大理寺

卿。順治十七年，授保定巡撫。嚴緝捕，盜賊屏息。康熙五年，以京東諸路圈地擾民，疏請停止，言甚痛切。民聞其死，甚哀之。祀直隸名宦。

白爾赫圖，初由噶布什賢壯達授兵部副理事官。崇德間，屢從征有功，擢噶布什賢章京。順治元年，入關，擊李自成，敗賊將唐通於一片石，多斬獲。尋從豫親王多鐸西勦流寇，克潼關。移師江南，徇蘇州，略定浙江、福建。五年，從鄭親王濟爾哈朗征湖南，大破賊於湘潭，平寶慶、武岡。累功，晉一等阿達哈哈番，擢噶布什賢噶喇依昂邦。

十五年，從信郡王多尼征貴州，屢陷陣，進克雲南。逾年，率兵取永昌府，渡潞江，敗李定國，遂克騰越州。明桂王由榔及定國、白文選俱遁入緬甸。信郡王班師，白爾赫圖留駐雲南。定國入犯，約降將高應鳳內應，以由榔印劄誘元江土司那嵩叛，白爾赫圖往勦，斬應鳳於陣，那嵩自焚死，賜白金、鞍馬。十八年，與定西將軍愛星阿會師木邦，緬人獻由榔至軍中。康熙元年，詔班師。進一等阿思哈尼哈番。

後蘇克薩哈爲鼇拜搆陷，以白爾赫圖爲其族弟，竟被禍。八年，上以白爾赫圖無罪枉坐，追復故官世職。尋其子一等侍衞羅鐸訟其父雲南戰功爲鼇拜所抑，未予優敍，詔晉三等精奇尼哈番，賜祭葬，謚忠勇。

遏必隆，鈕祜祿氏，滿洲鑲黃旗人。額亦都第十六子，母和碩公主。天聰八年，襲一等昂邦章京，授侍衞，管牛彔事。貝勒尼堪福晉，遏必隆兄圖爾格女也，無子，詐取僕婦女爲己生。事發，遏必隆坐徇庇，奪世職。崇德六年，從太宗伐明，營松山，築長圍守之。明總兵曹變蛟率步騎突圍，迭敗之。夜三鼓，變蛟集潰卒突犯御營，遏必隆與內大臣錫翰等力戰，殪十餘人，變蛟負創走。論功，得優賚。七年，從饒餘貝勒阿巴泰等入長城，克薊州；進兵山東，攻夏津，先登，拔之：予牛彔章京世職。

順治二年，從順承郡王勒克德渾剿李自成兄子錦於武昌，拔鐵門關，進二等甲喇章京。五年，兄子侍衞科普索訐其與白旗諸王有隙，設兵護門，奪世職及佐領。世祖親政，遏必隆訟冤，詔復職。科普索旋獲罪，以所襲圖爾格二等公爵令遏必隆併襲爲一等公。尋授議政大臣，擢領侍衞內大臣，累加少傅兼太子太傅。十八年，受遺詔爲輔政大臣。

康熙六年，聖祖親政，加恩輔臣，特封一等公，以前所襲公爵授長子法喀，賜雙眼花翎，加太師。屢乞罷輔政，許之。四大臣當國，鼇拜獨專恣，屢矯旨誅戮大臣。遏必隆知其惡，緘默不加阻，亦不劾奏。八年，上逮治鼇拜，幷下遏必隆獄。康親王傑書讞上遏必隆罪十二，論死，上宥之，削太師，奪爵。九年，上念其爲顧命大臣，且勳臣子，命仍以公爵宿衞內廷。十二年，疾篤，車駕親臨慰問。及卒，賜祭葬，謚恪僖，御製碑文，勒石墓道。十七年，孝昭皇后崩，遏必隆爲后父，降旨推恩所生，敕立家廟，賜御書榜額。五十一年，上以遏必隆初襲額亦都世職，命其第四子尹德襲一等精奇尼哈番。

尹德初自佐領授侍衞，從聖祖征噶爾丹，扈蹕寧夏。尋自都統擢領侍衞內大臣，兼議政大臣。雍正五年，以病乞休，許致仕。未幾卒，謚愨敬。尹德恭謹誠樸，宿衞十餘年，未嘗有過。兼襲圖爾格二等公，歲祿所入，以均宗族，人皆賢之。尋祀賢良祠。乾隆元年，詔晉一等公。

鼇拜，瓜爾佳氏，滿洲鑲黃旗人，衞齊第三子。初以巴牙喇壯達從征，屢有功。天聰八年，授牛彔章京世職，任甲喇額眞。崇德二年，征明皮島，與甲喇額眞準塔爲前鋒，渡海搏戰，敵軍披靡，遂克之。命優敍，進三等梅勒章京，賜號「巴圖魯」。六年，從鄭親王濟爾哈朗圍錦州，明總督洪承疇赴援，鼇拜輒先陷陣，五戰皆捷，明兵大潰，追擊之，擒斬過半。功最，進一等，擢巴牙喇纛章京。八年，從貝勒阿巴泰等敗明守關將，進薄燕京，略地山東，多斬獲。凱旋，敗明總督范志完總兵吳三桂軍。敍功，進三等昂邦章京，賚賜甚厚。

順治元年，隨大兵定燕京。世祖考諸臣功績，以鼇拜忠勤勠力，進一等。二年，從英親王阿濟格征湖廣，至安陸，破流賊李自成。進征四川，斬張獻忠於陣。下遵義、夔州、茂州諸郡縣。五年，坐事，奪世職。又以貝子屯齊訐告謀立肅親王，私結盟誓，論死，詔宥之，罰鍰自贖。是年，率兵駐防大同，擊叛鎭姜瓖，迭敗之，克孝義。七年，復坐事，降一等阿思哈尼哈番。

世祖親政，授議政大臣。累進二等公，予世襲。擢領侍衞內大臣，累加少傅兼太子太傅。十八年，受顧命輔政。既受事，與內大臣費揚古有隙，又惡其子侍衞倭赫及侍衞西住、折克圖、覺羅塞爾弼同直御前，不加禮輔臣。遂論倭赫等擅乘御馬及取御用弓矢射鹿，並棄市。又坐費揚古怨望，亦論死，并殺其子尼侃、薩哈連，籍其家，以與弟都統穆里瑪。

初入關，八旗皆有分地。睿親王多爾袞領鑲黃旗，定分地在雄、大城、新安、河間、任丘、肅寧、容城諸縣。至是已二十年，旗、民相安久。鼇拜以地确，倡議八旗自有定序，鑲黃旗不當處右翼之末，當與正白旗薊、遵化、遷安諸州縣分地相易。正白旗地不足，別圈民地補之。中外皆言不便。蘇克薩哈為正白旗人，與相抗尤力。鼇拜怒，悉逮蘇納海等，棄市。事具蘇克薩哈傳。又追論故戶部尚書英俄爾岱當睿親王攝政時阿王意，授分地亂序，並及他專擅諸事，奪世職。時有竊其馬者，鼇拜捕斬之，並殺御馬羣牧長。怒蒙古都統俄訥、喇哈達、宜理布於議政時不附己，即令蒙古都統不與會議。

鼇拜受顧命，名列遏必隆後，自索尼卒，班行章奏，鼇拜皆首列。日與弟穆里瑪、姪塞本特、訥莫及班布爾善、阿思哈、噶褚哈、瑪爾賽、泰必圖、濟世、吳格塞等黨比營私，凡事即家定議，然後施行。侍讀熊賜履應詔陳時政得失，鼇拜惡之，請禁言官不得陳奏。上親政，加一等公，其子納穆福襲二等公。世祖配天，加太師，納穆福加太子少師。鼇拜益專恣。戶部滿尚書缺員，欲以命瑪爾賽，上別授瑪希納，鼇拜援順治間故事，戶部置滿尚書二，强請除授。漢尚書王弘祚領部久，瑪爾賽不得自擅，乃因事齮而去之。卒，又擅予謚忠敏。工部滿尚書缺員，妄稱濟世才能，强請推補。

康熙八年，上以鼇拜結黨專擅，勿思悛改，下詔數其罪，命議政王等逮治。康親王傑書等會讞，列上鼇拜大罪三十，論大辟，幷籍其家，納穆福亦論死，上親鞫俱實，詔謂：「効力年久，不忍加誅，但褫職籍沒。」納穆福亦免死，俱予禁錮。鼇拜死禁所，乃釋納穆福。

五十二年，上念其舊勞，追賜一等阿思哈尼哈番，以其從孫蘇赫襲。蘇赫卒，仍以鼇拜孫達福襲。世宗立，賜祭葬，復一等公，予世襲，加封號曰超武。乾隆四十五年，高宗宣諭羣臣，追覈鼇拜功罪，命停襲公爵，仍襲一等男；並命當時爲鼇拜誣害諸臣有褫奪世職者，各旗察奏，錄其子孫。

穆里瑪，衞齊第六子。衞齊卒，襲世職牛彔章京，授一等侍衞。順治初，遷甲喇額眞。世職累進一等阿達哈哈番兼拖沙喇哈番。從征金聲桓，克饒州，遂下南昌。十七年，擢工部尚書，並授本旗滿洲都統。李自成將李來亨等降於明，竄伏鄖、襄山中，出劫掠爲寇。康熙二年，授穆里瑪靖西將軍，圖海定西將軍，率師討之。來亨擁衆據茅麓山，穆里瑪督兵攻圍，九戰皆捷。來亨等夜襲總督李國英、提督鄭蛟麟營，穆里瑪赴援，大破之，來亨自焚死，餘衆降。論功，超進一等阿思哈尼哈番。鼇拜得罪，坐死。

班布爾善，太祖諸孫輔國公塔拜子也。初封三等奉國將軍，累進輔國公。康熙六年，以領侍衛內大臣拜秘書院大學士，諂事鼇拜。及事敗，王大臣劾奏班布爾善大罪二十一，坐絞。

同時坐鼇拜黨罪至死者，吏部尚書阿思哈、侍郎泰必圖、兵部尚書噶褚哈、工部尚書濟世、內秘書院學士吳格塞及鼇拜姪塞本特、訥莫、瑪爾賽，追奪官爵，削諡。

論曰：四輔臣當國時，改世祖之政，必舉太祖、太宗以爲辭。然世祖罷明季三餉，四輔臣時復徵練餉，並令併入地丁考成。此非太祖、太宗舊制然也，則又將何辭？索尼忠於事主，始終一節，錫以美諡，誠無愧焉。蘇克薩哈見忌同列，遂致覆宗。遏必隆黨比求全，幾及於禍。鼇拜多戮無辜，功不掩罪。聖祖不加誅殛，亦云幸矣。

清史稿卷二百五十

列傳三十七

李霨 孫廷銓 杜立德 馮溥 王熙弟燕 吳正治 黃機
宋德宜子駿業 伊桑阿子伊都立 阿蘭泰子富寧安 徐元文弟秉義

李霨，字坦園，直隸高陽人，明大學士國縉子。少孤，劬學自厲。順治三年，成進士，選庶吉士，授檢討，進編修。十年，世祖親試習國書翰林，霨列上等，擢中允。累遷秘書院學士。時初設日講官，霨與學士麻勒吉、胡兆龍，侍讀學士折庫納，洗馬王熙，中允方懸成、曹本榮等並入直。尋充經筵講官。十五年，拜秘書院大學士。內三院改內閣，以霨爲東閣大學士，兼工部尚書，加太子太保。以票擬疏誤，鐫四秩。未幾，復官，任事如故。偕大學士巴哈納等校定律例。

十八年，聖祖卽位，復內三院，以霨爲弘文院大學士。時四大臣輔政，決機務，或議事齟齬，霨輒默然，既乃出片言定是非，票擬或未當，不輕論執。每於談笑間婉言曲喻，徐使更正。其間調和匡救，保護善類，霨有力焉。

康熙八年夏，旱，奉詔清刑獄，釋繫囚，多所平反。明年，復內閣，霨以保和殿大學士兼戶部尚書。與修世祖實錄，充總裁官。十一年，書成，賜銀幣、鞍馬，晉太子太傅。未幾，三藩叛，繼以察哈爾部作亂。上命將出征，凡機密詔旨，每口授霨起草，退直嘗至夜分，或留宿閣中。所治職務，出未嘗告人，忠謹愼密，始終匪懈。二十一年，重修太宗實錄成，進太子太師。

臺灣初定，提督施琅請設官鎭守，廷議未決。有謂宜遷其人、棄其地者，上問閣臣，霨言：「臺灣孤懸海外，屛蔽閩疆。棄其地，恐爲外國所據；遷其人，慮有姦宄生事。應如琅議。」上韙之。二十三年，卒，謚文勤。

霨弱冠登第，大拜時年裁三十有四，風度端重，內介外和。久居相位，尤嫻掌故，眷遇甚厚。四十九年，上追念前勞，超擢其孫工部主事敏啓爲太常寺少卿。

孫廷銓，初名廷鉉，字枚先，山東益都人。明崇禎進士，任永平推官。順治元年，授天津推官。二年，以巡撫雷興薦，擢吏部主事，歷郞中。與曲沃衞周祚同官文選司，有聲於時。累遷左通政。十年，擢戶部侍郎。以大學士洪承疇薦，召對。尋坐事，罰俸，論告歸。還朝，改兵部，擢尙書。

十三年，調戶部。廷銓以歲會無總錄，無以劑盈絀之宜，殫心綜覈，錢穀舊隸諸部者，各還所司，條貫釐然。歲會之成自此始。十四年，疏言：「山東、河南荒田，請招民墾闢。其已熟者，淸釐賦額，無使隱漏。」上從其言。

十五年，調吏部，加太子太保。十六年，諭獎其勤勞，加少保。廷銓疏請復學道陞補舊制，下所司集議，如廷銓請。時吏部銓除，一事數例，吏胥因緣爲奸。給事中楊雍建、胡爾愷、黏本盛、孫際昌、王啓祚，御史許劭昕，交章發其弊，且劾廷銓因循爲所蔽，奪加銜，罰俸。十七年，疏言：「新闢邊疆員缺，督撫委用，卽予實授，與部選之員，一體遷轉。蒞事未久，輒移內地，請定爲試署二年，乃予實授。」又言：「司道不宜輕易，非大計處分及貪酷被糾者，遇降革，仍留任。」皆從之。又因旱，疏請寬考成，興屯政。上命兵部議屯政，而詢廷銓請寬考成議中有云「積資累薦，棄以一眚」語，何所指？廷銓言：「積疲州縣，久累人材，宜稍寬減觀後效，非爲處分人員求免。」

世祖崩，二十七日制滿。廷銓發議尊皇太后爲太皇太后，上所生母爲皇太后，率九卿上請舉大禮疏。及議大行皇帝謚號，廷銓曰：「大行皇帝龍興中土，混一六合，功業同於開創。宜諡爲高皇帝。衆皆和之，而輔臣鼇拜持異議，遂定諡章皇帝。時太祖諡武皇帝，故廷銓議如是。時論頗歸之。

康熙二年，拜秘書院大學士。奉職勤慎，終歲未嘗休沐。逾年，以父母年老，解職歸養，閉戶卻掃，不與外事。十三年，卒，諡文定。

杜立德，字純一，直隸寶坻人。明崇禎進士。順治元年，以順天巡撫宋權薦，授中書科中書。二年，考選戶科給事中。疏陳：「治平之道有三：一曰敬天。君爲天之子，當修省以迓天休。今秦、晉、燕畿水旱風雹，天心示警。凡開誠布公，懋德敦行，皆敬天事也。一曰法古。古者事之鑑，是非定於一時，法則昭於百代。故合經而後能權，遵法而後能創。凡建學明倫，立綱陳紀，皆法古事也。一曰愛人。自大臣以至百姓，宜一視同仁。且無論新舊，悉存棄短取長之心。凡親賢納諫，尙德緩刑，皆愛人事也。」上以其有裨治理，深嘉納之。又累疏言：「牧民之官，宜久任以驗成功。凡遇賑蠲，宜分別款項，豫行頒示，使小民咸喻，胥吏不能爲姦。」「條編法簡易便民。軍興草豆無定額，宜敕部定價值，使民先事爲備。」皆下部議行。累遷戶科都給事中。疏言：「漕運叢弊，今漕臣庫禮搜獲運官使費册三十本送部。請敕窮究，以釐姦弊。」再遷吏科都給事中。八年，疏請舉行經筵，擇廷臣經明行修者爲講官，以裨聖治；又請定朝期，肅禁地，杜加派。上甚韙之。

初，睿親王多爾袞攝政，給事中許作梅，御史吳達、李森先、桑芸等交章劾大學士馮銓姦貪狀，疏上旬日，未下廷議。立德請令滿、漢大臣集議，以伸公論，鼓直言之氣；並及馬士英、阮大鋮、宋企郊等，在前朝或納賄招權，或煽惡流毒，今並逋逃，宜急捕誅，以彰法紀。下刑部，以事在赦前，寢其議。世祖親政，銓旣黜，立德因言作梅等前以劾銓爲所切齒，又僉都御史趙開心素爲銓所忌，相繼搆陷去官，乞矜察。由是開心等俱起用。

立德尋遷太常寺少卿，超擢工部侍郎，調兵部。畿輔水災，奉詔賑濟大名，全活甚衆。再調吏部，以父憂去。坐兵部任詿誤，鐫秩調用。服闋，除太僕寺卿，擢刑部侍郎。十六年，加太子少保銜。領侍衞內大臣額爾克岱青家奴縛侍衞誣訴，部議罪侍衞，下內大臣索尼等察實，立德奪加銜。十六年，擢尙書。

立德治獄仁恕，上聞其用法平，深嘉之。嘗入對，旣出，上顧左右曰：「此新授刑部尙書杜立德也！不貪一錢，亦不妄殺一人。」康熙元年，調戶部。考滿，復加太子少保。三年，調吏部。八年，拜國史院大學士。聖祖親政，乾淸宮成，擇日臨御，欽天監奏吉神在隅，不宜從中門入。立德言：「紫微帝星所在，吉神拱向。皇上遷正新宮，臣庶觀瞻，應從中門入。監臣所奏非是。」上從其言。九年，改保和殿大學士，兼禮部尙書，進太子太傅。

三藩事起，立德與李霨、馮溥參預機務。從容整暇，中外相安。廣東平，所司具正雜賦稅之數以聞。立德言：「廣東雜稅多尙之信所加，爲民間大累，非朝廷正額。今變亂甫定，宜與民休息。其除之便。」上從之。十八年，自陳乞休。其秋地震，復請罷，詔輒慰留。雲南平，議頒恩赦，立德告病未與議，遣大臣持詔旨就其家諮詢，俟還奏乃下詔。一日，上顧閣臣，謂在廷諸臣誰堪大用者，立德面疏數人以對。比退，人訝其不稍引嫌，答曰：「自筮仕以來，惟此心可邀帝鑒。他非所計也。」

二十一年夏，復乞休，上許之，賜御製詩及「怡情洛社」篆章，馳驛遣行人護歸。太宗實錄成，進太子太師，賜銀幣、鞍馬。二十六年，太皇太后喪，立德詣京師哭臨，上念其老病不任拜起，命學士張英扶掖以行，慰勞甚至。三十一年，卒，年八十一，上聞，諭大學士曰：「杜立德秉性厚重，行事正大。直言敷奏，不肯苟隨同列。可謂賢臣！」賜祭葬如禮，諡文端。三十九年，帝南巡，其子恭儉迎駕三河，上問立德葬所，手書「永言惟舊」四字賜之，命揭諸阡。恭儉官廣信知府，好義，善濟人急。

馮溥，字孔博，山東益都人。順治三年進士，選庶吉士，授編修。累遷秘書院侍讀學士，直講經筵。世祖幸內院，顧大學士曰：「朕視馮溥乃眞翰林也！」十六年，擢吏部侍郎。

會各省學道缺，部郎不足，以知府補之。已，會禮部議奏，時尚書孫廷銓、侍郎石申並乞假；給事中張維赤因劾溥徇私，溥疏辨。上曰：「朕知溥不爲也！」置勿問。明年，京官三品以上自陳，忽嚴旨黜滿尚書科爾坤及兩侍郎，獨留漢官在部。溥與廷銓疏言：「部事滿、漢同治，今滿臣得罪，漢臣安得免，乞並黜。」詔供職如故。

康熙初，停各省巡按，議每省遣大臣二人廉察督撫。吏部尚書阿思哈、侍郎泰必圖議設公廨，頒册印。溥謂：「國家設督撫，皆重臣。今謂不可信，復遣兩大臣監之。權旣太重，勢復相軋，保無屬吏仰承左右啓隙端？」泰必圖性暴伉，聞溥言，恚，瞋目攘臂起。溥徐曰：「會議也，獨不容吾兩議耶？且可否自有上裁，豈敢專主？」疏入，上然溥言，事遂寢。御史李秀以考績黜，後夤緣得復官，劾溥爲故相劉正宗黨，主銓時違例徇私，溥疏辨，嚴旨責秀誣訐。六年，遷左都御史。內閣有紅本，已發科鈔，輔臣鼇拜取回改批。溥抗言：「本章旣批發，不便更改。」鼇拜欲罪之，上直溥，戒輔臣詳愼。盛京工部侍郎缺，已會推，奉旨以規避者多，不旬日三易其人。溥疏言：「王言不宜反汗，當愼重於未有旨之先，不當更移於已奉旨之後。」首輔班布爾善寢其奏，上聞，取溥疏覽之，稱善，飭部施行。

八年夏，旱，應詔陳言，請省刑薄稅。略謂：「古者罪人不孥，今一事牽連佐證，或數人，或數十人。往往本犯尚未審明，而被累致死者已多。且或遲至七八年尚未結案，遂致力穡供稅之人，拋家失業。請敕部嚴禁。百姓之財，不過取之田畝。今正月已開徵，舊稅之逋甫償，新歲之田未種，錢糧從何辦納？請敕部酌議。自後徵賦，緩待夏秋。」下戶、刑二部議。刑部議，承審强盜、人命重案，限一年速結，不得牽累無辜，督撫及承審官隱漏遲延皆有罰。戶部議，春季兵餉不能待至夏秋，仍舊例便。得旨，俟國用充足，戶部奏請更定。戶部吏陳一魁冒領清苑等縣錢糧事發，溥言：「錢糧者百姓之脂膏也，其已輸在官，則朝廷之帑藏也。若任胥吏侵盜，職掌謂何？請嚴定所司處分，懲前毖後。」擢刑部尙書。十年，拜文華殿大學士。疏言：「直隸、山東、河南、山西、陝西米麥豐收，穀價每斗值銀三四分。當此豐稔之時，宜廣積貯，以備凶年。」

先是，溥以衰病累疏乞休，上曰：「卿六十四歲，未衰也，俟七十乃休耳。」自吳三桂反，軍事旁午，乃不敢復言。十四年，建儲禮成，內閣議恩赦，滿大臣以八旗逃人應不赦，溥不可，遂兩議以進。詔下閣臣畫一奏聞，有謂當從滿大臣議者，溥持之力，仍以兩議進，上卒從之。十七年，福建平，溥以年屆七十，復申前請，上仍慰留。二十一年秋，詔許致仕，遣官護行馳驛如故事。比將歸，詣闕謝，賜遊西苑，內侍攜酒果，所至坐飮三爵。臨發，疏請清心省事，與民休息，言甚切，溫旨報聞。賜御製詩及「適志東山」篆章，命講官牛鈕、陳廷敬傳諭曰：「朕聞山東仕於朝者，彼此援引，造爲議論，務有濟於私，又居鄉多擾害地方，朕審知其弊。馮溥久居禁密，可教訓子孫，務爲安靜。」太宗實錄成，加太子太傅。三十年，卒，年八十三，諡文毅。

溥居京師，闢萬柳堂，與諸名士觴詠其中。性愛才，聞賢能，輒大書姓名於座隅，備薦擢。一時士論歸之。

王熙，字子雍，順天宛平人。父崇簡，明崇禎十六年進士。順治三年，以順天學政曹溶薦，補選庶吉士，授檢討。累遷禮部尚書，加太子少保。嘗疏請賜卹明季殉難范景文、蔡懋德等二十八人，又議帝王廟罷宋臣潘美、張浚從祀，北岳移祀渾源，皆用其議。十八年，引疾解職。康熙十七年，卒，諡文貞。

熙，順治四年進士，選庶吉士，授檢討。累遷右春坊諭德。召直南苑。譯大學衍義，充日講官，進講稱旨。累擢弘文院學士。時崇簡方任國史院學士，上曰：「父子同官，古今所罕。以爾誠恪，特加此恩。」十五年，擢禮部侍郎，兼翰林院掌院學士。考滿，加尚書銜。時崇簡爲尚書，父子復同官。十八年正月，上大漸，召熙至養心殿撰遺詔，熙伏地飲泣，筆不能下，上諭勉抑哀痛，即御榻前先草第一條以進。尋奏移乾清門撰擬，進呈者三，皆報可。是夕上崩，聖祖嗣位，熙改兼弘文院學士。

康熙五年，遷左都御史。時三藩擁兵踰制，吳三桂尤崛强，擅署官吏，寖驕蹇，萌異志。子應熊，以尙主居京師，多聚姦人，散金錢，交通四方。熙首疏請裁兵減餉，略言：「直省錢糧，半爲雲、貴、湖廣兵餉所耗。就雲、貴言，藩下官兵歲需俸餉三百餘萬，本省賦稅不足供什一，勢難經久。臣以爲滇、黔已平，綠旗額兵亟宜汰減，卽藩下餘丁，亦宜散遣屯種，則勢分而餉亦裕。」復疏言：「閩、廣、江西、湖廣等省官吏，挾貲貿易，與民爭利。或指稱藩下，依勢橫行。宜飭嚴禁。」又言：「近例招民百家送至盛京，得授知縣。不肖姦人，借資爲市，貽害地方，宜改給散秩。現任官吏捐輸銀米，博取議敍，名出私橐，實取諸民，宜一切報罷。」上俱從之。

七年夏，旱，金星晝見，詔求直言。熙疏言：「世祖章皇帝精勤圖治，諸曹政務，皆經詳定。數年來有因言官條奏改易者，有因各部院題請更張者，有會議興革者，則例繁多，官吏奉行，任意輕重。請敕部院諸司詳察現行事例，有因變法而滋弊者，悉遵舊制更正。其有從新例便者，亦條晰不得不然之故，裁定畫一。」上命各部院條議，遵舊制，删繁例，凡數十事。遷工部尙書。

十二年，調兵部。是年冬，三桂反，京師聞變，都城內外一夕火四起，皆應熊黨爲之也。明年三月，用熙言誅應熊。尋命熙專管密本。漢臣與聞軍機自熙始。十七年，以父憂去。二十一年，卽家拜保和殿大學士，兼禮部尚書。時三藩旣平，熙以和平寬大，宣上德意，與民休息。造次奏對，直陳無隱，上每傾聽。太祖實錄成，加太子太傅。三十一年，以疾累疏乞休，溫旨慰留。四十年，詔許致仕，晉少傅。明年上元節，賜宴其家，遣官齎手敕存問。四十二年，卒，上命皇長子直郡王允禔、大學士馬齊臨喪，行拜奠禮，擧哀酹酒，恩禮有加，諡文靖。

熙持大體，有遠慮。平定三藩後，開方略館。一日，上諭閣臣：「當三桂反時，漢官有言不必發兵，七旬有苗格者。」又其時漢官多移妻子回家，顧學士韓菼曰：「汝爲朕載之！」菼退而皇恐。熙乃昌言閣中曰：「『有苗格』乃會議時魏象樞語。告者截去首尾，遂失其本意。然如其言，豈非誤國？移家偶然耳，日久何從分別，其移者豈非背主？漢官負此兩大罪，何顏立朝？」翌日入見，執奏如閣中語，上許之。

熙子克善、克勤，皆世祖命名。克善能文，熙不令與試。遇鄉、會典試，熙輒注假，以聖祖方惡漢人師生之習，故尤愼之。二十七年，典會試，蓋特命也。雍正中，入祀賢良祠。

弟燕，字子喜，以父廕，任戶部郞中。出爲鎭江知府，擢江蘇按察使，治獄稱平。遷湖廣布政使，巡撫貴州，建學設官，減賦稅，敎養兼施，善拊循苗人，頒條敎，飭州縣無縱姦人詭索土司。撫黔三年，移疾歸，卒。

吳正治，字當世，湖北江夏人。順治六年進士，選庶吉士，授國史院編修。丁母憂，服闋，起故官。遷右庶子。十五年，特簡翰林官十五人外用，正治與焉，得江西南昌道。遷陝西按察使。所至以清廉執法著稱。十七年，內擢工部侍郎，調刑部。平亭疑獄，釋江南逋賦無辜諸生二百餘人。疏論奉行赦款宜速，丈量田地宜停，禁狀外指扳，嚴婦女私嫁，皆著爲令。

康熙八年，以父憂去。起兵部督捕侍郎，充經筵講官。十二年，遷左都御史。疏言：「緝逃事例，首嚴窩隱。一有容留，雖親如父子，即坐以罪，使小民父子視若仇讐。伏讀律有親屬容隱之條，惟叛逆者不用此律。逃人乃旗下家人之事，與叛逆輕重相懸。請自今有父子窩逃，被人舉發者，逃犯治罪，免坐窩隱。若容留逾旬，父子首報者，逃犯依自首例減罪。則首報者多，逃人易獲。朝廷之法與天性之恩，兩不相悖矣。」又言：「今歲雨澤愆期，方事祈禱。近因直隸多盜，廷議於玉田、灤州、霸州、雄縣增設駐防旗兵，搆建營房，勞民動衆，應暫停止。俟農隙時酌行。」疏入，下部議，俱如所請。先是睿親王多爾袞當國，嚴旗下逃人之禁，鰲拜繼之，禁益嚴。株連窮治，天下囂然，而圈地建營房，凡涉旗務，漢大臣莫敢置喙。自正治疏出，逃人禁稍寬，營房亦罷建，世多以是稱之。

尋遷工部尚書，調禮部。十八年，自陳乞休，詔嘉其端勤誠愼，慰留之。二十年，拜武英殿大學士。時修太祖實錄、聖訓、會典、方略、一統志，俱充總裁官，加太子太傅。

正治守成法，識大體。一日，聖祖閱朝審册，有以刃刺人股致死而抵法者，上曰：「刺股傷非致命，此可寬也。」正治對曰：「當念死者之無辜。」他日，又閱册，有囚當死，上問此囚尚可活否，衆皆以情實對。正治曰：「皇上好生之德，臣等敢不奉行。」退而細勘，得可矜狀，遂從末減。二十六年，復疏乞休，詔許原官致仕。三十年，卒，謚文僖。

黃機，字次辰，浙江錢塘人。順治四年進士，選庶吉士，授弘文院編修。世祖幸內院，詢機里籍官職，命與侍講法若眞、修撰呂宮、編修程芳朝撰柳下惠不以三公易其介論，上覽畢，賜茶。授左中允，尋遷弘文院侍讀。

十二年，機疏言：「自古仁聖之君，必祖述前謨，以昭一代文明之治。今纂修太祖、太宗實錄告成，乞敕諸臣校定所載嘉言嘉行，仿貞觀政要、洪武寶訓諸書，輯成治典，頒行天下。尤願萬幾之暇，朝夕省覽。法開創之維艱，知守成之不易，何以用人而收羣策之效？何以納諫而宏虛受之風？何以理財而裕酌盈劑虛之方？何以詳刑而無失出失入之患？力行身體，則動有成模，紹美無極。」上俞之，詔輯太祖、太宗聖訓，以機充纂修官。累遷國史院侍讀學士，擢禮部侍郞。

康熙六年，進尙書。疏言：「民窮之由有四：雜捐私派，棍徒嚇詐，官貪而兵橫。請嚴察督撫，舉劾當否，以息貪風、甦民命。各省藩王、將軍、提、鎭有不法害民之事，許督撫糾劾。請飭破除情私，毋更因循，貽誤地方。」七年，調戶部，再調吏部。機以疏通銓法、議降補官對品除用，爲御史季振宜所劾。既而給事中王曰溫劾故庶吉士王彥卽機子黃彥博，欺妄，應罷黜。機以彥與彥博姓名不同，且彥博死已久，疏辨，得免議。尋以遷葬乞假歸，而論者猶不已。

十八年，特召還朝，以吏部尙書銜管刑部事。御史張志棟言機老成忠厚，然衰邁，恐誤部事，應令罷歸。上以志棟言過當，命機供職如故。明年，授吏部尙書。以年老請告，詔慰留。二十一年，拜文華殿大學士，兼吏部。逾年，復乞休，許以原官致仕，遣官護行馳驛如故事。二十五年，卒，諡文僖。

宋德宜，字右之，江南長洲人。父學朱，明御史，巡按山東，死於難。德宜年十七，伏闕請卹，與兄德宸、弟德宏並著文譽。順治十二年，成進士，選庶吉士，授編修。累遷國子監祭酒，嚴立條教，六館師生咸敬憚之。聖祖親政，釋奠太學，御彝倫堂，命德宜東嚮坐，講周易乾卦辭，稱旨。遷翰林院侍讀學士，擢內閣學士。

德宜風度端重，每奏事，輒當上意。康熙十一年，扈蹕塞外，上從容詢及江南逋賦之由，德宜極言蘇、松賦役獨重，民力凋敝，上爲動容。詔明年蠲蘇、松四府錢糧之半。遷戶部侍郎，發龍江關大使李九官餽遺，上嘉其不私，褫九官職。尋調吏部。

十五年，擢左都御史。時陝、甘、閩、粵漸已底定，惟吳三桂未平。德宜疏言：「三桂所恃，不過鎗砲，鎗砲專藉硝黃。硝黃產自河南、山西，必奸民圖利私販，請飭嚴禁。」上以督、撫、提、鎮稽察不嚴，下兵、刑二部嚴定處分。德宜又疏言：「頻年發帑行師，度支不繼。皇上允廷臣之請，開例捐輸。三年所入，二百萬有餘。捐納最多者，莫如知縣，至五百餘人。始因缺多易得，踴躍爭趨。今見非數年不得選授，徘徊觀望。請敕部限期停止，愼重名器。」又疏言：「沿海居民，以漁爲生。佐賦稅，備災荒，而利用通商，又立市舶之制。本朝以海氛未靖，立禁甚嚴。近者日就蕩平，宜及此時招攜撫恤。沿海居民，以捕魚爲業。商人通販海島，皆許其造船出海，官給印票，仿舊例輸稅。人口商貨，往來出入，咸稽核之。」事並下所司議行。

十七年，疏言：「自三桂煽亂，各路統兵大將軍以下，亦有玩寇殃民，營私自便。或越省購買婦女，甚者掠奪民間財物，稍不如意，卽指爲叛逆。今當剋期滅賊，尤恐借端需索。

請嚴飭。」上下王大臣申禁。山東提督柯永蓁縱兵鼓譟，德宜劾奏，上命逮治。

孝昭皇后崩，德宜上疏請秉禮節哀，並言：「宵旰憂勤，天顏清減。昔唐太宗銳意勤學，劉洎諫以多記損心。宋儒程頤亦曰：『帝王之學，與儒生不同。』伏願紬繹篇章，略方名象數之繁，擇其有關政治、裨益身心者而討論之。稍節耳目之勞，用葆中和之德。」上嘉納焉。遷刑部尚書，調兵部。

四川初定，大軍糗糧皆運自陝西，出棧道，顚踣相望，陝西民大困。工部侍郎趙璟、金鼐疏上陳，德宜因言：「大軍下雲、貴，需餉孔亟。秦、蜀互相推諉，皆由總督分設。川、陝設一總督，則痛癢相關，隨地調發，可以酌劑均平。」詔如議行。靖逆將軍張勇以甘肅防邊事重，請緩裁前此添設官兵，部臣議如所請，德宜獨謂：「當日河東有兵事，添設官兵，事平應卽裁汰。將軍標下前以步兵二千名改爲馬兵，今宜復原，定經制馬六步四。惟以防邊添設之兵，無可議裁。」上遣尙書折爾肯往會勇等閱核，留河州、寧夏添設兵，餘仍復原定經制，如德宜議。迨三藩平，軍中俘獲婦女，並籍旗下。德宜言宜聽收贖，所釋甚衆。

調吏部。左都御史魏象樞、副都御史科爾崑等劾德宜會推江西按察使事失當，德宜疏辨，部議降五級。上以會推原令各出所見，免德宜處分。二十三年，拜文華殿大學士。重修太宗實錄成，加太子太傅。

德宜嚴毅木訥，然議國家大事，侃侃獨攄所見。居官廉謹，未仕時有宅一區，薄田數頃；既貴，無所增益，門巷蕭然。二十六年，卒，謚文恪。

子駿業，自副貢授翰林院侍詔，直御書處，歷兵科給事中。康熙四十一年，疏劾湖廣總督郭琇、提督林本植、巡撫金璽、總兵雷如等辦理苗疆剿撫失宜，鞫實，琇等降革有差。終兵部侍郎。

伊桑阿，伊爾根覺羅氏，滿洲正黃旗人。順治九年進士，授禮部主事。累擢內閣學士。康熙十四年，遷禮部侍郎，擢工部尚書，調戶部。時吳三桂踞湖南，廷議創舟師，自岳州入洞庭，斷賊餉道，命伊桑阿赴江南督治戰艦。明年，復命偕刑部侍郎禪塔海詣茶陵督治戰艦。

二十一年，黃河決，命往江南勘視河工，以布政使崔維雅隨往，維雅條上治河法，與靳輔議不合。伊桑阿因請召輔面詢，上以維雅所奏無可行，寢之。尋疏陳黃河兩岸隄工修築不如式，奪輔職，戴罪督修。復命籌海運，疏言：「黃河運道，非獨輸輓天庾，卽商賈百貨，賴以通行，國家在所必治。若海運，先需造船，所費不貲；且膠、萊諸河久淤，開濬匪易。」上是之。是年冬，俄羅斯犯邊，命往寧古塔造船備徵調。再調吏部。

二十三年夏，旱，偕王熙等清刑獄。其秋，扈蹕南巡，命閱視海口。疏言車路、串場諸河及白駒、草堰、丁溪諸口，宜飭河臣疏濬，引流入海。歷兵、禮二部尚書。二十七年，拜文華殿大學士，兼吏部，充三朝國史總裁。三十六年，上親征噶爾丹，命往寧夏安設驛站，事平，與大學士阿蘭泰充平定朔漠方略總裁官。

居政府十五年，尤留意刑獄，每侍直勾本，上有所問，輒能舉其詞，同列服其精詳。上嘗御批本房，伊桑阿與大學士王熙、吳琠及學士韓菼等以折本請旨，上曰：「人命至重，今當勾決，尤宜詳慎。爾等苟有所見，當盡言。」伊桑阿乃舉可矜疑者十餘人，皆得緩死。上徐曰：「此等所犯皆當死，猶曲求其可生之路，不忍輕斃一人。因念淮、揚百姓頻被水害，死者不知凡幾。河患不除，朕不能暫釋於懷也！」伊桑阿陳災民困苦狀，上曰：「百姓既被水害，必至流離轉徙。田多不耕，賦安從出？今當預免明年田賦，俾災黎於水退時思歸故鄉，粗安生業。」伊桑阿等皆頓首，遂下詔免淮、揚明年田賦。

三十七年，以年老乞休。上諭阿蘭泰曰：「伊桑阿厚重老成，宣力年久。爾二人自任閣事，推誠布公，不惟朕知之，天下無不知者。伊桑阿雖年老求罷，朕不忍令去也。」四十一年，復以病告，詔許原官致仕。逾年卒，謚文端。乾隆中，入祀賢良祠。

子伊都立，自舉人任內務府員外郎，歷刑部侍郎，巡撫山西。坐事奪職。雍正七年，命赴大將軍傅爾丹軍治糧餉，授額外侍郎。十三年，以侵蝕軍糧事覺，褫職下獄，論大辟。乾隆七年，赦釋。

阿蘭泰，富察氏，滿洲鑲藍旗人。性敏慎。初授兵部筆帖式。康熙初，累遷職方郎中。三藩事起，專司軍機文檄。議政王大臣以勤勞詳慎疏薦，得旨以三品卿用。二十年，擢光祿寺卿，遷內閣學士，充平定三逆方略副總裁，兼充明史總裁。二十二年，遷兵部侍郎，兼管佐領。擢左都御史。上閱方略，以敍事多舛錯，諭閣臣曰：「平逆始末，阿蘭泰知之甚詳，可與酌改，務期紀載得實。」遷工部尚書。累調吏部。二十八年，上以雨澤愆期，命偕尚書徐元文慮囚，奏減罪可矜疑者四十五人。是年拜武英殿大學士。陝西饑，命阿蘭泰與河督靳輔議運江、淮糧米自黃河泝西安，以備積儲。

三十四年，上出古北口巡歷塞外，命留京綜閱章奏。明年，上親征噶爾丹，阿蘭泰仍留京，與尚書馬齊、佛倫宿衞禁城。其秋，隨駕出歸化城，駐蹕黃河西界，經畫軍務。以扈從勞，賜內廐馬。厄魯特台吉丹濟拉來降，上駐蹕翰特穆爾嶺，召入見，阿蘭泰及郎中阿爾法引之入御幄，上屏左右，令阿蘭泰等出，獨與丹濟拉語良久。及退，召阿蘭泰諭曰：「爾偕降人入，以防不測，意甚善。朕令爾出，欲推誠示不疑耳。」

三十七年，與伊桑阿俱以年老善忘奏解閣務，上曰：「大學士重任，必平坦雍和、任事謹愼者方爲稱職。至於記事，可令學士任之。」明年，卒。方病劇，上欲臨視，遣皇子先往，而阿蘭泰已卒。上爲輟朝一日，遣皇子及內大臣奠醊，贈太子太保，加贈少保，謚文淸。

阿蘭泰操行淸謹，處政府遠權勢，人莫敢干以私，以是爲上所重。後上與大學士論內閣舊臣，稱阿蘭泰能强記，且善治事云。

子富寧安，初襲其從祖尼哈納拜他喇布勒哈番世職。自侍衞歷官正黃旗漢軍都統，改授左都御史，遷吏部尙書。富寧安內行修篤，事親至孝，聖祖亟稱之，又嘗諭廷臣曰：「富寧安自武員擢用，人皆稱其操守，是以授爲吏部尙書。今部院中欲求淸官甚難，當於初爲筆帖式時，卽念日後擢用，可爲國家大臣，自立品行也。」

五十四年，策妄阿喇布坦侵哈密，命富寧安赴西寧視師，許以便宜調遣。賊旋遁，詔緩進兵，回駐肅州，經理糧馬。五十六年，授靖逆將軍，駐軍巴里坤，與將軍傅爾丹等分路規賊。旋率兵襲擊厄魯特邊境，進屯烏魯木齊，屢敗賊。五十九年，進兵烏蘭烏蘇，遣侍衞哲爾德等分道襲擊，斬獲甚衆；別遣散秩大臣阿喇納等諭降闢展回人，進擊吐魯番，降其酋長，獲駝馬無算。時策妄阿喇布坦挾所屬吐魯番回人偕徙，中道多遁歸，命富寧安收撫其衆。未幾，賊復來犯，遣將援勦，自率兵進駐伊勒布爾和碩，調遣策應。會阿喇納連敗賊，竄走，乃還駐巴里坤。六十一年，疏言：「嘉峪關外、布隆吉爾之西，爲古瓜、沙、燉煌地。昔吐魯番建城屯種，遺址猶存，若駐兵屯牧，設總兵官一人統之，可扼黨色爾騰之路。」又請專遣大臣領屯田糧儲及牧駝運糧事，上可其奏。

世宗卽位，授武英殿大學士，管軍務如故。雍正四年，還朝，賜御用冠服、雙眼花翎、黃轡鞍馬，並諭王大臣：「富寧安端方廉潔，年來領兵將軍聲名無出其右者。」授世襲侯爵。尋進一等侯，加太子太傅，署西安將軍。六年，坐事奪爵，仍留大學士任。是年卒於西安，謚文恭，與父阿蘭泰同祀賢良祠。

徐元文，字公肅，江南崑山人。初冒姓陸，通籍後復姓。少沉潛好學，與兄乾學、弟秉義有聲於時，稱爲「三徐」。

元文舉順治十六年進士第一，世祖召見乾清門，還啓皇太后曰：「今歲得一佳狀元。」賜冠帶、蟒服，授翰林院修撰。從幸南苑，賜乘御馬。嘗奉命撰孚齋說，孚齋，世祖讀書所也，上覽之稱善，命刊行。康熙初，江南逋賦獄起，元文名麗籍中，坐謫鑾儀衞經歷，事白，復原官。丁父憂，居喪行古禮。起補國史院修撰，累遷國子監祭酒，充經筵講官。元文閑雅方重，音吐宏暢，進講輒稱旨。元文疏請「敕直省學臣間歲一舉優生，鄉試仍復副榜額，俱送監肄業」。並著爲令。復請永停納粟，章下所司。居國學四年，端士習，正文體，條教大飭。其後上語閣臣：「徐元文爲祭酒，規條嚴肅。滿洲子弟不率教者，輒加撻責，咸敬憚之，後人不能及也。」十三年，遷內閣學士，改翰林院掌院學士，充日講起居注官，敎習庶吉士。

先是熊賜履在講筵，累稱說孔、孟、程、朱之道，上欲博覽前代得失之由，命詞臣以通鑑與四書參講。元文因取朱子綱目，擇其事之繫主德、裨治道者，採取先儒之說，參以臆斷，演繹發揮，按期進講。尋以母憂歸。十八年，特召監修明史，疏請徵求遺書，薦李清、黃宗羲、曹溶、汪懋麟、黃虞稷、姜宸英、萬言等，徵入史館，不至者，錄所著書以上。尋補內閣學士。時有議遣大臣巡方者，元文言於閣中曰：「巡方向遣御史，以有臺長約束，故僨事者鮮。若遣大臣，或妄作威福，誰能禁之？」因入告，事得寢。

明年，擢左都御史。會師下雲南，吳三桂之徒多率衆歸附，耗餉不貲。元文疏言：「三桂遺孽，旦夕伏誅。凡脅從之衆，恩許自新。若仍留本土，既非永久之規；移調他方，亦多遷徙之費。統以別將，則猜疑未化，終涉危嫌；攝之歸旗，則放恣旣久，猝難約束。請以武職及入伍者，與綠旗一體錄用。餘俱分遣爲民，以裕餉需。至耿精忠、尙之信、孫延齡舊隸將弁，尤宜解散，勿仍藩旗名目。」又請「革三藩虐政，在粵者五：曰鹽埠，曰渡稅，曰總店，曰市舶，曰魚課；在閩者四：曰鹽稅，曰報船，曰冒擾驛夫，曰牙行渡稅；在滇者四：曰勳莊，曰圈田，曰礦廠，曰冗兵。」疏入，俱下所司議行。

初，御史劉安國請察隱占田畝，州縣利有升敍，多捏報累民。元文力言其弊，謂名爲加稅，實耗糧戶。請飭督撫檢舉，復條列近時督撫四弊。時部例捐納官到任三年後稱職者，具題升轉；不稱職者，罷之。既，復令捐銀者免其具題，又生員得捐納歲貢。元文言捐納事例，係一時權宜，請於收復滇南之日，降詔停止，言甚剴切。

雲南平，告廟肆赦，廷臣多稱頌功德。元文獨言：「聖人作易，於泰、豐、既濟諸卦，垂戒尤切。景運方新，願皇上倍切咨儆。衆諭大小臣工，洗心滌慮，毗贊大業。勿狃目前之淺圖，務培國家之元氣。振紀綱以崇大體，核名實以課吏材，崇淸議以定國是，厲廉恥以正人心，端教化以圖治本，抑營競以儆官邪，敦節儉以厚風俗，正名分以絕姦萌，並當今急務。」上俞之。

時方嚴竄逃之禁，杭州將軍馬哈達以民間多匿逃人，請自句攝，勿移有司。元文曰：「是重擾民也。無已，當令督撫會同將軍行之。」京師姦人，多掠平民賣旗下，官吏豫印空契給之，屢發覺，元文疏請禁止。又八旗家人投水、自經，報部者歲及千人，疏請嚴定處分。上俱從之。京察計典罷官者，謀入貲捐復，元文力持不可，遂罷議。先後疏劾福建總督姚啓聖縱恣譎詐，杭州副都統高國相縱兵虐民，兩淮巡鹽御史堪泰徇庇貪官，御史蕭鳴鳳居喪蔑禮，俱讞鞫得實，惟啓聖辨釋。二十二年，以會推湖北按察使，坐所舉不實，鐫三秩調用。尋命專領史局。二十七年，復代其兄乾學爲左都御史，遷刑部尚書，調戶部。二十八年，拜文華殿大學士，兼掌翰林院事。

上南巡，幸蘇州，以江南浮糧太重，有旨詢戶部。元文考宋、元以來舊額官田、民田始末及前明歷代詔書以聞。元文在內閣，上復諭及之，元文頓首曰：「聖明及此，三吳之福也。」因下九卿議，有力尼之者，事遂寢。

元文兄乾學，豪放，頗招權利，坐論罷；而元文謹禮法，門庭肅然。二十九年，兩江總督傅拉塔劾乾學子姪交結巡撫洪之傑，招權競利，詞連元文，上置不問，予元文休致回籍。舟過臨清，關吏大索，僅圖書數千卷，光祿饌金三百而已。家居一年卒。乾學自有傳。

弟秉義，字彥和，舉康熙十二年進士第三，授編修，遷右中允。乞假歸。乾學卒，召補原官。累遷吏部侍郎。命偕刑部侍郎綏色克如陝西，讞糧鹽道黃明受賄，擬罪失當，左遷詹事。擢內閣學士，乞歸。上南巡，賜御書「恭謹老成」榜額。五十年，卒。

論曰：康熙初葉，主少國疑，滿、漢未協，四輔臣之專恣，三藩之變亂，臺灣海寇之越盪，措置偶乖，皆足以動搖國本。霨、廷銓、立德、溥當多事之日，百計匡襄；熙預顧命，參軍謀；正治等入閣，値事定後，從容密勿，隨事納忠；伊桑阿、阿蘭泰推誠布公，受知尤深。康熙之政，視成、宣、文、景駕而上之，諸臣與有功焉。

清史稿卷二百五十一

列傳三十八

圖海　李之芳

圖海，字麟洲，馬佳氏，滿洲正黃旗人。父穆哈達，世居綏芬。圖海自筆帖式歷國史院侍讀。世祖嘗幸南苑，負寶從，顧其舉止，以爲非常人。擢內秘書院學士，授拜他喇布勒哈番，遷弘文院大學士、議政大臣。順治十二年，加太子太保，攝刑部尙書事。與大學士巴哈納等同訂律例。侍衞阿拉那與公額爾克戴青兩家奴鬭於市，讞失實，坐欺罔，免死，削職。世祖崩，遺命起用。聖祖卽位，授正黃旗滿洲都統。

李自成餘衆郝搖旗、劉體純、李來亨嘯聚鄖、襄間。康熙二年，命圖海爲定西將軍，副靖西將軍都統穆里瑪，將禁旅，會湖廣、四川諸軍討之，屢破賊。未幾，郝搖旗爲副都統杜敏所擒，劉體純亦破滅，惟李來亨據茅麓山，恃險負固，圖海圍之，絕其外援。來亨窮蹙，自焚死，其下以衆降。執斬明新樂王及所署置官屬，俘三千餘以還。六年，復爲弘文院大學士，進一等阿達哈哈番。頃之，以兼都統乞解機務，不許。九年，改中和殿大學士，兼禮部尚書。

十二年，平南王尚可喜請老。七月，吳三桂繼之，實探朝旨。廷議移藩狀，莫洛、米思翰、明珠等皆主如所請，惟圖海持不可。上意決，遂黜圖海議。三桂既反，命攝戶部，理餉運。

十四年，察哈爾布爾尼劫其父阿布柰以叛。命信郡王鄂扎爲撫遠大將軍，圖海副之，討布爾尼。時禁旅多調發，圖海請籍八旗家奴驍健者率以行，在路騷掠，一不問。至，下令曰：「察哈爾元裔，多珍寶，破之富且倍！」於是士卒奮勇，無不一當百。戰於達祿，布爾尼設伏山谷，別以三千人來拒。既戰，伏發，土默特兵挫。圖海分兵迎擊，敵以四百騎繼進，力戰，覆其衆。布爾尼乃悉衆出，用火攻，圖海令嚴陣待，連擊大破之，招撫人戶一千三百餘。布爾尼以三十騎遁，科爾沁額駙沙津追斬之，察哈爾平。師還，聖祖御南苑大紅門，行郊勞禮。敍功，進一等阿思哈尼哈番。

陝西提督王輔臣以平涼叛應三桂，定西大將軍貝勒董額督諸軍攻之，久未下。三桂遣王屛藩、吳之茂等犯秦、隴，欲與平涼合。十五年，以圖海爲撫遠大將軍，八旗每佐領出護軍二名，率以往。臨發，上御太和殿賜敕印，命諸軍咸聽節制。既至，明賞罰，申約束。諸將請乘勢攻城，圖海宣言曰：「仁義之師，先招撫，後攻伐。今奉天威討叛豎，無慮不克。顧城中生靈數十萬，覆巢之下，殺戮必多。當體聖主好生之德，俟其向化。」城中聞者，莫不感泣，思自拔。五月，奪虎山墩，虎山墩者，在平涼城北，高數十仞，賊守以精兵，通餉道。圖海曰：「此平涼咽喉也。」率兵仰攻，賊萬餘列火器以拒師。圖海令兵更迭進，自巳至午，戰益力，遂奪而據之，發大礮攻城，城人洶懼。圖海用幕客周昌策，招輔臣降。

昌，字培公，荊門諸生。好奇計。佐振武將軍吳丹有勞，以七品官錄用。圖海次潼關，以策干之，客諸幕。輔臣所署置總兵黃九疇、布政使龔榮遇皆昌鄉人，屢勸輔臣反正，以蠟丸告昌，昌白圖海。圖海卽令昌入城諭降，輔臣遣其將從昌出謁，圖海聞上，上許之。乃假昌參議道，賫詔往撫。輔臣使榮遇上軍民册，子繼貞繳三桂所授敕印，顧猶觀望，復命昌偕兄子保定諭之，乃薙髮降。因令吳丹入城撫定。

吳之茂聞平涼下，自秦州遁，遣將軍佛尼勒敗之於牡丹園，又敗之於西和縣北山。將軍穆占進攻王屏藩於樂門，敗賊於紅崖，復禮縣。輔臣所署置巡撫陳彭，總兵周養民、王好問等相繼降。秦地略定。敍功，進三等公，世襲。

圖海疏請遣兵赴湖廣，會征三桂，上命圖海親率精鋭以行。圖海疏陳陝西初定、反側未安狀，乃授穆占征南將軍，率滿洲兵及平涼降卒往，圖海仍留鎭。時平涼、慶陽雖下，漢中、興安猶爲賊據。圖海奏調綠旗兵，期明年正月檄提督孫思克赴秦州，趙良棟赴鳳翔，與張勇、王進寶會師進取，勇等謂須俟夏秋。上慮克漢中、興安轉餉難，令守諸要隘，分兵赴荆州攻三桂。十六年，圖海招撫韓城等縣僞官，又遣兵逼禮縣、益門，先後敗賊五盤山、喬家山、塘坊廟、芭蕉園、沙窩諸處，復塔什堡。十七年，復疏請分兵下漢中、興安，上密諭止之。將軍佛尼勒等又敗賊牛頭山香泉，四川總督周有德亦敗賊秦嶺，復潼關堡五寨。慶陽賊袁本秀受三桂劄，謀亂。圖海發慶陽、宜君、延安三營兵，會王進寶討平之，斬本秀衞遠溝。頃之，入覲。十八年，還鎭。

湖南、廣西平。上命亟攻寶雞，規取漢中、興安，定四川。圖海乃厲師攻益門鎭，破之。會賊毀偏橋，兵不得進，狀聞，詔嚴責。乃決策期分四路：圖海親率將軍佛尼勒等趨興安，總兵官程福亮爲後援，屯舊縣關；將軍畢力克圖、提督孫思克等自略陽進，總兵官朱衣客爲後援，駐西河；將軍王進寶、總兵官費雅達自棧道進，總兵官高孟爲後援，駐寶雞；提督趙良棟自徽縣進。十月，師次鎭安，分兵爲二隊，進敗三桂將王遇隆，渡乾玉河，奪梁河關。三桂將韓晉卿遁。進寶亦復漢中。良棟復徽縣、略陽。畢力克圖復成縣，又復階州，遣參將康調元復文縣。於是平利、紫陽、石泉、漢陰、洵陽、白河、竹山、竹溪、上津諸縣皆下。興安既克，圖海統大軍之半屯鳳翔，尋移漢中，護諸軍餉。會降將譚洪復叛，陝西總督哈占泝江討之，詔圖海遙爲聲援。

二十年，以疾徵還。卒，謚文襄。太宗實錄成，贈少保兼太子太傅。雍正初，追贈一等忠達公，配享太廟。子諸敏，襲爵，歷刑、禮二部尙書，正黃旗蒙古都統。諸敏子馬爾賽，自有傳。

周昌初入城，自陳父明季死流寇，母孫剜目破面觸棺死，願捐軀表母烈。及輔臣降，圖海以聞。上命旌其母，遣官致祭，授昌布政使參政。昌復參蔡毓榮軍事，事平，授山東登萊道，攝布政使，以與總兵互訐罷。昌旣罷，猶喜言兵。噶爾丹擾邊，數上書當事陳利害。後卒於家。

李之芳，字鄴園，山東武定人。順治四年進士，授金華府推官。卓異，擢刑部主事。累遷郎中，授廣西道御史。疏請革錢糧陋規，禁州縣官迎送。十七年，巡按山西。聖祖卽位，裁巡按，召回。康熙元年，乞假歸。二年，復授湖廣道御史。五年，巡視浙江鹽政。入掌河南道事。

大學士班布爾善坐鰲拜黨誅，之芳疏言：「昔大學士俱內直，諸司章奏，卽日票擬。自鰲拜輔政，大學士皆不入直，疏奏俱至次日看詳。請復舊制，杜任意更改之弊。」又疏言：「世祖時賞罰出至公，督撫不敢恣睢無忌。十八年以後，督撫率多夤緣而得，有恃無恐。勒索屬員，擾害百姓。夫直省億萬之衆，皆世祖留遺之羣黎，我皇上愛養之赤子，何堪此輩朘削？自與受同罪之法嚴，與者不承，則言者即涉虛，非特不敢糾督撫，且不敢糾司道守令。有貪之利，無貪之害，又何憚而不怙惡自恣？今皇上親政，乞親裁，罷黜溺職督撫，以肅吏治。」疏下部，尋甄別各省督撫，黜其尤者數人。進秩視四品，擢左副都御史。之芳數上封事，請嚴巡鹽考績，愼外官罰俸，皆關治體。遷吏部侍郎。

十二年，以兵部侍郎總督浙江軍務。會吳三桂反，十三年，奏請復標兵原額，督習槍礮。疏甫上，耿精忠亦叛，遣其將曾養性、白顯忠、馬九玉數道闖浙，浙大震。之芳檄諸將扼仙霞關，調總兵李榮率副將王廷梅、牟大寅、陳世凱、鮑虎等分道禦寇。時上命都統賴塔率師入浙，五月，偕賴塔率滿洲兵千、綠旗兵二千、鄉勇五百，進駐衢州。衆皆謂會城重地，不宜輕委。之芳曰：「不然。衢踞上游，無衢，是無浙也。今日之事，義無反顧。」顯忠自常山陷開化、壽昌、淳安，養性自處州犯義烏、浦江、東陽、湯溪，沿河阻餉道。溫州鎭總兵祖弘勛叛，召寇陷平陽，再進陷黃巖，集悍卒數萬窺衢州。

七月，之芳與賴塔閱兵水亭門，率總兵官李榮、副都統瑚圖等薄賊壘，軍坑西。之芳手執刀督陣，或請少避，之芳曰：「三軍司命在吾，退卽爲賊乘。今日勝敗，卽吾死生矣！」守備程龍怯戰，斬以徇。麾衆越壕拔柵，敗之。遣陳世凱乘勝復義烏、湯溪，鮑虎復壽昌、淳安，牟大寅破常山，王廷梅敗賊於金華石梁、大溝源，李榮亦復東陽，復敗賊於金華壽溪，馘賊將，毀寨十八。參將洪起元復嵊縣。詔嘉之芳調度有方。

十月，賊將桑明等五萬衆由常山逼衢州西溝溪，倚山爲營，覬聯南路賊巢。之芳與賴塔議，出不意，遣廷梅與參領禪布夜趨溝溪，分隊進攻，又大破之，賊棄營遁。

十四年，康親王傑書破曾養性金華，復處州；貝子傅拉塔亦復黃巖，進圍溫州。惟九玉踞江山、常山、開化，連寨數十，與之芳相持。五月，乘大雨河溢，由南塘擣賊前嶺，陣斬七百餘級。十五年，遣將自遂安連破賊寨，遂復開化。

會鄭錦入漳、泉，耿繼祚方攻建昌潰營遁。上知閩中有變，命王撤溫州之圍取福建，之芳乃建議直擣仙霞關，曰：「進取之路，不在溫、處而在衢。雖九玉死守河西難猝破，然其南江山，西則常山，皆間道可襲。我兵一進，使彼首尾受敵，卽河西之壘不能獨完。」王至衢州，從之芳議。遂進兵大溪灘，復江山，九玉走，欲別取道奪仙霞。諸將受之芳密檄，急據關夾擊，其將金應虎等窮蹙降。

王師下福建，臨行，之芳啓曰：「王但飭諸軍勿虜掠，卽長驅入，兵可不血刃也。」未幾精忠降，溫、處賊皆潰散。精忠所署置總兵馬鵬、汪文生、陳山，將軍程鳳等猶踞玉山、鉛山、弋陽、德興，之芳請會剿。時吳三桂兵寇吉安、袁州，江西兵不能東，乃獨遣兵復玉山，文生遁；自白沙關趨德興，擒鵬；遣游擊郭守金等復鉛山、興安、弋陽、貴溪諸縣。上嘉之芳剿賊隣省有功，加兵部尚書銜。

十六年，遣參將蔣懋勳等敗賊玉山椒巖，山降。先是文生、鳳皆乞降，而鳳病死，其妻王玉貞籍所屬六萬八千餘人就撫，而精忠將林爾瞻猶擁衆石壠。之芳令懋勳等扼要隘，自以數十騎入寨，往撫慰之，爾瞻乃降。十七年，擊賊子午口，克八仙、老鼠諸洞，賊寨悉平。鄭錦寇瀕海，遣將嚴守禦，敗之於廟嶺湖，又敗之於溫州。錦將詹天樞詣世凱降。十八年，檄定海總兵牟大寅斬錦將童耀等孝順洋，奪獲船隻、器械以還。

之芳練世故，沉幾善謀。康親王師將行，問之芳：「所策固萬全乎？」之芳曰：「軍已發，猶豫則士氣沮。」乃詣王曰：「虜在吾目中久，明日捷書至矣！」前軍捷書果至，傑書大喜，以爲神。在杭州，與將軍圖喇約爲兄弟。精忠既叛，語圖喇勿縱兵暴民。有滿兵犯法，之芳縛詣圖喇，以軍法治之，一軍肅然。浙亂平，疏請蠲被兵州縣額賦，安輯流亡，甚有威惠。所拔偏裨，皆累功至方鎭，而之芳以督臣不敍。久之，追論大溪灘破賊功，授拖沙喇哈番，准襲一次。

入爲兵部尙書，調吏部。二十六年，授文華殿大學士。二十七年，御史郭琇疏劾大學士明珠，謂內閣票擬，皆聽明珠指揮，上旣罷明珠，並命之芳休致。三十三年，卒於家，諡文襄。

之芳旣卒，聖祖思其功，嘗諭羣臣曰：「人能效命，卽爲勇士。耿精忠叛，時之芳爲總督，雖不諳騎射，執刀立船首，率衆突前破敵。彼時同出征者，還京皆稱其勇。今承平久，善射，能約束士卒，尙不乏人。若屢經戰陣者，甚難得也！」世宗命立賢良祠，諭曰：「德若湯斌、功若之芳者，祀之。」乾隆間，錄勳臣後，命予恩騎尉，世襲。

論曰：圖海始阻撤藩之議，及其鷹揚西土，綏靖秦隴，卒收底川之績。川軍入滇，遂竟全功。之芳力扼三衢，敵雖東略，終不能得志仙霞。下閩之功，與有勞焉。雖曰遭時盤錯，抑亦聖祖馭材之效哉？並踐綸輔，易名曰襄。嗚呼，偉矣！

清史稿卷二百五十二

列傳三十九

甘文焜 子國璧　范承謨 子時崇　馬雄鎮　傅弘烈

甘文焜，字炳如，漢軍正藍旗人，其先自豐城徙瀋陽。父應魁，從入關，官至石匣副將。文焜善騎射，喜讀書，尤慕古忠孝事。以官學生授兵部筆帖式，累遷禮部啓心郎，屢奉使稱旨。康熙初，授大理寺少卿，遷順天府府尹。崇文門榷稅不平，疏劾之。廷議令兼攝，文焜曰：「言之而居之，是利之也。」固辭。六年，授直隸巡撫，奏復巡歷舊制。單車按部，適保定、眞定所屬諸縣患水災，疏請蠲歲賦。總督白秉眞以賑費浩繁，請聽官民輸銀米。文焜斥廉俸以助。議敍，加工部侍郎。

七年，遷雲貴總督，駐貴陽。時吳三桂鎭雲南，欲藉邊衅固兵權，詭報土番康東入寇，紿文焜移師，又陰嗾凱里諸苗乘其後。文焜策康東無能爲，凱里近肘腋，不制將滋蔓，先督兵擣其巢，斬苗酋阿戎。既平，約雲南會剿康東。三桂慮詐洩，謂康東已遠遁，繇是益憚之。文焜巡歷雲、貴各府州皆徧。十年，遭母憂，上命在任守制。文焜又遣兵擊殺臻剖苗酋阿福。疏乞歸葬，許給假治喪。三桂請以雲南巡撫兼督篆，令督標兵悉詣雲南受節度，而以利啗之，冀爲己用。

十二年，文焜還本官，適撤藩議起。三桂反，殺巡撫朱國治，遣其黨偪貴陽。文焜聞變，使族弟文炯齎奏入告，牒貴州提督李本深率兵扼盤江。本深已懷貳，先以書覘文焜意。文焜手書報之，期效張巡、南霽雲誓死守，而本深不之顧。本標兵已受三桂餌，紛潰弗聽調。文焜度貴陽不可守，令妾盛率婦女七人自經死，獨攜第四子國城赴鎮遠，思召湖北兵扼險隘，使賊不北出。十二月丙申朔，癸卯至鎮遠，守將江義已受僞命，拒弗納。文焜渡河至吉祥寺，義遣兵圍之。文焜望闕再拜，拔佩刀將自殺，國城大呼請先死，奪其刀以刎而還之，尸迺踣，血濺文焜衣。文焜曰：「是兒勇過我！」遂自殺，年四十有二。從者筆帖式和善、雅圖殉。

亂平，貴州巡撫楊雍建以文焜治績及死事狀上聞，予優卹。遣其長子宣化同知國均迎喪還京師，使內大臣佟國維迎奠盧溝橋，贈兵部尚書，謚忠果。建祠貴陽，上賜「勁節」二字顏其額。子七，國璧尤知名。

國璧，字東屏，以任子授陝州知州，改蘇州同知，擢山西平陽、浙江寧波知府，名循吏。聖祖南巡，幸杭州，御書朱子詩及「永貞」額以賜。諭曰：「汝父盡節，朕未嘗忘，此爲汝母書也。」累遷雲南巡撫。坐事罷。雍正間，起爲正黃旗漢軍都統。乾隆三年，授綏遠城右翼副都統。復罷。十二年，卒。

范承謨，字覲公，漢軍鑲黃旗人，文程次子。順治九年進士，選庶吉士，授弘文院編修。累遷秘書院學士。康熙七年，授浙江巡撫。時去開國未久，民流亡未復業，浙東寧波、金華等六府荒田尤多。總督趙廷臣請除賦額，上命承謨履勘。承謨徧歷諸府，請免荒田及水衝田地賦凡三十一萬五千五百餘畝。杭州、嘉興、湖州、紹興四府被水，民飢，承謨出布政使庫銀八萬，糴米湖廣平糶，最貧者得附老弱例，肩鹽給朝夕，全活甚衆。並疏請「漕米改折，石銀一兩。明年麥熟，補徵白糧，以三年帶徵。災重者如例蠲免」。得旨允行。十年，以疾請解職，召還。總督劉兆麒、提督塞白理疏言浙民請留承謨一百五十餘牒，給事中姜希轍、柯聳，御史何元英等亦言：「承謨受事三載，愛民如子，不通請謁饋遺。劾罷貪墨，廉治巨猾，剔除加耗、陋規、私派諸弊。浙民愛戴，深於飢渴。」上命承謨留任。十一年，承謨復疏言湖、嘉兩府白糧加耗，多寡不一，請每石加四斗五升爲限；又奏蠲溫、台二衞康熙九年以前逋賦及石門、平陽未完輕齎月糧：皆下戶部議行。

十月，擢福建總督，疏辭未允，請入覲。十二年七月，至京師，入對。承謨疾未愈，命御醫診視，賜藥餌。疾稍差，趣赴官，賜冠服、鞍馬。福建總督初駐漳州，至是以將撤藩，命移駐福州。吳三桂反，承謨察精忠有異志，時方議裁兵，承謨疏請緩行。又報巡歷邊海，欲置身外郡，便徵調防禦。事未行而精忠叛，陽言海寇至，約承謨計事。巡撫劉秉政附精忠，趣同行。承謨知有變，左右請擐甲從，承謨曰：「衆寡不敵，備無益也。」遂往。精忠之徒露刃相脅，承謨挺身前，罵不絕口。精忠拘之土室，加以桎梏，絕粒十日，不得死。精忠遣秉政說降，承謨奮足蹴之仆，叱左右掖之出，曰：「賊就僇當不遠，我先褫其魄！」爲賊困踰二年，日冠賜冠，衣辭母時衣，遇朔望，奉時憲書一帙懸之，北嚮再拜。所居室迫隘，號曰蒙谷。爲詩文，以桴炭畫壁上。

時有部曲張福建者，手刃奪門入，連斬數賊，力竭死。蒙古人嘛尼爲僞散騎郎，精忠遣守承謨，感承謨忠義，謀令出走。事泄，精忠將磔之，大言曰：「吾寧與忠臣同死，不願與逆賊同生！」

十五年，師克仙霞關，精忠將降，冀飾詞免死，愳承謨暴其罪。九月己酉朔，甲子夜半，精忠遣黨僞承謨就縊。幕客嵇永仁、王龍光、沈天成，從弟承譜，下至隸卒，同死者五十三人。語互詳忠義傳。舊役王道隆奉遣他出，還至延平，聞變，自刎死。賊焚承謨尸，棄之野，泰寧騎兵許鼎夜負遺骸藏之。十六年，喪還京師。上遣內大臣侍衞迎奠，贈兵部尚書、太子少保，謚忠貞，御書碑文賜其家。十九年，精忠伏誅。赴市曹日，承謨子時崇臠其肉祭墓。福建民請建祠祀之，御書「忠貞炳日」扁於楣。承謨所爲畫壁集，上親製序。

時崇，字自牧。以難廕出知遼陽州，遷直隸順德知府，有惠政。累遷福建按察使。陛辭日，上顧謂羣臣曰：「此開國名臣孫，殉難忠臣子也！」四十七年，擢廣東巡撫，兼鹽政。越二年，擢福建浙江總督。五十四年，入爲左都御史。明年，授兵部尚書。命出塞築莫代察罕廋爾、鄂爾齋圖杲爾臺站凡四十有七所。又明年，還朝。尋卒。閩人思其德，附祀承謨祠。

馬雄鎭，字錫蕃，漢軍鑲紅旗人，鳴佩子。以廕補工部副理事官，歷遷左僉都御史、國史院學士。康熙八年，授山西巡撫。未上，改廣西。時羣盜蝟起，搆猺、僮掠梧州、平樂二府，不數月討平之。累疏請平鹺價，建學宮，定有司邊俸，省軍糧運費，並罷諸採買累民者，皆得旨允行。

十二年，吳三桂反。十三年，孫延齡以廣西叛應之，圍雄鎭廨，脅降。時巡撫無標兵，雄鎭督家人拒守。密令守備易友亮赴柳州趣提督馬雄來援，弗應。雄鎭自經，爲家人救免，以蠟丸馳疏請兵。延齡詗知之，幽雄鎮，置家人別室。三桂使招降，雄鎮不爲屈。會傳弘烈勸延齡反正，延齡躊躇未決，雄鎮得以間遣長子世濟齎疏詣京師，友亮導之出，客楊啓祥護行，至贛州，江西巡撫董衞國以聞。上遣使護入京，至，授世濟四品京卿。居數月，雄鎮又具疏陳粵西可復狀，付長孫國楨，俾與客朱昉鑿垣出。既，又遣州人唐守道、唐正發潛負次子世永出，次第詣京師。又爲延齡知，繫其孥於獄。雄鎮憤自剄，復爲賊所奪，幽之別室。

十六年十月，三桂遣其從孫世琮殺延齡，擁雄鎮至賊壘，迫使降，雄鎮大呼曰：「吾義守封疆，不能寸斬汝以報國，死吾分也！」賊戕其幼子世洪、世泰，怵之，罵益厲，賊殺之，時年四十有四。從者馬雲皋、唐進寶、諸兆元等九人同時死，妻李，妾顧、劉，女二人，世濟妻董、妾苗，並殉。語互詳列女傳。雄鎮尸暴四十餘日，友亮收其骸骨，藁葬焉。

雄鎮被縶三年，日著書賦詩。旣死，客孫成、陳文煥乘間脫走，抵蒼梧，以所著擊筑樓遺稿及彙草辨疑歸世濟。十七年，弘烈以雄鎮死狀入告，命議卹。擢世濟大理寺少卿。成以舉人授同知，文煥授知縣。旋又授友亮、守道、正發、啓祥游擊、守備有差。十八年，世濟如廣西迎雄鎮喪至京師，贈太子太傅、兵部尚書，謚文毅。三桂旣平，歲正，上宴羣臣，特命世濟及陳啓泰子汝器至御座前賜酒。世濟官至漕運總督，世永歷運使；國楨官江南常鎮道，督餉入藏，卒於軍。

傅弘烈，字仲謀，江西進賢人。明末，流寓廣西。順治時，以總督王國光薦，授韶州同知，遷甘肅慶陽知府。

吳三桂蓄逆謀久，康熙七年，弘烈密以告，逮治，坐誣，論斬。九年，上特命減死戍梧州。及三桂反，將軍孫延齡、提督馬雄以廣西叛應之。弘烈欲集兵圖恢復，陽受三桂僞職，入思州、泗城、廣南、富川諸土司，歷交阯界，募義軍得五千人，遂移檄討賊，從尚可喜軍規肇慶。三桂甚惎之，使馬雄如柳州害其家百口。弘烈說延齡反正。鎭南將軍覺羅舒恕軍贛州，弘烈密致書言延齡妻孔四貞，定南王有德女，未忘國恩，延齡可招撫。又致書奉詔招撫督捕理事官麻勒吉，言王師速進南安，弘烈自韶州策應，則兩粵可定。舒恕、麻勒吉先後以聞，上嘉其忠誠，授廣西巡撫、征蠻滅寇將軍，俾增募義兵，便宜行事。

弘烈克梧州，下昭平、賀、鬱林、博白、北流、陸川、興業諸州縣，進復潯州，遣平樂知府劉曉齎疏上方略。論功，加太子少保，並加曉參議道。當是時，馬雄據柳州，三桂諸將分據平樂、南寧、横州，勢洶洶。弘烈雖屢捷，惟新軍缺礮馬，假於尚之信，弗應。吳世琮既殺延齡，陷平樂，襲弘烈梧州，弘烈擊敗之。十七年，與將軍莽依圖圍平樂，戰失利，弘烈與互訐。詔謂弘烈兵未支俸餉，奮勇收復諸路。莽依圖自平樂退賀縣，又言糧乏，再退梧州，使弘烈所復郡縣盡棄於賊，因飭莽依圖圖効。弘烈督兵進，賊數萬渡左江，弘烈戰敗。賊陷藤縣，逼梧州。十八年，之信軍至，弘烈分兵水陸，乘賊攻城時三面夾擊，賊潰走，遂下藤縣，克平樂，進復桂林。

弘烈密疏言延齡舊部宜善爲解散，又言之信怙惡反覆，當早爲之所。馬雄死，子承廕仍附三桂，受僞封懷寧公，詭言乞款附，弘烈許之，爲疏聞。詔授承廕昭義將軍統其衆。弘烈規取雲、貴。十九年二月，次柳州，承廕期弘烈會議，弘烈至，承廕以其衆叛，襲破其營，執送貴陽。世璠誘以僞職，弘烈曰：「爾祖未反時，吾已劾奏，料汝家必爲叛逆。汝敢以此言汚我邪？」世琮百計說之，罵益厲。十月辛丑，遇害。十一月，征南將軍穆占復貴陽，收遺骸，以死狀聞，贈太子太師、兵部尙書，謚忠毅。二十二年，允廣西巡撫郝浴請，建雙忠祠於桂林，祀弘烈及馬雄鎭。

論曰：方諸藩盛强，朝廷所置督撫，勢不足以相抗。文焜雖與三桂分疆而治，所部貳於三桂久矣。若承謨之於精忠，雄鎭之於延齡，皆同城逼處，惟以身殉，無他術也。弘烈異軍特起，又與莽依圖相失，勢孤，遂困於承廕。要其忠義激烈，作士氣，怵寇心，皆不爲徒死者。嗚呼，烈已！

清史稿卷二百五十三

列傳四十

莫洛　陳福　王之鼎 費雅達　李興元　陳啓泰 吳萬福

陳丹赤 馬琾　葉映榴

莫洛，伊爾根覺羅氏，滿洲正紅旗人，世居呼納赫魯。祖溫察，太祖時來歸。莫洛初授刑部理事官，累遷工部郎中。康熙六年，擢左副都御史。七年，出爲山西陝西總督。陝西饑，平涼、臨洮、鞏昌、西安、延安、鳳翔、漢中、興安諸府州多逋賦，有司令現戶均輸，民苦之，奏請蠲免。迭疏淸釐加派、火耗諸弊。八年，輔政大臣鼇拜獲譴，法司以莫洛附鼇拜，請逮問，詔以能任事，貸勿治，仍留任。九年，計典，仍以前罪奪職。陝西民籲留，甘肅巡撫劉斗同，提督張勇、柏永馥等疏言莫洛淸正，在官有善政，乞留以慰民望。上諭曰：「簡用督撫，原以綏輯地方，愛養百姓。莫洛既能得民，其免處分，供職如故。」俄擢刑部尙書。

十三年，吳三桂等奏請撤藩，上敕廷臣議，皆主勿徙，惟莫洛與米思翰、明珠議撤。三桂反，四川提督鄭蛟麟等叛應之。二月，命莫洛經略陝西，拜武英殿大學士，仍管兵部，賜以敕印，既至，策遣諸軍征四川。時蛟麟兵據廣元百丈關，莫洛遣都統馬一寶、將軍席卜臣赴漢中，副都統科爾寬赴廣元，擊賊。十月，蛟麟將何德成犯寧羌，爲官軍所敗，還奔四川，莫洛因遣提督王輔臣駐其地。逾月，蛟麟將彭時亨復據七盤、百丈諸關，劫略陽糧艘，截陸運棧道。

廣元軍缺餉兩月矣，總兵王懷忠所部潰散，而輔臣亦陰懷異志。輔臣故與莫洛有郄，奉檄使隨征，益怏怏，藉口戎備寡，莫洛益以騎兵二千，少之；又以馬疲瘠不任用搖軍心，軍無鬭志。十二月，莫洛至寧羌，兩營相去二里許。先是，上命莫洛統綠營步旅下四川，嗣慮巴蜀道險，令貝勒洞鄂率滿洲騎兵兼程繼進。軍未至，是月庚寅朔，癸巳，輔臣煽所部譟餉，襲劫莫洛。莫洛督兵擊卻之。甫定，輔臣復率悍黨至，礮矢雨坌，莫洛被創，卒於軍。子常安，襲。卹典久未行，二十二年，命予祭葬，謚忠愍，授世職拜他喇布勒哈番兼拖沙喇哈番。

陳福，字箕演，陝西榆林人。國初師定陝西，福以武舉應募，從寧夏總兵劉芳名剿寇。

敍功，授守備。又從都統李國翰下四川，遷遵義游擊。康熙初，從總督李國英討李自成遺黨郝搖旗、李來亨等。敍功，加右都督銜，擢成都副將，遷重慶總兵。十二年，入覲，授寧夏總兵。

吳三桂反，鄭蛟麟以四川叛應之，遣使誘福。福家留重慶，弟奇官守備，妻子亦在賊中，賊以是劫福。福執其使，具疏入告，遣其弟諸生壽齎詣京師。上嘉福忠，授拜他喇布勒哈番，並官壽主事。輔臣據平涼，福上戰守方略。十四年，擢陝西提督，進三等阿思哈尼哈番，又官奇參將。進規花馬池、惠安、安定、定邊諸城堡，以次皆下。上擢壽鴻臚寺少卿。福率副將泰必圖乘勝薄固原，圍之匝月。輔臣遣其將來援，城賊亦突出，泰必圖戰死。福引兵還靈州，斬逃將賈從哲、張元經以徇。

上命福佐貝勒洞鄂攻平涼。福疏言固原有賊萬餘，若我兵徑趨平涼，慮賊斷我餉道，當先取固原，上韙之。十二月，福督兵取固原。天寒大雪，士卒苦遠役，且懲前敗，有戒心。是月甲寅朔，乙亥，師次惠安，下令：「五鼓會食，集城下，後者斬。」夜半時，參將熊虎等鼓譟入，刺福死。上以趙良棟代，收虎及首謀把總劉德及營兵戕福者悉誅之，贈福三等公，以三等精奇尼哈番世襲，諡忠愍。建祠寧夏。擢奇天津總兵。時福子世琳、世勳並陷賊，命以壽子世怡襲爵。

事定，壽棄官入四川求福妻子，得之遵義山中，將入都，上召世琳入見，問母子流離狀，深愍之，命襲爵，改籍寧夏。旋授直隸三屯協副將。累遷古北鎮總兵、鑾儀使。世琳子益，益子大用，相繼襲爵。益官至楚姚鎮總兵。大用乾隆間官江南提督，所屬游擊楊天相，獲海盜，總督蘇凌阿讞以爲誣，誅天相，大用亦被譴。嘉慶初，予守備銜，休致。

王之鼎，字公定，漢軍正紅旗人。父世選，仕明爲參將。歸太宗，授三等昂邦章京。從世祖入關，征江南有功，進二等。卒，之鼎襲，進一等精奇尼哈番，署參領。從貝勒屯齊征湖南，擊走李定國、孫可望。授正紅旗漢軍副都統。駐防貴州。康熙元年，授福建中路總兵，討鄭錦，克廈門、金門、古浪諸島。三年，敗錦將黃盛、林茂、裴德等，拔銅山衞，進三等伯。八年，召還，仍授本旗副都統。十年，授江南提督。

十二年，授鎭海將軍，駐守京口。吳三桂、耿精忠相繼反。上命之鼎分兵防安慶，而以安南將軍華善帥師佐之。之鼎調崇明沙船，江陰、瓜洲戰艦，扼津要，令綠旗水師駐黃浦操防，兼備水陸。上命簡親王喇布爲揚威大將軍，駐江寧，之鼎贊軍事。十七年，改福建水師提督，加定海將軍。閩寇日蹙，而楚、蜀間軍事方亟，請移鎭要地自效。

十八年，調四川提督。十九年，到官，會寇犯永寧，遂率總兵李芳述等討之，戰屢勝。

六月，勇略將軍趙良棟將進剿雲、貴，調芳述守敍州，之鼎留鎮永寧。九月，吳世璠遣將尤廷玉、胡國柱攻永寧，圍之數匝。時城中糧盡已兩閱月，之鼎猶率兵挑戰，士氣倍奮。嗣爲賊詗知，築長圍以守。至是月甲子，寇穴城入，總兵費雅達，副將楊三虎，游擊周尚功，守備李逢春、魯明芝、席豹督兵巷戰，皆死。之鼎解印付家人，令間道走成都，率總兵楊魁、何成德、王永世、傅汝友，游擊陳先鳳、陳田、劉應科等出禦賊，身受重創。賊涌至，之鼎自度不能免，拔劍自刎，未殊，與魁等俱被執，傳送貴陽。賊黨夏國相等百計誘降，之鼎厲聲叱曰：「死則死耳，肯向鼠輩乞活耶？」久之，賊知不可奪，遂遇害。魁等皆不屈死。事聞，贈之鼎太子少保，謚忠毅。子毓賢，官至貴州布政使，毓秀襲爵。

費雅達，漢軍正白旗人。自整儀尉累遷潼關副將。王輔臣叛，廷議設漢中總兵討賊，以授費雅達，署都督僉事。進取漢中，破賊彝門鎮，抵秦嶺，拔北木城，與王進寶會師奪武關。敍功，加都督同知。永寧之役，城陷身死，贈左都督、太子少傅，謚忠勇。魁等皆予卹。從三虎等戰死者，又有千總蔣得福、趙鳴鳳、王英傑；從之鼎死者，又有從軍廕生潘濟世：並卹如例。

李興元，字若始，漢軍鑲黃旗人。以拔貢授直隸沙河知縣，報最，遷祁州。歷江西吉安、直隸永平知府，晉陝西隴右道。康熙十一年，授雲南按察使。其明年，詔敕有司審理平西藩下逃兵。時平西勛莊碁布，管莊者殺人奪貨，滋爲民患。訟牒命、盜兩案，兵居半。又勒平民爲餘丁，不從，則曰：「是我逃兵也。」稱貸重息，人或絲毫負，亦以「逃兵」誣之，有司亡誰何。興元素持風力，諗知劉崑强項，令爲審事官。有犯者論如法，部民德之，而大忤三桂意。

三桂將叛，使治者鑄印，崑詗知，白興元，興元啓巡撫朱國治，趣入告。國治遲數日始發，爲三桂邏卒所得，遂作亂。召各官集議，以國治苛虐失民心，殺之；迫授興元僞職，興元叱之曰：「汝內爲國戚，外封親王，受恩重矣，何叛爲？我爲丈夫，義可殺不可辱，惟一死以報朝廷。」三桂怒，杖而下之獄。雲南知府高顯辰及崑皆不屈，旋以興元及崑戍騰越衞。十八年，師克湖南，時三桂已死，其子世璠使刺殺興元。師困滇城，興元二子蔭秀、奇秀亦被殺。

事定，其三子萃秀詣軍所申訴，巡撫王繼文上其狀，贈太常寺卿。萃秀官至安陸府知府。崑當興元未死，出避民間。事定，復補登州同知，遷常德知府。

陳啓泰，字大來，漢軍鑲紅旗人。順治四年，自貢生知直隸滑縣，有聲。行取，擢御史。

奏言：「滿洲部院官凡遇親喪，宜離任守制，以廣孝治。」從之。十一年，出爲蘇松糧道。康熙三年，調福建漳南道。八年，轉巡海道。時山寇徧受耿精忠劄，勢洶洶。啓泰嚴保甲，立團長，親督所司捕賊。有干禁令者，輒痛繩以法，奸宄屏息。

十三年，精忠叛，僞檄至漳州。啓泰密與海澄公黃梧議拒守，會梧病，精忠復招鄭錦爲助。啓泰自度不能守，語妻劉曰：「義不偸生，忠不附賊，死吾事也。然死而妻子爲僇，吾何以瞑？」劉請殉，家人皆願從死。乃以巨盎置酒下藥，劉及侍妾婢僕飲者二十一人。幼子方六歲，持觴拜而飮。啓泰朝服坐堂皇，召僚屬與訣，引弓絃自絞死，僚屬爲殯。錦兵入，見置棺縱橫，皆垂淚。事聞，贈通政使，賜葬祭。

啓泰子汝器，聞變，赴漳州迎喪，爲鄭錦兵掠去。逾二年乃脫還，詣京師，上念其父子忠義，加贈工部侍郎，授汝器右通政。三十三年，復予啓泰謚忠毅。建祠福州，御書「忠義流芳」爲祠額。汝器官至安徽巡撫。方精忠叛時，諸郡望風納叛；所不肯以城降者，啓泰死漳州，總兵吳萬福死福寧。

萬福，漢軍鑲紅旗人。初仕明爲守備。崇德七年，師圍松山，從副將夏承德來歸，授牛彔額眞。入關，從征李自成有功，累敍二等阿達哈哈番。出爲福寧總兵。張煌言兵屢入，與總兵李長榮分路擊卻之，累進右都督。精忠叛，萬福嬰城固守，城破，死之，闔家被害。

幕客孫璈、百總潘騰鳳並殉。事聞，贈萬福左都督、太子少保，謚忠愍。

陳丹赤，字獻之，福建侯官人。順治十七年舉人，選授重慶推官，攝府事，兼署夔州府。時張獻忠初滅，蜀東尚淪於賊，征師四集，丹赤給餉不乏。墾荒萊，緩刑禁，報最，遷刑部主事，再晉兵部郎中。出爲浙江按察司僉事、分巡溫處道，署按察使。

康熙十三年，入覲，道山東。會吳三桂反，詔入覲官悉還治所。丹赤歸至東昌，聞耿精忠亦叛，亟間道還。適平陽叛將司定猷搆精忠兵偪瑞安，丹赤獨居城上，泣諭父老，誓與城存亡。海寇朱飛熊乘間肆掠，鄉民爭入城，總兵祖弘勳欲不納。丹赤曰：「城以人爲固，人以食爲命。民輦粟入城，民卽兵，食卽餉。亟宜納之，與共守。」於是來者數萬。寇涌至，攻南門甚亟，副將楊春芳忽撤兵去，人心洶懼。丹赤日馳牒乞援，晨夜儌循，以忠義厲士卒，皆感泣，愿死守。

弘勳將以溫州叛，陽遣游擊馬文始助守，實以詗丹赤，丹赤誓以身殉。六月甲午朔，弘勳陳甲仗華蓋山，集文武官計事，欲以脅丹赤。千總姚紹英知其謀，勸勿往，丹赤不顧，策馬去。至則兵露刃夾階立，坐定，弘勳曰：「彼衆我寡，將若何？」丹赤曰：「提標前鋒五千人已集，且民心效死，戰卽不足，守自有餘。吾此來商以舟濟師，顧迺計多寡邪？」弘勳曰：

「舟安在？」丹赤語通判白鼇宸曰：「河干泊舟不少，皆鄉民所棄。以濟援師，何患無舟？」弘勳語塞，春芳厲聲言曰：「城中糧盡，縱有兵有舟，誰爲我用？」丹赤曰：「若言誤矣。吾軍糧餉足供六閱月，且遠近鄉民輸粟入。若迺爲此言惑軍心邪？」有自懷中出帛書者，精忠招弘勳獻城檄也，丹赤怒，碎而擲之地，曰：「此豈可汚吾目？吾頭可斷，城不可得也！」弘勳執其手，好語慰之，丹赤曰：「封疆之臣死封疆，不知其他。」弘勳知不可奪，目千總高魁持斧擁丹赤出，罵益厲，執斧者斷其臂，大呼曰：「臣事畢矣！」兵刃交下，遂遇害。十六年，浙江巡撫陳秉直疏請卹，贈通政使，謚忠毅。三十八年，上南巡，丹赤子一夔時爲湖州知府，迎謁，上書額賜之。

馬琾，字奉璋，陝西武功人。順治十一年舉人，授山東昌樂知縣，有惠政。康熙十三年，補永嘉。明決有才，清覈圖籍，不數月而政成。華蓋山集議，弘勳戕丹赤，琾躍而起曰：「國家豢若輩，反黨賊殺封疆大吏，吾恥與若輩俱生！」遂罵不絕口，同時遇害。事聞，贈布政司參政。三十五年，敕建祠溫州，祀丹赤及琾，亦曰「雙忠」。四十二年，上南巡，琾子逸姿官江南布政司參議督糧道，迎謁，疏引丹赤例求賜謚，上允之，謚忠勤，亦賜御書額如一夔。丹赤役林莪、僕張亦竇，琾從子穎姿，皆從死。

葉映榴，字炳霞，江南上海人。順治十八年進士，選庶吉士。時方嚴治江南逋賦士紳，映榴在籍中，降國子監博士。累遷禮部郎中。出榷贛關，會吳三桂叛，贛南北路絕。映榴與同官守險要，撫流民，境獲寧。提學陝西巡撫鄂愷薦其才，康熙二十四年，授湖廣糧儲道。清積逋，減耗羨，事有不便於民者，輒與大吏力爭。

二十七年五月，廷議省湖廣總督，並裁督標兵。楚兵素剽悍，有夏逢龍者，尤桀黠，能以小信義結其伍，隱附之。檄旣下，裁兵洶洶亡所歸。總督徐國相還朝已登舟，衆圍訴索餉，不得，遂大譁。時巡撫柯永昇初上官，映榴攝布政使纔三日。事急，映榴白永昇，請予兩月糧遣散，不許。衆入巡撫署，露刃呼譟。映榴復白永昇，請好言慰遣之。永昇出，衆語不遜，永昇曰：「若輩欲反邪？」衆曰：「反也奈何？」刃傷永昇臂，奪其印，復刃傷足，仆，遂擁映榴至閱馬場。永昇得間自經死。逢龍自號「總統兵馬大元帥」，幟以白，迫布政使以下官受僞職，映榴紿以無殺掠，三日後徐議之。乃令其妻陳奉母吳自水溝出，解印付其僕，迺手具遺疏。是月丁酉，朝服升公座，罵賊，拔佩刀自刎死。

疏略曰：「臣一介豎儒，叨沐皇上高厚深恩，歷擢今職。嘗以潔己奉公，自矢夙夜，但媿才具庸劣，未効寸長。茲值裁兵夏逢龍倡亂，劫奪撫臣敕印，分兵圍臣衙門，露刃逼脅。臣幼讀詩書，粗知節義，雖斧鑕在前，豈肯喪恥偸生？臣母年七十有六，在臣任所；臣長子敷，遠在原籍；其餘二子尚未成童，煢煢孤嫠，死將安歸？因遣妻女奉母潛逃。臣如微服匿影，或可倖免以圖後効。伏念臣守土之官也，城存與存，城亡與亡，義所當然。今勉盡一死，以報國恩。所恨事起倉猝，既不能先事綢繆，默消反側；復不能臨期捍禦，獨守孤城。上辜三十載之皇恩，下棄七旬餘之老母，君親兩負，死有餘慙。」上覽疏，深愍傷之，召廷臣展讀，聞者皆感泣。下部議卹，部議援陳丹赤例，贈通政使，特旨贈工部侍郎。次年上南巡，旉迎謁，手書「忠節」二字賜之，遂以爲謚。立祠武昌，書「丹心炳册」扁以賜。

雍正八年，錄忠臣後，授其子旉鳳陽知府；芳蔚州知州，尋改員外郎；孫鳳毛內閣中書。與映榴同時死者，都司宣德仁，贈副將。

論曰：功令褒死事，倉卒遇變與艱難効死者同，所以奬忠義也。莫洛與福，先事宜知有變，師行有進無退，雖死不撓。之鼎効忠於孤城，興元抗節於大憝。若啓泰、丹赤、映榴，皆能死其官者。啓泰以其家殉，與馬雄鎭比烈；映榴遺疏款款，則又范承謨蒙谷自序之亞也。

清史稿卷二百五十四

列傳四十一

賚塔 穆占 莽依圖覺羅舒恕 勒貝 佛尼埒坤 鄂泰 吳丹

畢力克圖噶爾漢 阿密達鄂克濟哈 覺羅吉哈里

拉哈達察哈泰 根特華善 席卜臣希爾根

賚塔，那穆都魯氏，滿洲正白旗人，康古里第四子。年十四，授三等侍衞。坐事免。崇德時，從伐明，圍錦州，擊松山、杏山敵兵，屢有斬獲。攻新城、高陽、霸州、壽光、博興，並先登，身中五創。被賞賚，授前鋒侍衞。

順治元年，從討李自成，敗之一片石，追至安肅、慶都。授巴牙喇甲喇章京。從豫親王多鐸轉戰河南、陝西，頻有功。二年，移師江南，克揚州，下江寧，追敗明福王於蕪湖，予拖沙喇哈番。三年，從端重親王博洛下福建，明唐王奔汀州，賚塔率師攻破其城，進拜他喇布勒哈番。明桂王據湖南。六年，從鄭親王濟爾哈朗進衡州，戰敗明將陶養用、胡一清；克祁陽，復戰敗明將周進唐、王進才及一清；又戰敗明將譚弘，取道州；又戰敗一清及明將焦璉，取全州。累晉二等阿達哈哈番兼世管佐領。十一年，明將李定國犯廣東，從珠瑪喇解新會圍，進三等阿思哈尼哈番，擢巴牙喇纛章京。十六年，鄭成功窺江寧，從安南將軍達素討之。比至，成功已敗遁，遂引兵下福建。十七年，戰厦門，師失利，坐免官，奪世職。康熙二年，署前鋒統領。擊李來亨等於茅麓山，數戰皆克。八年，擢正白旗蒙古都統。

十三年，耿精忠叛，遣其將馬九玉、曾養性、白顯忠分三道寇浙江。授賚塔平南將軍，赴援。寇犯金華，遣諸將瑪哈達、雅塔里、拉哈等擊走之，復義烏、諸暨。精忠將王國斌屯金、衢接壤處，爲羣寇聲援。賚塔與總督李之芳駐衢州，精忠將周列擁衆二萬自常山入。賚塔遣瑚圖要之焦園，俘斬過半。精忠將桑明率衆五萬犯衢州，迎擊，斬級萬餘。十四年，督兵擊九玉，五戰皆捷，又破其將李廷魁，焚所屯木城。康親王傑書軍至衢州，賚塔依例歸將軍印，以都統參贊軍務。時九玉退據九龍山，分萬人扼大溪灘護糧運。傑書令賚塔攻之，卽夕遣兵涉河，直搗九玉營，破之。九玉僅以三十騎遁，遂復常山。率瑪哈達等破仙霞關，拔浦城；又與吉勒塔布敗賊建陽，克之。進取建寧，薄延平，精忠迺迎降。

其時漳、泉、興化並爲鄭錦所據，錦，成功子也。精忠導貝子傅拉塔軍攻錦。十六年，與寧海將軍拉哈達復興化，降仙遊。進討叛將劉進忠於潮州，進忠亦降。康親王傑書奏仍授賚塔平南將軍，守潮州。十七年，錦將劉國軒入犯泉州，與總督姚啓聖會師赴援，復長泰，戰漳州，破敵。十八年，國軒復入犯，迎擊，敗走。十九年，克海澄，錦還臺灣。授賚塔本旗滿洲都統，守潮州如故。

尚之信之降也，仍懷貳志，返廣東，復抗命。都統王國棟首告，詔賚塔撫慰。之信已殺國棟反，賚塔率兵討擒之。

時吳世璠尚據雲南，大將軍貝子彰泰自湖南下貴州，上授賚塔平南大將軍，督滿、漢諸軍自廣西入雲南。賚塔師自田州、泗城道西隆，迭戰皆捷。石門坎者去安籠三十里，地峻陿，世璠將何繼祖等擁衆拒守。賚塔令諸將希福、勒貝、瑪奇等率師前進，而別與總督金光祖等分兵自間道躡其後。二十年元旦，度賊無備，飭前軍進攻；繼祖等倉卒出禦，後軍攀險上，前後夾擊，遂奪其隘口，復安籠所。繼祖復與詹養、王有功等以二萬人守黃草壩。賚塔督諸軍奮擊，自卯至未，破壘二十二，俘養、有功及其衆千餘，並獲其象、馬。捷聞，上以賚塔自廣西深入，先諸軍至，敗敵，溫詔嘉獎。

師至曲靖，遣諸將希福、瑪奇、碩塔等分道取霑益、雲龍、嵩明諸州及易龍所、楊林城。彰泰師自貴州至，兩軍合。未至會城三十里，世璠遣郭壯圖等迎戰，列象陣，彰泰軍其左，賚塔軍其右，自卯至午，賊五卻五進，殊死戰。過金汁河，象反踐，陣亂，師乘之，大潰，進屯城東歸化寺。九月，趙良棟師自四川至，遂合圍。賚塔軍銀錠山，運礮至，晝夜番攻，世璠將余從龍降。詗知糧將罄，人相食，與諸將環而攻之。世璠衆內亂，欲擒世璠以降，世璠自殺。其將夏國相奔廣南，胡國柱奔雲龍州。遣諸將李國樑、希福等追襲之，擒國相，國柱自縊死。雲南大定。

二十一年，凱旋，上率羣臣郊勞盧溝橋西，行抱見禮。二十二年，以隱匿之信藩下入官婦女，下所司集質。上諭賚塔有大功，勿以細事加罪。禮部議請奪官治罪，詔改降級罰俸。二十三年，卒，諡襄毅。二十五年，追授一等阿思哈尼哈番。

子費葉楞，襲。雍正五年，世宗命追封一等公，令其孫博爾屯襲。並諭：「賚塔克雲南，功績懋著。當日因其功過相掩，未予優封，欲使立功之臣，咸知儆惕收歛，不可恃功驕肆。今事歷多年，後人已知鑒戒。用特追封，示眷念舊臣。」九年，定公號曰褒績。

穆占，納喇氏，滿洲正黃旗人，南楮子也。南楮事具楊吉砮傳。穆占初任侍衞，兼牛彔額眞。順治十六年，署噶布什賢章京。從都統卓洛等駐防雲南，平元江土司有功，予三等阿達哈哈番，擢本旗梅勒額眞。

康熙十二年冬，吳三桂反，命授赫葉安西將軍，道陝西入四川進討，以穆占署前鋒統領，參贊軍務。十三年二月，師至陝西，時四川巡撫羅森、提督鄭蛟麟皆附賊，總兵譚弘亦叛據陽平關。穆占與西安將軍瓦爾喀率兵先驅，戰野狐嶺，敗之，克陽平關。總兵吳之茂叛據保寧，穆占進與戰，屢擊敗之。旋以賊阻餉道，引還漢中。提督王輔臣叛寧羌，與之茂、弘相應。穆占從大將軍貝勒洞鄂還西安。十四年，詔趣洞鄂討輔臣，而以穆占代赫葉爲安西將軍，率師並進。輔臣將高鼎屯隴州河岸，迎戰，與達理善擊卻之。趨秦州，圍合，輔臣將陳萬策以城降。穆占復助提督張勇攻下鞏昌，還會諸軍征平涼。十五年，上遣圖海代洞鄂爲大將軍，輔臣降。穆占分剿餘寇，以次復西河、清水、成、禮諸縣。輔臣將周養民等以慶陽降。

九月，詔入覲，進秩視都統，佩征南將軍印，統陝西、河南諸軍赴湖廣，討三桂，諸將塔勒岱、鄂克遜從。十六年正月，至荆州。時大將軍順承郡王勒克德渾守荆州，貝勒尚善圍岳州，安親王岳樂圍長沙，簡親王喇布守吉安。上命穆占助攻長沙，軍至，屯阿彌嶺。三桂初欲自松滋渡江，進攻荆州，相持數年不得逞。聞長沙有新軍至，亟自松滋還援，屯隔江嶽麓山。遣其將馬寶等屯城外，掘重壕，布鐵蒺藜，列象陣以守；而自從常德進，爲穆占所敗，走衡州。上命穆占移兵會簡親王取衡州。十月，克茶陵，復攸、安仁、酃、永寧諸縣。十七年春，克郴州，傍縣並下。穆占守郴州，以都統宜理布守永興。三桂欲通粵東道，與尚之信、孫延齡軍合，遣其將馬寶、胡國柱等悉銳攻永興。穆占遣哈克三、碩岱來援。時喇布尚駐吉安，穆占請旨趣進征。六月，宜理布、哈克三戰死。碩岱入城守，喇布遣薩克察來援，牒穆占請益兵。穆占謂永興軍事簡親王主之。喇布以聞，上責穆占謬戾。寶、國柱攻永興，二十餘日不下，聞三桂死，乃引還衡州。穆占率布舒庫等追擊，敗之耒陽。十八年，三桂將吳國貴爲他將所蹶，遁永州，穆占追剿，克之，道州、常寧、新田、永明、江華、東安皆下。師入廣西境，克全州、灌陽、興安、恭城。詔還定湖南，進克新寧。三桂將郭壯圖等擁三桂孫世璠據貴州。

十一月，上命貝子彰泰爲定遠平寇大將軍，規定雲、貴，穆占參贊軍務。十九年二月，復沅州。十月，克鎭遠，並定偏橋、興隆二衞。進克平越，下貴陽。世璠奔雲南。十一月，克遵義、安順、石阡、都勻、思南諸府。二十年正月，世璠將夏國相、高起隆、王會、楊應選等擁衆二萬拒戰，屯平遠西南山。穆占與提督趙賴督諸軍奮擊，起隆等敗竄，會降，遂復平遠。分遣諸將莽奕祿等逐賊，復大定，應選亦降。遂入雲南，與廣西軍會，壁歸化寺。壯圖出兵重關，列象陣犯我軍。賚塔等縱兵夾擊，穆占戰尤力，象陣亂，反踐其軍。諸軍乘之，壯圖斂兵，止存二十七人，奔入城。九月，四川軍至，總督蔡毓榮破重關，穆占亦奪玉皇閣，猛攻東西寺。世璠、壯圖皆自殺。穆占入城，撫餘衆，籍逆產以聞。師還，授正黃旗蒙古都統、議政大臣。

二十二年，追論征保寧時奏軍事不實，征平涼時不臨陣指揮，及不救永興，罪當絞，籍沒。上諭曰："穆占固有罪，但其戰績多至二百六十處，此所議稍過。"命覆議，乃請奪官、削世職、沒妻子入內務府，上命但奪官，餘悉寬之。尋卒。

莽依圖，兆佳氏，滿洲鑲白旗人。父武達禪，崇德中從伐明，攻任丘、濟陽，並先登，賜號"巴圖魯"，予牛彔章京世職。既入關，授太原城守尉。卒。

莽依圖襲職，進三等阿達哈哈番。順治十五年，從征南將軍卓卜特下貴州，自都勻次盤江，破明將李定國。移師定雲南。康熙二年，李自成餘黨李來亨等據湖北茅麓山，未下，從靖西將軍穆里瑪攻克之。凱旋，授江寧協領。

十三年，吳三桂陷湖南，復從鎮南將軍尼雅翰攻岳州，砲擊寇艦，敗之七里橋。十四年，三桂搆廣西總兵馬雄叛，廣東十府失其四。尚可喜請兵，上命尼雅翰率師赴廣東，以莽依圖署副都統，駐肇慶。甫至，而可喜子之信已叛應三桂。十五年，三桂將范齊韓等偪肇慶，莽依圖潰圍出，且戰且走，還駐江西。聞三桂將黃士標等攻信豐，亟率師赴援，遣奇兵出其背，與城兵夾擊之，賊大潰，遂會鎮南將軍覺羅舒恕解南康圍。

十六年三月，上命舒恕留兵守贛州，而授莽依圖署江寧副都統，代舒恕佩鎮南將軍印，帥師規復廣東，以額赫訥、穆成額參贊軍事。自南康進南安，再進南雄，三桂所遣守將皆出降，之信亦率藩屬歸順。莽依圖遂踰嶺進韶州，韶居五嶺脊，爲贛、粵咽喉，賊所必爭。莽依圖以城北當敵衝，厚增土牆，夜則縋卒出城濬壕通水，並分兵斷廣州餉道。三桂將胡國柱、馬寶以萬餘人攻城，莽依圖屢擊卻之；迺扼河西斷我水運，又壁蓮花山發礮，女牆悉壞。會江寧將軍額楚赴援，莽依圖出城兵夾擊，破四壘，逐北至帽峯山，夜戰，大敗之。河西賊亦引去，餉運始通。莽依圖督軍追擊，破敵風門澳，斬二千餘級。下樂昌、仁化諸縣，乃還駐韶州。

時傅弘烈佩撫蠻滅寇將軍印，巡撫廣西，所將義兵五千人。莽依圖慮其力不支，遣副都統額赫訥將兵八千赴梧州佐弘烈，而之信不爲具舟，師久不集。十七年二月，莽依圖至平樂，圍城，寇水陸拒戰，引還中山鎮，與弘烈互奏糾，上兩釋之。莽依圖復還梧州，引咎請罷將軍，上切責之，命留任圖功贖罪。十八年春，三桂從孫世琮犯梧州，莽依圖與弘烈謀合諸軍分布水陸，與戰，賊敗去，遂復桂林。語具弘烈傳。

三桂將馬承廕以南寧來降，世琮自梧州敗歸，併力攻南寧。城幾陷，莽依圖方臥病，聞警，督軍倍道赴援。賊悉銳依山列鹿角拒戰，莽依圖使額楚、額赫訥引前鋒兵衝擊之，而自與舒恕麾大軍進，預遣兵潛出山後斷歸路，盡殪之。世琮負重傷，以數十騎越山遁。南寧圍解。命進取雲、貴，莽依圖以承廕雖降，心叵測，疏請暫駐南寧。上命簡親王喇布鎮桂林，莽依圖俟都統希福軍至，合兵謀進取。十九年，授護軍統領。承廕果以柳州復叛，弘烈遇害。莽依圖軍進次宜賓，承廕驅象陣迎戰，以勁弩射之，象返奔，賊陣亂，鐵騎乘之，遂大敗。承廕復以柳州降。莽依圖疾益深，八月，卒於軍。

莽依圖母賢，嘗訓以不殺降，不掠民，莽依圖終身誦之，時稱「仁義將軍」。既卒，南寧人繪其像祀之。事平，朝議追論自平樂還梧州失律罪，當籍沒。上以莽依圖戰多，且不擾民，寬之，奪恩詔所加世職，以原授拜他喇布勒哈番兼拖沙喇哈番予其弟博和里。博和里曰：「兄平粵有功，上褒之，不可使吾子孫復襲此職。」迺撫其孫布瞻阿繼襲。乾隆元年，追謚襄壯。

三桂初反，十三年正月，上授都統尼雅翰鎮南將軍，會師德州，道安慶至武昌。尋命參贊軍務，攻岳州；旋又命進取南康，克之；又擊破三桂將黃乃忠等於袁州。十五年五月，上命哈爾哈齊率江寧兵攻吉安，解尼雅翰鎮南將軍印授之；螺子山敗，改授覺羅舒恕。

覺羅舒恕，滿洲正白旗人，武功郡王禮敦曾孫。康熙八年，自一等侍衞授兵部督捕侍郎，調吏部。十三年，命署前鋒統領，參贊定南將軍希爾根軍務。精忠遣將陷撫州，舒恕從希爾根進擊，克之。十四年，精忠兵復至，又擊破之，克新城、宜黃、崇仁、樂安諸縣。上命舒恕援廣東，授鎭南將軍。叛將馬雄及三桂將王弘勳攻高州，與戰不利，退駐肇慶。十五年，尚之信反，再退駐贛州。十六年，上命解鎭南將軍印授莽依圖，率師下廣東，令舒恕留兵佐巡撫佟國楨守贛州。尋復授安南將軍。三桂兵自宜章窺南雄、韶州，上命莽依圖赴韶州應敵，而舒恕守南雄爲聲援。

十七年，穆占言郴州、桂陽新復，請敕舒恕移師駐守。舒恕疏言南韶爲湖南、江西、廣東三省接壤，不可輕離。繼命進次梧州。十八年，卽軍前授都察院左都御史。旋與莽依圖共擊吳世琮，解南寧之圍。舒恕以病乞還肇慶，召還京。入對，上察其神色如故，無病狀，詔詰責，命覊候宗人府，下王大臣議，奪職。三十四年，起鑲黃旗滿洲副都統，再遷寧夏將軍，參贊撫遠大將軍費揚古軍務，討噶爾丹。三十五年，上親征，授揚威將軍，從費揚古出西路。上駐棟斯拉，召費揚古議軍事，以舒恕署大將軍。師有功，予拖沙喇哈番世職，擢正藍旗滿洲都統。以病乞休。卒。

勒貝，郭絡羅氏，滿洲正藍旗人，鄂羅塞臣子。初授侍衞，兼管牛彔事。累遷正藍旗滿洲都統。三桂亂未平，康熙十六年春，上以簡親王喇布出師江西久無功，參贊均不勝任，命勒貝及哈克三、舒庫往代之。既，命與江寧將軍額楚守韶州；又詔進次梧州，與弘烈攻鬱林及北流、興業、陸川、博白，軍益振，乘勝下南寧，克象州。十九年秋，莽依圖卒於軍。詔勒貝代爲鎮南將軍，從賚塔定雲南。抵西隆，詗知三桂將何繼祖等屯安籠所石門坎，與瑪奇率前鋒奮攻，次第克三峯，奪隘口，復安籠所。繼祖等堅守黃草壩，列象陣以待，復與賚塔大敗之，直抵雲南城。吳世璠自殺，滇平。師還，道卒。

佛尼埒，科奇理氏，滿洲鑲紅旗人，世居瓦爾喀。父索爾和諾，少孤，兄瑚里納撫之成立，後爲仇所害，索爾和諾手刃之，祭兄墓。崇德三年，來歸。從伐明，攻河間，戰死，授牛彔章京世職。

佛尼埒襲職。授西安駐防牛彔額眞，進二等阿達哈哈番。康熙初，累擢西安副都統。十三年春，從將軍瓦爾喀道四川討吳三桂。入棧道，聞四川叛附三桂，譚弘據陽平關。從瓦爾喀自野狐嶺進兵，斬三千餘級。進朝天關，屢擊敗敵軍。總兵吳之茂以保寧叛，移師往討之，弗克，鑿壕塹與相持。之茂出劫略陽糧艘，截槐樹驛運道。我師餉不繼，還漢中。之茂要於中途，與總兵王懷忠擊之，敗走。

其冬，提督王輔臣叛，連陷平涼、秦州。十四年，擢西安將軍，加振武將軍銜。命與貝勒洞鄂進討輔臣將高鼎，以四千人屯關山河岸，偕穆占整師與戰，破其壘；逐北，又敗之渭河橋，進薄秦州。壘未定，賊乘我不備，開壁出戰。佛尼埒督軍遮擊，賊不敢犯。旋攻克東西二關。賊數千掠仙逸關，佛尼埒慮斷餉道，分兵往援。賊踰山走，追躡之，殺其黨且盡，遂率師趨隴州。賊縱火焚山澤，佛尼埒曰：「是欲燒絕我輓運道也。若不增兵策應，軍食何賴焉？」因暫駐隴州。

時師攻秦州久未下，而四川及平涼諸寇挾萬餘人赴救，城寇與應者亦八千餘。佛尼埒亟還師與諸軍合，偕內大臣坤連敗賊衆，擒其將李國棟等，殪其衆三千餘。州城復，以次下禮縣、西和、清水、伏羌諸城。漢中運道阻，軍大飢。將軍席卜臣還西安，上命佛尼埒領兵開棧道，規漢中，緣塗擊賊，皆潰竄。十五年，之茂欲爲輔臣援，再犯秦州。佛尼埒與護軍統領傑殷議繞賊後，絕其運道，復靜寧。大將軍圖海下平涼，之茂遁。又與傑殷乘夜追擊，及之牡丹園，遂克祁山堡。之茂僅以十餘騎走。

十六年，追論自保寧退還漢中諸罪，降世職爲拜他喇布勒哈番，削振武將軍銜，仍署西安將軍。十七年，與吳丹等敗敵於牛頭山、於香泉，率師駐守寶雞，堅扼棧道諸隘。寇屢至，屢敗之。十八年，從大將軍圖海征興安，寇阻梁河關。佛尼埒領兵先驅，濟乾玉河，拔之。興安下。十九年，潼川降，並復鹽亭、中江、射洪諸縣。再敗寇豹子山，克瀘州。冬，吳世璠將胡國柱自敍州擾永寧，詔授建威將軍討之。二十年，克馬湖。世璠將宋國輔等以永寧降。國柱亦棄敍州遁，上命佛尼埒守之。尋命還鎭漢中。二十一年，卒。乾隆初，追謚恭靖。子托留，襲世職，官至黑龍江將軍。額倫特，別有傳。

坤，那木都魯氏，滿洲正黃旗人，先世居綏芬，隸瓦爾喀部。父伊訥克，太宗伐瓦爾喀，先衆降。坤事太宗，洊擢一等侍衞，兼管牛彔事。太宗伐明，圍松山。明總兵曹變蛟乘夜犯御營，迫正黃旗營門。諸侍衞及親軍等皆散列門左右，坤獨當門，力戰卻敵。上嘉其勇，賜號「巴圖魯」，賚白金四百，授一等甲喇章京世職。

世祖朝，累進一等阿思哈尼哈番兼拖沙喇哈番。尋以遣祭昭陵辭未往，扈蹕南臺不入直，又娶女子已賜配者爲妻，論罪當死，上寬之，奪官，仍留世職侍衞。順治十一年，從靖南將軍珠瑪喇下廣東，命署固山額眞。破明將李定國於新會，逐至橫州江岸，斬馘無算。擢內大臣。康熙十二年，獎先朝諸舊臣，坤加太子太保。

吳三桂反，授振武將軍，帥師駐汝寧。王輔臣叛，命移師西安。十四年，又命偕副都統翁愛等進駐漢中，輔臣毀鳳縣偏橋絕運道，又斷棧道，阻漢中聲援。詔趣坤援漢中，次寶雞，以道阻未克進。命罷將軍，以內大臣從軍。秦州旣復，朝議規復漢中，以坤守潼關。

十八年，上念坤已老，召還。追論漢中逗留狀，當奪官、削巴圖魯號。上曰：「巴圖魯號太宗所賜，其勿削！但奪官。」仍留一等阿達哈哈番世職。二十四年，授散秩大臣，並諭年衰不能朝，聽家居。二十六年，卒。

鄂泰，瓜爾佳氏，滿洲正白旗人，世居蘇完。國初來歸，以軍功累進二等阿達哈哈番。順治間，授盛京禮部理事官，坐事黜，並奪世職，旋復起。康熙初，洊擢盛京副都統。王輔臣叛，大將軍貝勒洞鄂西討，命鄂泰率盛京兵千來京備徵發。十四年，授建威將軍，率所部兵駐太原。尋命赴西安參贊洞鄂軍務，以建威將軍印授副都統吳丹。鄂泰與副都統阿爾瑚屯寶雞，賊出棧道攻九龍山，鄂泰督兵縱擊，盡殪之。輔臣所署置總兵任德望率兵及倮倮七千餘屯益門鎮，鄂泰分兵九路進擊，自巳至未，破七壘。德望以百騎遁，驍騎校韓楚漢射中其股，乃降。十五年，復捕餘賊紅崖堡。十八年，卒，追授拜他喇布勒哈番兼拖沙喇哈番。

吳丹，納喇氏，滿洲正黃旗人，葉赫金台石曾孫也。康熙初，以一等侍衞同學士郭廷祚視淮安河決。十三年，大將軍順承郡王勒爾錦討吳三桂，吳丹奉使軍中，宣諭機宜。王輔臣叛，命署副都統，從鄂泰駐太原。旋復命署建威將軍，移師潼關。十五年，從大將軍圖海征平涼，擊賊虎山墩，輔臣乞降，吳丹率數騎入城，安撫降人。

十七年，授護軍統領。時漢中、興安尚為三桂兵所據，上趣圖海進軍，以吳丹參贊軍務，戰於牛頭山、香泉，屢破賊。圖海入覲，命仍佩建威將軍印，暫統大兵。旋從圖海徇鎭安，偕將軍佛尼埒戰於火神崖，破賊，渡乾玉河，克梁河關，遂復興安。上命圖海還駐鳳翔，分兵畀吳丹，與將軍王進寶下四川，爲後繼。十九年，與進寶擊賊蟠龍、錦屛諸山，大破之，遂復保寧，獲三桂將吳之茂等。時將軍趙良棟亦復成都，吳丹與佛尼埒分兵取順慶、重慶，並下達州、東鄉、太平諸州縣。詔取瀘州，趨雲南。吳丹復從佛尼埒戰於豹子山，破瀘州賊。會永寧復爲賊得，仁懷亦不守，良棟劾吳丹不急赴援，解將軍印還漢中。事定，還京，王大臣等議罪，奪職。尋授三等侍衞兼佐領。

二十九年，喀爾喀台吉額爾克阿海等爲亂，噶爾丹亦犯邊，命從大將軍裕親王討之，戰於烏闌布通，噶爾丹敗走。裕親王命吳丹與參領色爾濟、博爾和岱詗噶爾丹所在，知遠去已數日，乃還。途值喀爾喀叛者，並遇害，贈散秩大臣，予拖沙喇哈番世職。

畢力克圖，博爾濟吉特氏，蒙古正藍旗人，世居科爾沁。太宗時，來歸，授豫親王護衞。從伐朝鮮及明錦州，並有功。順治初，從討李自成，定西安，移師拔揚州，下江寧，以戰績著，署護軍統領，予牛彔章京世職，擢正藍旗蒙古副都統。六年，詔駐防平陽，賊犯絳州，擊卻之。李建泰叛據太平，復與協領根特等攻之，久弗下，迺穴地燃火藥隳城，擒建泰誅之。累進一等阿達哈哈番。授禮部侍郎，調戶部。

十一年，從靖南將軍珠瑪喇下廣東，明將李定國犯新會，屯縣左山峪。畢力克圖再戰敗之，追至興業，斬殺過半，趨橫州，定國渡江遁。進三等阿思哈尼哈番。坐事罷官，降二等阿達哈哈番。

十七年，命署護軍統領。從定西將軍愛星阿出師雲南。時明桂王入緬甸，定國與白文選分據孟艮、木邦。十八年，會師木邦，定國走景線，文選走錫箔江，毀橋趨茶山。畢力克圖至，獲諜者，結筏以濟，次舊晚坡，去緬城六十里。緬人謀獻桂王，請大軍留駐，以百人進蘭鳩江備捍衞，於是白爾赫圖率前鋒以往，畢力克圖以護軍二百人從之。緬酋蟒猛以桂王出畀我軍，遂班師還。文選至猛養，爲總兵馬寧追及，率衆降。畢力克圖撫其衆，徙之邊境。論功，進一等阿達哈哈番兼拖沙喇哈番。

康熙八年，擢正藍旗蒙古都統，列議政大臣。十二年，加太子少師。十四年，王輔臣叛，授畢力克圖平逆將軍，帥師駐大同。尋延安、綏德皆陷，命進駐榆林。詗知賊屯楊家店渡口，遂分兵三隊，乘夜疾進。黎明，鳴角濟河。賊不虞我師至也，皆駭走，遂復吳堡。進次虎爾崖口，遇賊，又擊敗之。下綏德，乘勝克延安，並招撫附近諸州縣。上命移師會揚威將軍阿密達攻平涼。將至，輔臣擁衆迎戰，與貝勒洞鄂等擊之，陣斬其將郝天祥。十五年，大學士圖海莅師，命畢力克圖屯寧夏。輔臣降，還駐平涼。

十七年，移師守隴州、寶雞。圖海議取漢中，與鄂克濟哈等分道入，以次降靈臺、華亭、崇信諸縣。其冬，克成縣。十九年，徵還，仍任都統。二十年，卒，年七十有三，謚恪僖。孫常遠，襲職。二十五年，追錄陝西軍功，進二等阿思哈尼哈番。

噶爾漢，納喇氏，滿洲正紅旗人，尚書噶達渾子也。噶爾漢襲一等阿達哈哈番，授王府長史。康熙初，遷正紅旗滿洲副都統。

十四年，授鎮安將軍，駐守河南。時寇勢甚熾，總兵楊來嘉叛，命移師襄陽。十五年，戰南漳，破靈機寨。叛將譚弘等犯鄖陽，遣黨扼城東陡嶺，斷我輓運道。復與提督佟國瑤會師，分路進擊，賊退。十八年，謝泗、劉魁等掠竹山、竹谿諸縣，偪鄖城，與興安賊爲聲援，噶爾漢往討之。時方溽暑，鄖西數百里，山逕陿隘，草木叢塞，霪雨洪注，師阻水，弗能進。噶爾漢期以木落水涸時進師，上責其逗留，削前功。二十年，薄鄖城，時弘已死，其子天祕毀壘遁，遂克之。以次下萬、開、建始、梁山諸縣及忠州。二十二年，授荊州將軍。部議當楊來嘉攻房縣不能救，當奪職，上命降級留任。

二十六年，湖廣裁兵，夏逢龍倡亂。噶爾漢師次安陸，遣協領穆禮瑪等攻之，多所斬馘。進次應城，賊還竄武昌，會糧絕，戰艦不足用，疏言狀，召還，授正紅旗蒙古都統。比至都，論退縮玩寇罪，免官。後卒於家。

阿密達，他塔喇氏，滿洲正白旗人。順治間，授三等侍衞，洊擢正白旗滿洲副都統。康熙初，擢領侍衞內大臣、議政大臣。

十三年，吳三桂反，襄陽總兵楊來嘉以穀城叛應之。河北總兵蔡祿初與來嘉並爲鄭成功將，先後來降。來嘉招同叛，祿具鎗械，購贏馬，密令所部爲備。聖祖聞狀，命阿密達率兵赴懷慶察視，祿不出迎，謀拒戰。阿密達疾馳入其廨，得祿及其孥，悉誅之。耿精忠亦叛，授阿密達揚威將軍，率滿洲兵千人駐江寧，命習水戰。尋授簡親王喇布揚威大將軍，阿密達歸將軍印，參贊軍務。

王輔臣叛，十四年，命阿密達仍佩揚威將軍印，率兵赴蘭州，佐以副都統鄂克濟哈、覺羅夸岱。時輔臣據平涼，蘭州諸路皆陷賊，大將軍貝勒洞鄂令阿密達徑攻平涼。五月，克寧州，薄平涼，戰失利，退駐涇州。洞鄂兵至，命參贊軍務，與總兵孫思克會師進攻，久不下。十五年，大學士圖海代爲大將軍，阿密達參贊如故。旣，奪虎山墩，俯攻城，輔臣乃降。

十七年，命赴湖南，從大將軍安親王岳樂討吳世璠。十八年，克武岡。諭阿密達與安親王計議，量撤滿洲兵，護還京師。十九年，授正白旗蒙古都統。部議平涼戰敗當奪職，上寬之，命降五級留任。尋復授領侍衞內大臣。

噶爾丹爲亂，命詗賊狀。二十九年，命參贊大將軍裕親王福全軍務，出塞討噶爾丹，戰於烏闌布通，勝敵。師還，部議不能乘勝滅賊，福全以下皆有罪，當奪職。上以師有功，宥之。三十五年，上親征噶爾丹，阿密達請從征。上次克魯倫河，以阿密達暫充將軍，率留後滿洲兵及綠旗步兵赴克勒和碩，並命兼轄留屯各軍。尋撤還京師。四十八年，卒。

鄂克濟哈，納喇氏，滿洲正黃旗人。初任侍衞，署副都統兼佐領。康熙十三年，三桂反，陝西、湖廣並警。上命偕副統色格駐河南府。輔臣亂起，從阿密達赴西安剿禦。尋赴蘭州參贊阿密達軍務，克涇州、寧州，詔嘉之。十八年，從圖海攻禮縣驛門，大破之。復塔什堡，進克興安。圖海以漢中要地，令鄂克濟哈領振武將軍，與副都統哈塔將千人守之。

十九年，提督趙良棟等徇四川，與將軍吳丹爲後勁。瀘州陷，率師攻克之，又敗之托川雅。未幾，賊犯仁懷，吳丹擁兵不救，永寧復陷。命還漢中，而使鄂克濟哈領其衆。鄂克濟哈疏言建昌、永寧相去千餘里，未能兼顧，乃命佛尼埒專領永寧一路，而授鄂克濟哈宣威將軍，駐軍成都，專領建昌一路。二十年，建昌軍棄城走，自劾，解將軍印，以都統覺羅吉哈里代，還守漢中。尋入爲二等侍衞。三十年，遷正黃旗副都統。三十三年，授護軍統領。從征噶爾丹，事平，駐守寧夏。三十八年，卒。

覺羅吉哈里，滿洲正白旗人，武功郡王禮敦第三世孫。順治初，授牛彔額眞，襲父拜他喇布勒哈番世職。遇恩詔，晉二等阿達哈哈番。累遷護軍參領、鑲黃旗滿洲副都統。康熙十二年，吳三桂反，京師奸民楊啓隆爲亂，都統圖海、祖承烈及吉哈里討平之。佐領鄂克遜擒其黨黃吉、陳益，吉哈里亦獲焦三、朱尙賢、張大、李柱、陳繼志、史國賓、王鎭邦等送法司，廉得實，論棄市。語互詳鄂克遜傳。十六年，命與副都統席布率師赴四川會鎭安將軍噶爾漢討賊，卽軍前擢鑲黃旗蒙古都統。三桂孫吳世璠尙據有雲南、貴州，其將胡國柱、夏國相、馬寶等分犯瀘州、敍州、建昌。二十年，建昌陷，上解鄂克濟哈宣威將軍任，詔吉哈里代之，統所部兵會提督趙良棟復建昌。良棟自雅州入，吉哈里爲後，鏖戰大渡河，奪寇舟以濟。是時師下雲南，已合圍，國柱等亟引衆還，吉哈里遂復建昌。將趨雲南，行至武家，疾作，卒於軍，卹如例。

拉哈達，鈕祜祿氏，滿洲鑲黃旗人，車爾格第五子。順治間，以侍衞襲其兄法固達三等阿達哈哈番世職，恩詔累進一等。授兵部督捕侍郎，擢工部尙書、議政大臣。康熙八年，授鑲黃旗滿洲都統。

十三年，吳三桂叛，授鎭東將軍，駐防兗州，甫至，而耿精忠叛，犯浙江。詔往署杭州將軍，與平南將軍賚塔、總督李之芳共籌防禦。賊窺金華，遣副都統沃申、副將陳世凱等擊卻之；復犯台州，寧波、紹興皆騷動。上命康親王傑書爲大將軍，貝子傅喇塔爲寧海將軍，統師援浙，拉哈達以都統參贊軍務。十四年，擊處州賊，連下松陽、宣平。十五年，從康親王徇福建。精忠降，卽導我師攻鄭錦。

時漳州、泉州、興化三府爲錦所據，遣其將許耀以三萬人偪福州，拉哈達率師擊之，破其壘十四。其冬，傅喇塔卒於軍，授拉哈達寧海將軍。十六年，與賚塔合軍攻興化，克之，其將郭維藩以仙遊降。耀奔泉州，復據以堅守。拉哈達率銳師胥加之，濠未盡，梯入，斬耀及諸僞官，入城撫定軍民。是時錦連敗，還厦門，泉州、漳州二府及海澄等十縣皆復，降將四百、兵四千有奇。移師略潮州，叛將劉進忠亦降，乃還守福州。

十七年，錦將劉國軒陷海澄，復犯泉州，斷萬安、江東二橋，扼長泰、同安諸隘，南北援絕，泉州幾不守。拉哈達駐漳州，詔責其不亟援海澄，趣戴罪赴泉州難。拉哈達議自長泰入，會江漲，軍阻水。侍讀學士李光地方居憂在籍，迺遣使導師出間道，自南靖道漳平趨安溪，遂薄泉州，圍乃解。國軒築壘濱海東石地，當金門、厦門道。十八年，拉哈達遣沃申攻克之。十九年，與巡撫吳興祚自同安至潯尾，分兵渡海，拉哈達居中，興祚自左，總兵王英自右，並趨厦門。賚塔與總督姚啓聖，提督萬正色、楊捷，總兵黄大來師來會，三面合擊，賊不能支，遂克廈門。復進攻金門，其將吳國俊等迎降，錦與國軒走歸臺灣。詔召康親王還京，命拉哈達與副都統馬思文守福州。二十一年，撤滿洲兵還京，追論失守海澄罪，部議降世職爲三等，並罷官，上以拉哈達從康親王平福建有勞，留都統任。二十四年，致仕。四十二年，病卒，卹如制。

察哈泰，薩克達氏，滿洲鑲紅旗人，世居寧古塔。事太宗，從伐明，屢有功。順治初，逐李自成，討金聲桓，皆在行間，屢擢太僕寺理事官，並授三等阿達哈哈番。復遷太僕寺卿、鑲紅旗滿洲副都統。從伐俄羅斯，將舟師，招降斐雅喀百二十餘戶。坐所部戰艦戰失利，奏不實，罷副都統，奪世職，專管牛彔事。康熙三年，復授鑲紅旗蒙古副都統。以老乞休，上慰留之。尋遷護軍統領，加太子少保。十三年，從拉哈達出駐兗州。上命拉哈達赴杭州，以敕印留付察哈泰，繼爲鎮東將軍。十四年，命仍以護軍統領帥所部赴荊州，聽順承郡王勒爾錦調度。十五年，三桂將陶繼智等犯宜昌，率兵駐江陵，通聲援。七月，卒於軍，卹如制。察哈泰調赴荊州，上命以鎮東將軍印授副都統布顏，統蒙古兵留駐兗州。事定，撤還京師。

根特，納喇氏，滿洲正黃旗人。父達雅里，國初來歸。從伐明，攻深州，先登，克之。軍功，累進一等參將世職。

根特早歲從戎，數立功績。從伐明，攻泗水縣、定州，並先登，賜號「巴圖魯」，授三等甲喇章京世職。順治元年，授刑部理事官。五年，金聲桓以南昌叛，從大將軍譚泰討之，薄南昌，攻未下，根特自城南以登，拔之。聲桓中矢死，擒王得仁。師還，擢梅勒額眞，進一等阿達哈哈番。

六年，姜瓖以大同叛，其黨虞允、白璋、張萬全陷蒲州及臨晉、猗氏、河津。從總督孟喬芳濟河擊之，復蒲城，進征平陽。白璋擁步騎六千至榮河迎戰，奮擊，大破之。追黃河，賊未及濟，師薄之，賊多赴水死，遂斬白璋，餘奔吉鎭，悉殲焉。移師趨猗氏，瓖黨衞登芳依山結寨，與萬全爲犄角，復分兵擊斬萬全，殲其衆。尋生得登芳，復進敗瓖黨郭中傑於聞喜。

康熙十三年，吳三桂反，命出駐兗州。尋以江西地要衝，命偕副都統席布徙守南昌。長沙陷，袁州、吉安二府與接壤，巡撫董衞國請發兵駐防，命根特自南昌移師，備戰禦。尋以希爾根爲定南將軍，根特參贊軍務。尙可喜疏請兵，上令根特俟希爾根兵至，率所部下廣東。耿精忠反，授根特平寇將軍，令仍返江西。副將柯昇以廣信叛應精忠，破都昌，窺南康，復命根特先定廣信，與前鋒統領覺羅舒恕自袁州規長沙。是年八月，卒於軍，卹如制。

禮部尚書哈爾哈齊副定南將軍希爾根駐江西，根特卒，上命以平寇將軍印授之。十一月，命赴江寧，贊大將軍簡親王軍務，鎭江南。十五年五月，命率江寧兵赴廣東，授華善平寇將軍，道江西，命會師攻吉安。螺子山之敗，坐奪官，披甲。

華善，漢軍正白旗人。石廷柱第三子，爲豫親王多鐸壻，授和碩額駙。三桂反，授安南將軍，守鎭江。尋命贊大將軍簡親王軍務，駐江寧。十五年，改授平寇將軍。十六年，簡親王進軍江西，命華善率所部從，以平寇將軍印留付江寧副都統科爾擴岱。十七年，授定南將軍，命守茶陵。三桂兵攻永興急，上命簡親王進次茶陵，而令華善救永興。華善不敢進，上切責之，解將軍印，令從穆占自效。事平，論罪，上命寬之。三十四年，卒。子石文炳，襲廷柱三等伯。累遷福州將軍。以華善老，召授正白旗漢軍都統。尋聞喪還京，卒於途。

席卜臣，瓜爾佳氏，滿洲鑲白旗人，費英東弟郎格之孫也。事太宗，從上征朝鮮。從睿親王多爾袞伐明，戰於通州，擊敗太監高起潛軍；再從攻錦州，屢戰破敵。順治初，從大軍入關擊李自成，戰於一片石，遂至慶都，敗賊於太原。二年，從英親王阿濟格徇陝西，逐自成至安陸。三年，從肅親王豪格下四川，殲張獻忠。五年，從討叛將姜瓖。敍功，屢遇恩詔，世職至二等拜他喇布勒哈番，官至護軍統領。十二年，與都統卓洛等出駐荆州，破孫可望。十六年，與安南將軍明安達里援江寧，敗鄭成功將楊文英等，斬馘甚多。康熙九年，擢鑲白旗蒙古都統。十二年，加太子少傅。

十三年，吳三桂反，上授都統赫葉爲安西將軍，與西安將軍瓦爾喀等自漢中下四川。十四年，復授席卜臣鎭西將軍，與副都統巴喀、德業立同駐西安。尋又命大將軍貝勒洞鄂西討，赫葉歸將軍印，參贊軍務。是冬，席卜臣與赫葉會師攻保寧。三桂將王屏藩拒守，師屯蟠龍山，屏藩出戰，潛遣別將自他道絕流渡，撓我師，我師棄營退，席卜臣引還漢中。上命覈諸將罪，赫葉奪職，披甲自効。方軍退，佐領穆舒誓死決戰，將甲上記號付將軍，督兵奮鬬。上聞，超擢正紅旗蒙古副都統，以奬其勇。

席卜臣至漢中，値王輔臣叛，棧道絕，餉不繼，引還西安。旋召還京。事定，王大臣追論蟠龍山戰敗罪，奪官，削世職。上以席卜臣有勞，免其籍沒。尋卒。

希爾根，覺爾察氏，滿洲正黃旗人，世居長白山。太宗居藩邸時，任護衞。天聰間，以軍功授牛彔章京世職。崇德元年，從伐明，連下昌平、寶坻十餘城，遷巴牙喇甲喇章京。擊敗明太監高起潛兵，擒總兵巢丕昌，又助譚泰設伏，敗三屯營騎兵。師還，敵躡後，諸將護輜重先行，希爾根殿，超授一等甲喇章京世職。二年，從克皮島。將行圍，選扈從，其父雅賴與焉。希爾根向睿親王多爾袞乞免，不許，紿以珠爾堪代之。事覺，坐欺罔，應罷官奪世職，從寬論罰鍰。從師圍錦州，壁山岡，明兵至，擊走之，並擊退松山援兵。復坐擅離軍伍，言事不實，停敍功。七年，師圍薊州，明總兵白騰蛟率師馳救，希爾根擊敗之。

順治二年，從英親王阿濟格討李自成，圍延安，大敗其衆。其將有一隻虎者，稱驍果，數犯我師。希爾根三戰皆克，遂至西安。自成奔湖廣，逐北至安陸，賊據城拒戰，復與鼇拜攻克之，獲戰艦八十艘。引兵武昌，賊又集艦五百浮江將東下，譚泰率衆往取，希爾根先至，獲之，進三等梅勒章京。三年，從肅親王豪格征張獻忠，與哈寧阿、阿爾津、蘇拜敗之西充。別趨涪州，討賊袁韜，斬虜多。尋坐哈寧阿陷重圍不救，復與阿爾津等爭功，論棄市，詔改罰贖，降三等甲喇章京。

六年，姜瓖叛據大同，希爾根從巽親王滿達海討之，圍太谷，以砲破其城，斬瓖所署置知縣李成沛、都司吳汝器，進克大同。以次復長子縣，渾源、朔二州。永寧州、嵐縣、潞安府並降。又與漢岱攻復遼州。山西平，當進秩，因訴前鐫秩冤，累遇恩詔，進一等阿達哈哈番。九年，擢巴牙喇纛章京，列內大臣。十二年，加太子太保。

十三年，耿精忠叛，使其將白顯忠寇廣信、建昌、撫州，授希爾根定南將軍，率師援江西，以桑格贊軍事，沃赫、伊巴罕從，次南昌，而三城已陷。是時安親王岳樂駐師省城，檄希爾根先取撫州，賊出拒，連敗之，幷率沙納哈擊走援賊，城賊待援不至，棄城走。精忠將陳昇搆土賊郭應定等犯贛州，令副都統甘度海禦之，大捷。追至龍泉，破三壘，復攻取曹林十餘寨。十四年，擊敗精忠將邵連登，復建昌。移師饒州，擊退餘干、浮梁、樂平諸縣賊。會岳樂師下湖南，命簡親王喇布赴南昌，以希爾根副之。三桂將高大節出醴陵、萍鄉，陷吉安，冀斷岳樂軍後路。我師屯螺子山，大節勇，常以少騎奔我師。喇布倉皇棄營走，希爾根從之，賊入壘，縱飲飽掠而歸。俄大節死，希爾根督師攻圍，戰又弗勝。踰歲賊遁，詔仍駐南昌。尋以老召還。十八年，卒。

子喀西泰，任護軍參領。從征四川，攻保寧，死蟠龍山之戰。

論曰：當三藩亂時，命將四出，以庶姓授大將軍，惟圖海與賚塔二人而已。賚塔自廣西，穆占自湖南，皆轉戰下雲南，削平巨憝，功最多。穆占功歸彰泰，故賞不逮；賚塔、莽依圖功與相並，惜中道先卒。佛尼埒等皆夙將，有戰績。其時雜號將軍，或出朝命，或卽軍前除拜。有一人遞掌二三印者，有一印迭授二三人者，皆領異軍獨當一路。綜而觀之，當日行師應敵之大概，可以得其要矣。

清史稿卷二百五十五

列傳四十二

張勇　趙良棟 子弘燦 弘燮　王進寶 子用予 王萬祥　孫思克 馬進良

張勇，字非熊，陝西咸寧人。善騎射，仕明爲副將。順治二年，英親王阿濟格師次九江，勇來降，檄令招撫，得總兵以下七百餘人。授游擊，隸陝西總督孟喬芳標下。時李自成將賀珍、賀弘器、李明義等分據漢中、興安、固原諸地，窺西安。勇與副將任珍、馬寧等禦戰，屢敗之。四年，寧夏叛將馬德結弘器陷安定，勇從總兵劉芳名率師赴援，戰，馬寧陣擒德，勇攻克固原，獲弘器、明義，誅之。

四年，米喇印、丁國棟以蘭州叛，陷臨洮。勇與副將陳萬略率師夾擊，破賊，復臨洮。逐賊至岷州，敗之宮堡，又敗之馬韓山。賊分竄二崖洞，殲焉；又敗之馬家坪，獲明延長王識鎊。喬芳攻拔蘭州，喇印、國棟走甘州。勇等率師與喬芳會，遂渡河而西。八月，至甘州，賊出戰，屢擊敗之。六年正月，總兵南一魁奪門入，勇入城巷戰，賊夜遁，逐之至北山，殲賊甚衆。斬喇印於水泉，國棟走肅州，師從之。五月，至肅州，伏壕外，伺賊出牧，擒斬，不使得入。十二月，勇與馬寧督兵樹雲梯登城，遂復肅州，誅國棟，超授甘肅總兵。十年，敍功，授三等阿達哈哈番。

大學士洪承疇視師湖廣，勇請自効，詔獎其忠勤，召詣京師。承疇亦薦勇智勇兼備，所部兵精馬足，請移授經略右標總兵，上許之。勇入對，賜冠服、甲胄、弓矢，加右都督。勇移家京師，乞賜宅；子雲翥，以廕授陝西衞指揮，乞改隸京衞，並得旨俞允。勇將行，命內大臣索尼等傳諭曰：「當今良將如勇者甚少。軍務不可懸度，當相機而行，勿負才輕敵。」至軍，佐承疇屢破敵。十五年，從徇貴州，明將羅大順焚新添衞，勇率兵馳戰，大順走十萬谿，勇與一魁等破其壘。復從信郡王多尼下雲南，次盤江。明兵焚鐵索橋，勇夜督兵造梁，黎明，全軍皆得渡，破明將白文選於七星關。十六年，加左都督。十七年，命移鎭臨元、廣西諸處。十八年，遷雲南提督。

康熙二年，以勇久鎭甘肅，威名素著，屬番讋服，命還鎭甘肅。三年，加太子太保。西喇塔拉饒水草，號大草灘，厄魯特蒙古乞駐牧於此。勇以其地當要隘，不容逼處，自往諭之，事遂寢。因請築城其地，曰永固。旁建八寨，相聯屬爲聲勢。四年，蒙古徙牧近邊，請增西寧兵四千五百二十。部議下總督覆覈，上特命允之。

十二年，吳三桂反，四川總兵吳之茂叛應之。十三年，三桂使招勇，勇執其使以聞。陝西提督王輔臣亦叛，勇督兵防禦。十四年，巡撫華善疏言：「輔臣遙應三桂，西番土回乘隙並起，河西危甚，得免淪陷，皆勇之力。請敕許勇便宜。」命授靖逆將軍，仍領提督，總兵以下聽指揮。輔臣招勇，勇斬其使，上嘉之，封靖逆侯。

勇遣西寧總兵王進寶率師攻蘭州。輔臣將潘瑀攻洮州，會文耀攻河州，番部乘隙肆掠。勇率兵攻河州，文耀敗走。別遣土官楊朝樑攻洮州，自督兵繼其後，瑀亦敗走。上嘉勇謀略，以其次子雲翼爲太僕寺卿。勇進攻鞏昌，輔臣將任國治等潛師入城，與城兵共出戰。勇與副將劉宣聖等奮擊，截其歸路，斬馘過半，獲四百七十三人。時輔臣據平涼，貝勒洞鄂督兵圍攻，久不下，上命勇率師會之。勇疏言鞏昌要地，兵力難分，下廷臣議，令勇固守鞏昌。

吳三桂遣其將吳之茂自四川北犯，爲輔臣聲援，屯西和。勇與振武將軍佛尼埒及進寶等禦之，三戰皆勝。寧夏兵變，戕提督陳福。勇還駐鞏昌，疏薦天津總兵趙良棟才勇，命卽授寧夏提督。十五年，敍復洮、河二州功，加少保兼太子太保。

吳之茂屯樂門，分兵攻陷通渭。勇督兵道伏羌赴援，至十八盤坡，與之茂兵遇，張兩翼衝擊，之茂兵潰，乘勝復通渭。進攻樂門，之茂據險，列十一寨，勇度地，令橫營山梁。營甫立，賊齊出，勇令兵持草一束，與都統赫葉分擊南北山梁，賊亦南北應戰。火器發，賊敗走入寨，兵投草塡塹直進，殺賊千餘。之茂收餘衆復戰，勇勒兵衝擊，之茂大敗。勇與佛尼勒、進寶等盡平賊寨。之茂夜走，追敗之牡丹園，又敗之西和北山，之茂僅以數騎遁。大學士圖海出視師，輔臣降，勇遣兵收平涼、慶陽、鞏昌諸屬縣。詔褒勇功，進一等侯，加少傅兼太子太師。

十七年，準噶爾台吉噶爾丹兵入河套，厄魯特部爲所敗，假道赴青海，闌入內地，勇驅令出塞。二十一年，入覲。二十二年，以老病乞休，諭留之。二十三年，聞青海蒙古游牧近邊城，率兵赴丹山防禦，至甘州，病篤。上聞，遣醫並其子雲翼馳驛往視。尋卒，贈少師仍兼太子太師，賜祭葬，謚襄壯。

勇身經數百戰，克府五、州縣五十，右足中流矢，傷骨，不能履，常以肩輿督戰。臨敵若無事，而智計橫出，每以寡勝衆。居恆恂恂退讓，賓禮賢士。用人盡其材，其所甄拔，往往起卒伍爲大將，良棟、進寶尤其著者也。

子雲翼，襲爵，官至江南提督。卒，謚恪定。雍正間，祀勇賢良祠。乾隆三十三年，命以一等侯世襲罔替。四十七年，詔褒勇、良棟、進寶勳績，尤稱勇有古名將風。時勇四世孫承勳襲爵，以散秩大臣曠班，降三等侍衞，命復還散秩大臣。

趙良棟，字擎宇，甘肅寧夏人，先世居榆林。順治二年，師定陝西，良棟應募，隸總督孟喬芳標下，檄署潼關守備。從征秦州、鞏昌，擊敗叛將賀珍、武大定。授寧夏水利屯田都司。五年，討河西回，擒丁國棟。良棟在行間，擢高臺游擊。十三年，以經略洪承疇薦，從征雲、貴，授督標中軍副將。康熙元年，擢雲南廣羅總兵。先後剿平馬乃、隴納、水西諸苗。四年，移鎭貴州平遠，遭父喪，吳三桂以水西未大定，留勿遣。良棟辭，忤三桂，同官爲排解，乃得歸終制。八年，起山西大同總兵。十一年，移鎭直隸天津。

十二年，三桂反。十三年，寧夏兵變，戕提督陳福。甘肅提督張勇薦良棟，擢寧夏提督。入覲，奏寧夏亂兵，宜誅首惡、宥脅從，上頷之。良棟請留孥京師，賜宅以居。簡精兵百疾馳赴鎭，宣上諭撫慰。察知倡亂者把總劉德，而參將熊虎與其謀，戕福者營兵閻國賢、陳進忠。乃分兵使出防，散其黨羽，逮虎等正其罪，請旨斬之。

是時大將軍圖海督師平涼，討王輔臣，良棟及平涼提督王進寶並聽指揮，分兵定秦州、西和、禮縣。十八年，良棟疏言：「寧夏兵舊習驕縱，臣三年訓練，漸遵紀律，並嚴禁侵剋額餉，衆志思奮。臣年漸老，不乘時努力，虛負上恩。今湖南既定，宜取漢中、興安，規四川。

臣願精選所部步騎五千，獨當一路。」上覽奏嘉許，下圖海。圖海議先破棧道、益門鎭諸處賊壘，分四道進取；而涼州提督孫思克疏請緩師，得旨切責。乃以十月定師期，良棟將所部出徽縣。師進破密樹關，遣兵襲黃渚關分敵勢，大戰，破三桂兵，克徽縣。思克出略陽，方次階州。良棟師自徽縣進克略陽，三桂將吳之茂敗走。良棟復進取陽平關，徇沔縣。進寶出鳳縣定漢中，良棟與會師寧羌，各奏捷。授良棟勇略將軍，仍領寧夏提督。

十九年，良棟與進寶分道進次白水壩，三桂兵夾江而陣，江水方漲，不得舟，賊矢石如雨。良棟令於衆曰：「視我鞭所向，敢退者斬！」一軍皆奮呼。良棟擐甲，驟馬亂流而渡，師從之，敵發砲，傷數十人，無回顧者。三桂兵錯愕奔潰，逐之過青川，敗之石峽溝，再敗之青篝山，下龍安府，渡明月江，經緜竹。三桂兵盡潰，所置巡撫張文德及其將汪文元等皆降，遂復成都，蓋出師甫十日。上奬良棟功，擢雲貴總督，加兵部尚書，仍領將軍。良棟念寧夏當有代者，鎭兵且不能從征，疏辭總督，上弗許。部議寧夏改設總兵，上卽授良棟子𤅢生弘燦，仍將鎭兵從征。

時進寶亦克保寧，與建威將軍吳丹等徇順慶、重慶、遵義，皆下。良棟分遣游擊冶國用等西徇雅州，復象嶺、建昌諸衞。東略敍州，定納溪、永寧諸縣。疏請敕陝西、四川督撫諸臣合籌運餉濟軍。師自四川分道：一自保寧出永寧，達霑益；一自成都出建昌，達武定。並下雲南。上韙其言，諭諸將帥協謀定策。尋議吳丹出永寧，良棟出建昌。吳世璠遣其將胡國柱、夏國相等攻陷永寧，犯瀘州、敍州，復聚窺建昌。良棟檄總兵朱衣客將八千人援建昌，朱衣客戰不勝，退駐雅州。建昌守兵食盡，棄城走。良棟劾吳丹擁兵不進，致永寧陷賊，並及朱衣客引退狀，詔解吳丹將軍以授佛尼埒，逮朱衣客下刑部。

二十年，良棟率師次朝天關，遣弘燦出馬湖繞賊兵後，戰鳳凰村，再戰觀音崖。賊據崖，弘燦督兵攀崖襲其後，馘三百，俘八十餘。令總兵李芳述、偏圖等逐至黃茅岡，賊分三道拒戰，弘燦分兵應之，自旦至暮，大破賊，斬其將沈明、張文祥，國柱等遁走。復瀘州、敍州，遂克永寧，徇榮經。良棟與會師夾江，克雅州，進復建昌。渡金沙江，次武定。

大將軍貝子彰泰統湖廣、廣西諸路滿、漢兵四十萬下雲南，攻會城，屯城東歸化寺，西亙碧雞關，連營四十里，前臨昆明湖，湖中不設兵。世璠收餘衆固守，自水道轉運，相持數月未下。九月，良棟至軍，周視營壘，請於彰泰曰：「我師不速戰，相持日久，糧不繼，何以自存？」彰泰曰：「皇上豢養滿洲兵，豈可輕進委之於敵？且爾兵初來，亦宜體養，何可令其傷損？」良棟不從，率所部夜攻南壩，破壘奪橋，遂薄城。彰泰語良棟：「爾兵攻已瘁，宜暫退，令總督蔡毓榮代守。」良棟曰：「我兵死戰所得地，奈何令他人守乎？」於是彰泰令諸軍悉進，世璠兵出城，戰於桂花寺，諸軍皆奮鬬，世璠兵大敗，乃自殺，餘衆以城降。雲南平。

自三桂鎭雲南，至世璠覆亡，歷年久，子女玉帛充積饒富。城破，諸將爭取之，獨良棟無所取，戢所部兵絲毫毋敢犯。

朱衣客就逮，具疏辨，謂良棟與兵少，又無後應，是以退還。進寶亦疏謂建昌之陷，罪在良棟。良棟復劾朱衣客欺飾狡辨，且謂辨疏出進寶。上以軍事急，命俟事平察議。雲南既定，召良棟詣京師，進寶亦入覲，諭曰：「當賊據漢中負固，諸將咸謂恢復爲難，獨良棟首發議進剿，與進寶同取漢中。嗣因意見不相合，遂分道克成都，而進寶亦取保寧。成都不下，保寧未易拔；保寧不下，成都未易守：是二將並有功也。時賊皆入川抗戰，我師乘虛自沅州、鎭遠取貴陽，川中寇復張，已復之疆土幾至再陷，則二將不能和衷之所致也。二將不諳大體，私忿攻訐。朕念其功績並茂，惟欲保全，互訐章奏，皆置不問，但論失援建昌罪。」部議朱衣客論斬，吳丹奪官籍沒，良棟奪官。上命朱衣客免死爲奴，吳丹奪官，良棟改授鑾儀使。

二十二年，良棟疏陳戰功，請察議，下王大臣等議：良棟失建昌，以功抵罪；止敍從征將士弘燦、芳述、偏圖，並加左都督。良棟尋乞病歸。二十五年，上念良棟克雲南，廉潔守法紀，復將軍、總督原銜。二十七年，入覲，復自陳戰功，上命還里牒部具奏。二十八年，授拜他喇布勒哈番。

三十年，噶爾丹擾邊，命西安將軍尼雅翰等出防寧夏，以軍事諮良棟。三十二年，以寧夏總兵馮德昌赴甘州，命良棟暫領鎭兵。良棟劾德昌剋軍糧，德昌坐罷。三十三年，命良棟率兵駐土喇禦噶爾丹，旋召詣京師。三十四年，良棟復自陳戰功爲大將軍圖海、彰泰所抑，並咎大學士明珠蔽功，上責其褊隘，還其疏，仍敕部優敍，授一等精奇尼哈番。良棟願留京師，乞田宅。御史龔翔麟劾良棟驕縱，上原之，賚白金二千，令歸里。

三十六年，良棟病，尚書馬齊自寧夏還，奏狀，手詔存問，賜人葠、鹿尾。尋卒，年七十有七。上方征噶爾丹，次榆林，諭曰：「良棟偉男子，著有功績。性躁心窄，每與人不合，奏事朕前，言語麤率。朕保全功臣，始終優容之，所請無不允。今病卒，宜爲其妻子區處，使得安生。」至寧夏，命皇長子允禔臨其喪，賜祭葬，謚襄忠。五十九年，上諭羣臣，猶舉良棟至雲南與彰泰議軍事，謂決於進戰乃得成切。乾隆四十七年，進一等伯，世襲罔替。

子弘燦，初以廕生特授寧夏總兵，歷川北、眞定、黃巖、南贛諸鎭。康熙三十八年，授浙江提督，調廣東。四十五年，授兩廣總督。五十五年，入覲，辭還，奏言久處炎海，年事就衰，請移近地自効。尋授兵部尙書。五十六年，詣京師，至武昌，道卒，謚敏恪。

弘燮，初授完縣知縣，再遷天津道。良棟卒，襲一等精奇尼哈番，復授天津道。三遷河南巡撫，調直隸。五十四年，諭奬弘燮撫直隸十年，任事勤勞，旗、民輯睦，盜案稀少，加總督銜。六十一年，卒，諡肅敏。弘燮在官虧庫帑，特命弘燦子之垣以郎中署直隸巡撫，責完補。世宗即位，以之垣庸劣，令解任。尋命免追虧項，詔謂念良棟舊勳也。

王進寶，字顯吾，甘肅靖遠人。精騎射。順治初，從孟喬芳討定河西回，授守備，隸甘肅總兵張勇標下。十一年，勇調經略右標總兵，南征，進寶從徇湖南。十五年，下貴州，師次十萬谿，懸崖千仞，明將李定國遣其將羅大順扼險屯守。進寶率衆攀崖直上，搗其巢，大順奔潰，以功遷經略右標中營游擊。康熙二年，勇還爲甘肅提督，進寶亦改授提標左營游擊，隨軍有功，遷參將。厄魯特蒙古欲得大草灘駐牧，勇用進寶議，持不可。旣，城永固，以進寶爲副將駐其地。十二年，擢西寧總兵。

王輔臣攻陷蘭州，勇遣進寶率師討之。次黃河，夜以革囊結筏自蔡灣渡，破賊臯蘭龍尾山，獲輔臣將李廷玉。遂東拔安定，復金縣。西攻臨洮，會大雪，詗賊不誡備，襲破之。輔臣使持吳三桂劄招進寶，進寶以聞，加左都督。四月，進攻蘭州。輔臣遣兵開壁出戰，進寶督兵奮擊，自旦至日中，擒斬過半。賊敗入壁，爲長圍困之，斷其糧運。六月，輔臣兵造筏黃河，謀潛遁。進寶緣河要之，賊計蹙，其將趙士昇出降。

其秋，三桂遣其將王屏藩、吳之茂自四川入陝西，爲輔臣聲援。之茂據西和鳳凰山，進寶督兵討之，初合，我師敗績；夜，之茂兵來襲，進寶以計環攻之，蹙之黨家山，大潰，多墜崖死。十五年，擢陝西提督，仍兼領西寧總兵，駐秦州。之茂進據北山，斷臨洮、鞏昌道。進寶與將軍佛尼埒分兵赴援，擊敗之，獲其將徐大仁。戰羅家堡，再戰鹽關，屢勝。之茂集潰兵萬餘屯鐵葉硤、紅山堡，築壘，護以密樁，潛出運芻糧。進寶遣兵破賊牡丹園，獲糧械。大將軍圖海進攻平涼，輔臣引四川叛將譚弘犯通渭。進寶引數十騎入自東峽口，聞將軍赫葉戰敗，寇方張，令諸軍伐木曳以行，塵大起，寇駭走，追殺數十里。分兵進攻，復靜寧，於是平涼遂下。六月，師次樂門，甫立營，之茂兵來攻，進寶督兵環擊，殲其裨將數輩。復與佛尼埒合兵，戰屢勝，之茂僅以十餘騎潰走。平原、固原悉定。論功，授二等阿思哈尼哈番。上褒進寶忠義，進一等，授奮威將軍，仍兼提督平涼諸軍事。

十七年，復慶陽，斬其將袁本秀。十八年，圖海議取漢中。圖海與總兵費雅達自棧道先驅，進寶疏乞令長子用予隨征，上授以副將。師進次寶雞，進寶遣用予擊賊紅花鋪，大敗之，克鳳、兩當二縣。復進次武關，令用予將偏師繞出關後，進寶督兵夜斬關入，獲其將羅朝興等。復進奪雞頭關，直趨漢中，屏藩率其衆自青石關走廣元，進寶遣兵追擊，其將楊永祚、孫啓耀來降，遂盡復漢中地。時趙良棟亦克略陽，命分道定四川。將軍吳丹、鄂克濟哈率滿洲兵繼進，進寶自青石關進次神宣驛，督兵奪朝天關，疾馳進，拔廣元。屏藩走保寧。

十九年，分兵趨保寧，距城二十里當孔道立營，屏藩以二萬人出戰，進寶督兵奮擊，大破之。追至錦屏山，連拔賊壘，奪浮橋。薄城，守兵貫弓注矢，進寶披襟示之曰：「何不射我？」守兵皆驚愕。用予斬門入，進寶戢諸軍毋驚井里，皆曰：「此仁義將軍也！」屏藩與其將陳君極縊焉，獲之茂與其將張起龍、郭天春等十七人，誅之。分部諸將及次子用賓復昭化，劍州、蒼溪、蓬州、廣安、合州、西充、岳池諸州縣悉定。

時良棟已克成都，授雲貴總督，移軍下雲南。詔進寶留鎮四川，駐保寧。擢用予松潘總兵。進寶疏稱疾乞休，命還固原就醫，卽令用予護諸軍駐保寧。尋改用予固原總兵。良棟檄川、陝諸軍從征，進寶疏言所屬諸軍宜留鎮守，請停撥遣，從之。三桂將胡國柱、夏國相等自貴州入四川，譚弘旣降復叛，陷建昌。良棟疏劾進寶，進寶言方臥疾，固原、建昌之陷，罪在良棟，詔趣進寶還保寧護諸軍。敍功，進三等精奇尼哈番，用予加左都督，授拖沙喇哈番。二十年，三桂將馬寶犯敍州，用予擊卻之，並復納溪、江安、仁懷、合江諸縣，降其將何德成等，寶竄還雲南。上命用予率所部駐永寧。

二十一年，雲南平，進寶入覲，良棟亦詣京師，命王大臣發還互劾章奏，並宣諭：「二臣功績並茂，欲矜全保護之；私忿攻訐，不諳大體，皆置不問。」語互詳良棟傳。賚服物，還鎮。

二十三年，疾甚乞休，時用予已調太原總兵，命偕太醫馳驛視疾。尋移甘肅總兵，俾便奉侍。二十四年，進寶卒，贈太子太保，賜祭葬，謚忠勇。用予襲爵，進二等，尋卒官。乾隆三十三年，命世襲罔替。四十七年，進一等，用賓授侍衞。進寶所部多材武，王萬祥尤著。萬祥，字瑞宇，會寧人。幼喪父母，依其戚郭氏，從其姓。進寶官游擊，應募入伍，屢當軍鋒。積功至副將。攻蘭州，萬祥請先取臨洮，進寶率兵以夜半至城下。萬祥見城有缺，令裨將閻潤先登，縋萬祥上，數十人從，守者驚覺，發矢石。萬祥語衆曰：「今欲退無路，惟有猛進！」手刃數人，衆繼上，遂克臨洮。

寧夏兵變，軍中流言洶洶，萬祥告進寶。翌日，陽引兵退，而置伏以待。敵來追，伏起，敵大敗。俄，至者益衆，萬祥中矢，手拔，戰益奮，左輔又創，仍力戰，敵乃潰奔，克通渭。進寶憤城人通賊，將悉按誅之，萬祥諫而止。攻漢中，將二千四百人斷敵運道，敵棄寨，屯八角原，復攻之下。土寇起，擊斬其渠。拔鳳縣，分兵取兩當。雪夜進攻武關，擒其將劉哈性。戰閻王碥，用予陷圍中，萬祥馳援，傷右股，還固原療治。進寶爲疏請復姓，授定海總兵，調興化。臺灣定，復調臺灣，擢福建陸路提督。卒，贈太子少保，謚壯敏。

孫思克，字藎臣，漢軍正白旗人。父得功，以明游擊降太祖，有功，附金玉和傳。思克其次子也。初授王府護衞。順治八年，管牛彔額眞，並授刑部理事官。十一年，遷甲喇額眞。從軍，自湖南下貴州、雲南，轉戰有功。康熙二年，擢甘肅總兵，駐涼州。

五年，厄魯特蒙古徙牧大草灘，慰遣之。不受命，戰於定羌廟，敗去，揚言將分道入邊爲寇。思克與提督張勇疏請用兵，廷議不可輕啓兵釁，令嚴防邊境，撫恤番人。思克乃偕勇修築邊牆，首扁都口西水關，至嘉峪關止，於是厄魯特蒙古入邊牧者皆徙走。思克偏視南山諸險隘，分兵固禦，乃益敕軍紀，簡將才，汰冗卒，覈餉糈，剔蠹蝕，戢兵安民，疆圉敉寧。總督盧崇峻以聞，加右都督。

十三年，提督王輔臣以平涼叛應吳三桂，臨洮、鞏昌皆附，蘭州亦陷。總督哈占檄思克赴援，思克率師道阿壩紅水蘆塘至索橋，結筏渡河，克靖遠，附近諸城堡悉下。厄魯特墨爾根台吉乘隙毀隘，入爲寇，副將陳達陣沒。思克乃留參將劉選勝等守靖遠，率師還涼州，墨爾根台吉引去。高臺黃番復入邊爲寇，攻圍暖泉、順德諸堡。思克率師赴甘州，黃番亦遠遁，乃復渡河而東，與勇會師。疏言所部兵自草地往來勞苦，乞恩加犒賞，上特許之。

思克會勇圍鞏昌，時大將軍貝勒洞鄂攻秦州未下，三桂遣兵自四川至，營南山上，勢方張。檄思克率二千人自鞏昌赴援，壁州西，與相持。輔臣將陳萬策等詣思克降，巴三綱遁走，遂克秦州。南山寇潰竄，思克與將軍佛尼埒等追擊，敗之閻關，復禮縣；復敗之西和，奪門入，斬所置吏，清水、伏羌諸縣皆下。復還軍鞏昌，遣萬策等入城諭輔臣將陳可等，以鞏昌十七州縣降。河東悉定。

乃會攻平涼，思克率師出靜寧，擊敗輔臣將李國樑，斬級五百，獲裨將三，復其城。進次華亭，輔臣將高鼎率裨將二十八、兵千餘，迎降。遂至平涼，與貝勒洞鄂師會。城兵出戰，思克徒步督所部當賊，戰南山，戰城北，八戰輒勝。又爲九覆，敗賊南郭外。賊阻我軍掘壕，思克揮兵急擊，賊退復逼者三，皆敗去。攻涇州白起寨，揮兵先登，克寨，獲輔臣將李茂。又敗之甲子峪，敗之馬營子、麻布嶺，洞鄂上其功。十五年，圖海代洞鄂督師，至城北虎山墩度形勢，並偵通固原道。賊伏兵萬餘猝起，思克急擊之，逐北十餘里，被巨創。輔臣乞降，思克還涼州。詔褒思克功，擢涼州提督，授世職一等阿達哈哈番。思克疏謝，因言：「虎山墩之戰，賊斫臣右臂，傷筋骨。今已成殘疾，乞解任回旗。」溫旨慰留。十六年，敍功，進三等阿思哈尼哈番。噶爾丹爲亂，諸蒙古徙入邊擾民，思克與勇遣兵驅之，乃去。

十八年，上敕圖海合諸軍下四川，定四道進兵，思克與將軍畢力克圖出略陽。會京師地震，詔內外大臣陳所見。思克疏言：「漢中、興安山嶺紆險，賊剗斷要隘，師未能直入。綠旗兵不盡强壯，馬又多羸瘦，滿洲兵亦無多。若各路調取，又恐地偪番夷，秋高馬肥，乘機思逞。秦地多山，土不生秔稻，採買麥豆，用民負載馱運，餽運維艱。諸軍聞京師地震，傾壞房屋，壓斃人口，各有內顧憂。不若今秋暫緩出師，選强壯，飼戰馬，俟來春再議進兵。」上命學士拉隆禮至涼州宣諭詰責，思克引罪。與畢力克圖率師攻階州，進克文成、洒諸縣。上命思克還涼州。尋以總督哈占奏，移駐莊浪。二十年，慶陽民耿飛糾番酋達爾嘉濟農等爲亂，犯河州，思克與勇遣兵討平之。二十二年，追論請緩師罪，罷提督，奪世職，仍留總兵。二十三年，復授甘肅提督。

二十九年，學士達瑚、郎中桑格使西域歸，至嘉峪關外，爲西海阿奇羅卜藏所劫。思克遣游擊朱應祥誘質其宰桑，達瑚等乃得返。又遣副將潘育龍、游擊韓成率師討之，斬四百餘級，阿奇羅卜藏敗走。復使詰責西海諸台吉，諸台吉懼，籍阿奇羅卜藏家償所掠。思克疏請免窮治，上嘉思克籌畫合宜，如其請。

三十年，疏言：「噶爾丹巢穴距邊三十餘程，其從子策妄阿喇布坦在西套住牧。雖叔姪爲讐，慮其復合，侵掠西海，道必經嘉峪關外。今設副將，威望未尊，兵不盈千，不足資控禦。請設總兵一、兵三千，以固邊圉。甘肅地瘠民貧，布種收穫，與腹地迥別。縱遇豐年，輸將國賦，僅贍八口，並無蓋藏。兵馬糧料，不敷供支。宜於河西要地，屯積糧草。本地無糧可買，輓運又恐勞民。請開事例，捐納加級、紀錄、職監。俟邊儲稍充，卽行停止。」三十一年，加太子少保，予世職拜他喇布勒哈番。疏乞休，復慰留。加振武將軍。

三十二年，噶爾丹爲亂，命內大臣郎岱率禁旅出駐寧夏，以思克爲參贊。三十五年，上親征，大將軍費揚古當西路，思克率師出寧夏，與會於翁金。上駐蹕克魯倫河，噶爾丹遁去，費揚古督兵邀擊，戰於昭莫多。思克將綠旗兵居中，與諸軍并力奮戰，大破之，逐北三十餘里，噶爾丹引數騎走。詔褒諭，召詣京師，命侍衞迎勞，御製詩，書箑以賜。入對暢春園，賜綏懷堂額及端罩、四團龍補服、孔雀翎、衣冠、鞍馬，並賚從入京師官兵糧料。命駐肅州，詗噶爾丹蹤跡。三十七年，敍功，加拖沙喇哈番。三十九年，以病乞休，遣醫往視，仍命留任養痾。尋卒，贈太子太保，賜祭葬，謚襄武。喪還京師，命皇長子允禔臨奠。

思克鎭邊久，威惠孚洽。喪還自甘州，至潼關，凡道所經，軍民號泣相送。上聞狀，歎曰："使思克平昔居官不善，何以得此？"進世職一等阿思哈尼哈番兼拖沙喇哈番。乾隆四年，定封一等男。三十二年，命世襲罔替。曾孫慶成，自有傳。

馬進良，甘肅西寧人。初入伍，隸思克軍。從攻平涼，輔臣拒戰，賊斫思克手。進良聞之，曰："斫我總兵手，我必殺之！"乃入賊陣，逐斫思克手者殺之，身被數創。敍功，累遷游擊。思克請補中軍參將，格部議，上特允之。復再遷，授古北口總兵。上征噶爾丹，命將千五百人從。擢直隸提督，諭奬飭營伍，訓練嚴明。中軍參將缺，上特授其子龍。尋以老乞休。卒，賜祭葬，謚襄毅。

論曰：世稱河西四將，以勇爲冠，忠勇篤誠，識拔裨佐，同時至專閫，奉指揮維謹。高宗許爲古名將，允哉！良棟、進寶，轉戰定四川，進寶實首功，乃伉爽多所忤，聖祖力全之，始以功名終。進寶亦與良棟齟齬，不令並下雲南，怏怏稱疾，命其子代將。思克請緩師，雖不得與良棟、進寶同功，仍俾坐鎮，皆聖祖馭將之略也。思克戰功微不逮，而惓惓愛民，可謂知本矣。

清史稿卷二百五十六

列傳四十三

蔡毓榮　哈占　杭愛　鄂善　華善　董衞國　佟國正　周有德　張德地

伊闢　王繼文

蔡毓榮，字仁庵，漢軍正白旗人。父士英，初籍錦州。從祖大壽來降，授世職牛彔章京。從轉戰有功。順治間，累遷至右副都御使。出爲江西巡撫，疏陳兵後荒蕪，請除荒田賦額十萬八千五百四十頃有奇；又以瑞、袁二府科糧偏重，疏請蠲瑞屬浮糧九萬九千餘石，定袁屬賦額自一斗六升七八合減至九升三合：皆得請。又疏論銅塘封禁山不宜開採，咸爲民所頌。尋改漕運總督，加兵部尙書，以疾告歸。十三年，卒，謚襄敏。

毓榮，其次子也。初授佐領，兼刑部郎中。尋授御史，兼參領，遷秘書院學士。康熙初，授侍郎，歷刑、吏二部。九年，授四川湖廣總督，駐荆州。累疏言：「四川民少田荒，請廣招開墾。招民三百戶，予議敍，墾田五年，起科」；「四川衝要營員用沿邊例題補」；「移駐官兵子弟得入籍應試」。並下部議行。

十二年，吳三桂反，毓榮遣沅州總兵崔世祿率兵入貴州，夷陵總兵徐治都、永州總兵李芝蘭繼進，上命速遣提督桑額守沅州。尋授順承郡王勒爾錦爲大將軍，率八旗兵討三桂，駐荊州，諭毓榮督餉。十三年，分設四川總督，命毓榮專督湖廣，以招民墾荒功，加兵部尚書。三桂破沅州，世祿降。常德、澧州、長沙、岳州相繼陷。部議毓榮當奪官，命留任。尋居父喪，命在任守制，督綠旗兵進剿。毓榮令副將胡士英等分防江口。叛將楊來嘉據南漳，屢出掠，令襄陽總兵劉成龍禦之，戰屢勝。廣西提督馬雄降三桂，騰書兩廣總督金光祖，言毓榮將率綠營兵赴岳州降三桂。光祖密使告毓榮，毓榮以聞，請解任，命殫心供職，毋以反間引嫌。

十四年，勒爾錦請增綠旗兵援，剿二營，領以兩副將，命毓榮統轄。十七年，毓榮督造戰艦成，率綠旗兵五千，從大將軍貝勒尙善進攻岳州，與討逆將軍鄂納等以舟八百餘入洞庭湖，擊三桂兵，大敗之，發礮沈其舟，殲寇甚衆。遣將艤君山，載土伐木塞諸港。分兵屯三眼橋、七里山，絕寇轉糧道。寇犯我糧艘，夾擊，復大敗之，斬級千餘。會三桂死，其孫世璠以喪還。師克岳州，進定長沙、衡州。十八年，疏言：「湖南境惟辰州尙爲三桂守。楓木嶺、神龍岡兩道皆險隘。我師疲頓，當小休。俟糧草克繼，會師進攻。」上命給事中摩羅、郎中伊爾格圖傳諭曰：「賊敗遁負險，宜用綠旗步兵。毓榮所屬官兵强壯，不難攻取險隘，剿除餘寇。其具方略以聞。」毓榮疏請專責一人，總統諸路綠旗兵水陸並進，上卽授毓榮綏遠將軍，賜敕，總統綠旗兵，總督董衞國、周有德、提督趙賴等並受節制。十九年，督兵分道出楓木嶺、辰龍關，水師並進，克辰州，再進克沅州，並復瀘溪、漵浦、麻陽諸縣。

大將軍貝子彰泰與會師，自沅州入貴州境。彰泰疏言綠旗兵已與滿洲兵會，若各自調遣，慮未能合力奏功。上命毓榮軍機關白大將軍。尋與衞國督兵克鎭遠、思南。世璠將夏國相等以二萬人屯平遠西南山，分兵據江西坡，坡天險，國相爲象陣。我師迫險攻象陣，不能克，毓榮以紅旗督戰，衆奔不可止，師敗績。越二日復戰，鼓衆奮進，國相棄險走，遂克貴陽。二十年，從彰泰下雲南，次曲靖。會師進薄會城，屯歸化寺，奪重關及太平橋。世璠將余從龍等出降，詗知其虛實。趙良棟師至，趣進攻，毓榮軍大東門。世璠自殺，城下。雲南平。毓榮還任湖廣總督。

二十一年，調雲貴總督。累疏區畫善後諸事：「一曰蠲荒賦。雲南陷寇八載，按畝加糧。驅之鋒鏑，地曠丁稀，無徵地丁。額賦應予蠲除，招徠開墾。二曰制土夷。前此土目世職，不過宣慰，三桂濫加至將軍、總兵。初投誠，權用僞銜給劄，今當改給土職。舊爲三桂奪職者，察明予襲。三曰靖逋逃。三桂舊部奉裁，徵兵散失。八旗僕從，免脫鼠竄。宜厚自首賞，重懲窩隱。所獲逃人，量從末減，庶聞風自歸。四曰理財源。雲南賦稅不足供兵食。地產五金，令民開採，官總其稅。省會及祿豐、蒙自、大理設鑪鑄錢。故明沐氏莊田及入官叛產，均令變價，以裕錢本。田仍如例納賦，兵弁餘丁，墾荒起科，編入里甲，俾賦有餘而餉可節。五曰酌安插。逆屬嘗隨伍，當遣發極邊。若僅受僞銜，並未助逆，宜免遷徙。六曰收軍仗。私造軍器，應坐謀叛論罪。土司藏刀槍，民以鉛硝、硫黃貿易，皆嚴禁。七曰勸捐輸。雲南民鮮蓋藏，偶有災祲，無從告糴。請暫開捐監事例。八曰弭野盜。魯魁在萬山中，初爲新嶍阿蒙土人所據，嘯聚爲盜。內通新平、開化、元江、易門，外接車里、孟艮、鎭元、猛緬。三桂授以僞職，今雖改授土司，仍宜厚集土練，分駐隘口，防侵軼爲患。九曰敦實政。兵後整理撫綏，其要在墾荒蕪，廣樹蓄，裕積貯，興教化，嚴保甲，通商賈，崇節儉，蠲雜派，恤無告，止濫差。州縣吏卽以此十事爲殿最。十曰舉廢墜。各府州縣學宮，自三桂煽亂，悉皆頹壞。今宜倡率修復。通省稅糧，既有成額，宜均本折定，留運驛站，酌加工食，俾民間永無派累。」疏入，廷臣議行。別疏言：「督標舊額兵四千，請增千爲五營。吳三桂設十鎭，今改爲六。在迤西者：曰鶴麗、曰永順、曰楚姚蒙景，在迤東者：曰開化、曰臨元澂江、曰曲尋武霑。」「中甸舊轄麗江土府，三桂割畀蒙、番互市。今互市已停，蒙、番所設喇嘛營官未撤，宜令土知府木堯仍歸其地。」

初，師自貴州下雲南，毓榮劾董衞國不聽調度，上命俟事平再議。二十二年，部議衞國未嘗違誤，且有復鎭遠功，請免議，上責毓榮妒功誣奏，下部議，削五級。二十五年，授總督倉場侍郎，改兵部。領侍衞內大臣佟國維等疏言侍衞納爾泰自陳前使雲南，毓榮令其子琳餽以銀九百；內務府又發毓榮入雲南以三桂女孫爲妾，並徇縱逆黨狀：下刑部，鞫實，擬斬，籍沒，命免死，與琳並戍黑龍江。赦還。三十八年，卒。

哈占，伊爾根覺羅氏，滿洲正藍旗人。自官學生授鴻臚寺贊禮郎，累遷兵部督捕理事官。康熙八年，授秘書院學士。十一年，擢兵部侍郎。

十二年，授陝西總督。甫到官，吳三桂反，四川提督鄭蛟麟、總兵吳之茂等叛應之，與三桂將王屛藩謀寇陝西。上授都統赫業安西將軍，會西安將軍瓦爾喀討之，命哈占與巡撫杭愛督餉，幷敕與提督張勇、王輔臣修邊備，輯軍民。十三年，復命尙書莫洛經略陝西，敕凡事諮哈占乃行。哈占以漢中、廣元山逕險峻，疏請造船略陽速糧運。尋又命貝勒董額爲定西大將軍，護諸將出秦州，徇四川。寇劫略陽糧艘，上命四川總督周有德督川境轉餉。哈占疏請令山西協助，上以山西道遠多勞費，發帑十五萬，使在西安採運；並諭宜稍增其直，俾民樂輸送。會輔臣叛，莫洛遇害。董額以餉不繼，自漢中引還西安。

十四年，詔哈占分兵防蘭州，哈占疏言西安兵少不宜分遣。上命雲貴總督鄂善率師駐興安、漢中，旣又命守延安，哈占迭奏請留西安不遣。時輔臣據平涼，同州游擊李師膺叛，戕韓城知縣翟世琪，脅神道嶺營卒，合蒲城土寇陷延安。固原道陳彭、定邊副將朱龍皆以城叛。輔臣分兵四出，陷旁近諸州縣，遂破蘭州，巡撫華善走涼州。遣將逐賊邠州、淳化、三水、長武、漢陰、石泉、甘泉、寶雞諸處，戰輒勝。董額師克秦州，總兵王進寶亦復蘭州。定邊、延安皆下。上趣董額督兵合攻平涼。哈占聞興安游擊王可成叛，移潼關綠旗兵守商州，移西安滿洲兵守潼關。俄聞興安叛兵已破商州舊縣關，逼西安，疏請敕董額分兵赴援。上責哈占曰：「輔臣初叛，朕以蘭州近邊要地，令哈占發兵鎭守。哈占以西安兵少不遣，蘭州遂陷。又以延安居要衝，命鄂善屯守，哈占留之西安，延安復陷。哈占但知有西安，重兵自衞，貽誤非小！」別敕董額急攻平涼，仍遣將軍吳丹率師自太原移駐潼關，員外郎拉篤祜率榆林蒙古兵益西安。十五年，大學士圖海代董額爲大將軍，圍平涼，輔臣降。哈占疏請安輯降衆，設置官吏。事皆下部議行。

十九年，將軍趙良棟克成都，王進寶克保寧，郡縣以次底定。哈占疏言軍餉自西安運保寧，應令四川接運。上以四川初定，未能任轉餉，命自略陽水道運敍州。尋敕哈占率師赴保寧，規復雲南。哈占復疏請命四川督餉，戶部侍郎趙璟、金鼐疏言陝西轉餉入四川，四川吏不之恤，道遠民滋困。

尙書宋德宜言陝西、四川宜以一總督董理，庶兩省民勞逸得平，乃改設川陝總督，以命哈占。哈占師次保寧，時叛將譚弘、彭時亨四出劫掠爲民害，上命速剿定，進攻雲南。哈占遣總兵高孟擊時亨，敗賊南溪羅石橋，復營山、渠二縣。二十年，鎮南將軍噶爾漢收忠、萬、開、建始、雲陽、梁山諸州縣。弘走死。孟逐時亨，亦復廣安、達、大竹、東鄉諸州縣。時亨勢蹙，降。敕哈占率師赴敍州，會建昌、永寧兩路兵進征。哈占師發永寧，追擊三桂將馬進寶，入貴州。次畢節，進寶降。復進次威寧。大將軍貝子彰泰疏言雲南已合圍，師足用，兵多糧少，宜令哈占還四川。哈占復進次曲靖，聞命引還。尋以破時亨功，加兵部尚書銜。弘將牟一乾、一舉詣遵義降，分駐巴縣、涪州。哈占疏請移陝西，懦者歸農，强者入伍，上從之。二十二年，授兵部尚書。二十四年，調禮部。以疾乞休，上疏自述在軍時積勞成病。上以哈占未嘗立功，斥其妄，命仍殫力供職自贖。二十五年，卒。

杭愛，章佳氏，滿洲鑲白旗人。父古爾嘉琿，順治初爲國子監祭酒。杭愛初授筆帖式，累遷吏部郎中。康熙十一年，超授山西布政使。諭曰：「朕知汝才能，外省事重，藩司職掌最要。其克盡忠誠，毋負簡任！」十二年，擢陝西巡撫。軍興，命督餉。十九年，調四川。

叛將譚弘據萬縣爲亂，命杭愛慰撫夔州諸路。二十年，建昌土司安泰寧謀亂，敕與將軍王進寶招之來降。哈占師進次永寧，命杭愛督趣輸運。自三桂亂，四川悉陷，民多流亡，兵占耕民田不納賦。杭愛疏請清釐，又乞蠲羅森妄報墾荒升科田四百餘畝，上特允之。二十二年，卒，謚勤襄。

鄂善，納喇氏，滿洲鑲黃旗人。初自侍衞授祕書院學士，遷副都御史。康熙九年，授陝西巡撫。十一年，擢山西陝西總督，尋改專督陝西。十二年，調雲南，以哈占代。三桂反，詔鄂善留湖廣。十三年，改兼督雲、貴，命從師進征。三桂陷湖南郡縣，吏議鐫五級，命留任。王輔臣叛，命與副都統穆舒渾率師自襄陽移守興安、漢中。十四年，次西安，哈占疏留助守。上復命移守榆林、延安，哈占再疏留不遣。及畢力克圖擊輔臣，復延安，鄂善乃遵上指移駐，招撫流民，分守棧道，寇來犯，擊之退。授甘肅巡撫。十七年，坐失察布政使伊圖蝕帑，清水知縣佟國佐苛歛，部議當奪官，命留任。十八年，以計典罷。尋卒。

華善，亦伊爾根覺羅氏，滿洲鑲黃旗人。初授筆帖式，累遷刑部郎中。順治十三年，從大將軍伊爾德克舟山，累進世職拜他喇布勒哈番兼拖沙喇哈番。康熙初，累遷弘文院學士。九年，授甘肅巡撫，疏請免逃荒額賦。西和、禮縣大疫，華善發帑治賑，并以春耕期迫，令市耕牛、具籽種，事竟乃疏聞，部議以違例當責償，上命寬之。輔臣反，攻蘭州，游擊董正已叛應之，布政使成額降寇，華善與按察使伊圖走永昌，疏請假提督張勇便宜討輔臣，與勇及王進寶、陳福、孫思克分道進兵，規復蘭州。華善與勇督兵赴臨洮，遣將收河、洮二州，復督兵攻鞏昌，克之，會進寶亦克蘭州，詔嘉勞。十五年，疏請免臨洮、鞏昌二府逋賦。尋卒於官。

董衞國，漢軍正白旗人。初授佐領，累官秘書院學士。順治十八年，擢山西巡撫。康熙四年，加工部尚書銜。十三年，改兵部尚書銜。

吳三桂反，陷長沙，衞國疏請發兵備袁州、吉安，上命副都統根特自兗州移兵赴援。耿精忠亦反，侵寧都、廣昌、南豐諸府縣，饒州參將程鳳、廣信副將柯昇叛應之，搆土寇破都昌，窺南康。衞國密疏聞，上命定南將軍希爾根會衞國勦禦。精忠兵逼袁州，山民棚居與相結，謂之「棚寇」。衞國請設袁臨總兵，薦副將趙應奎有膽略堪任，上從之。南瑞總兵楊富謀叛，衞國廉得實，寘之法，並殲其黨，上嘉之。尋改設江西總督，以命衞國。精忠兵及棚寇分犯新昌、上高，衞國遣諸將佟國棟、趙登舉、張射光赴援，大破賊，斬其渠左宗榜。十四年，與希爾根等招降泰和、龍泉、永新、廬陵諸縣。參贊桑額自上高克新昌，被檄引去；寇抵隙復入，城並陷，遣其徒遏廣信糧道。衞國請督兵進勦，大將軍簡親王喇布駐師南昌，疏留之。十五年，遣諸將吳友明逐寇瑞州，復上高、新昌。復遣援靖安，諸將許盛、楊以松克泰和、定南。十六年，以土寇楊玉泰竊據宜黃、樂安、崇仁山谷中，發兵討之。崇仁寇蔡仕伯、宜黃寇沈鳳祥等出降。破賊於大嶺，克樂安，玉泰亦降。

湖南平江及銅鼓營寇起，衞國留提督趙賴守樂安，移兵入湖南，簡親王檄發衞國標下兵悉赴樂安。衞國疏聞，且言省城駐滿洲兵不過二百，慮不足守禦，乞賜罷斥，上嚴旨詰簡親王，並諭此後徵發當諮衞國。衞國遣兵徇建昌，定瀘溪，自將出芳塘，別遣諸將出黃岡口，遂克銅鼓營。平江乃定。

未幾，精忠將韓大任侵寧都，時簡親王出駐吉安，衞國請與會師合勦，上命綠營兵聽便宜調遣。十七年，巡撫佟國正遣將破大任。精忠將郭應輔等分屯萬安、泰和諸縣，衞國督兵進擊，斬四萬餘，降者亦四萬六千有奇。

吳三桂犯永興，薄吉安，上命衞國守銅鼓營。三桂既死，其將據岳州、長沙，師圍之未下。衞國請自銅鼓營督兵援勦，上嘉許，並授以方略。未幾，岳州、長沙皆下。十八年，命會大將軍安親王岳樂謀進取，遂合軍出衡州、寶慶，破賊紫陽河、雙井鋪，克武岡。給事中李宗孔劾衞國爲總督不治事，失民心，廷議奪官，上寬之。十九年，破鴨婆、黃茅諸隘，攻靖州。與都統穆占會師逐吳世璠將吳應麟等，克沅州。進薄鎮遠，力戰奪石港口，抵大巖門。

世璠將張足法悉衆迎戰，衛國親督兵奮擊，大破之。足法夜遁，逐之至油閘關而還，遂克鎮遠。貴州既定，大將軍貝子彰泰下雲南，留衛國守貴陽。二十年，雲南平，命還任。

二十一年，調湖廣總督。衛國初自湖南入貴州，蔡毓榮以不聽調度論劾。事平，下廷議，上右衛國譴毓榮。御史蔣伊又論衛國縱兵俘掠，江西總督于成龍爲疏辯。衛國朝京師，瀕行，諭曰：「爾在外二十餘年，民情宜悉知。前此方用兵，不免擾民。今天下承平，當思休養，興革利病，務在實行。朕知爾有勞，毋畏人言，勉圖後效。」月餘，卒，賜祭葬。

佟國正，佟佳氏，漢軍正黃旗人。自拔貢生授江南無爲知州，累遷安徽按察使。康熙十三年，遷江西布政使。衛國改總督，白色純代爲巡撫。十四年，色純卒，大將軍安親王岳樂奏國正得民心，擢巡撫。十五年，命出駐贛州。叛將嚴自明等偪南康，國正遣許盛等赴援，破賊庫鎮鋪，破其壘十七，逐北七十餘里。自明等走南安，又遣別將黃士標、王割耳等犯信豐，國正遣楊以松及諸將周球等分三道擊之，士標等走南雄。盛進克上猶，球進克龍泉。國正聞師定漳州，遣球及諸將劉體君等出間道援剿。十六年，破賊五里排，會昌、瑞金、崇義以次下。韓大任自寧都敗竄萬安，國正遣兵四出斷道，幷絕糧運；令以松等追擊，戰鷓鴣寨，戰老虎洞，屢敗之。大任走汀州，降。江西平。敍功，累進兵部尚書銜。十八年，左副都御史楊雍建疏論國正蒞任數載，治績無聞。京察循例自陳，降二級調用。四十七年，卒於家。

周有德，字彝初，漢軍鑲紅旗人。順治二年，自貢生授弘文院編修。五年，從英親王阿濟格討叛將姜瓖，還，遷侍讀。康熙元年，遷國史院侍讀學士，尋擢弘文院學士。

二年，授山東巡撫。三年，以獲逃人加工部侍郎銜。迭疏請寬登、萊、青三府海禁，俾居民得捕魚資生；請以歷城明季藩府地視民田科賦；請復孤貧口糧；請以德州駐防兵舊給民地五百餘頃仍還之民，駐防兵視陝西、浙江例支月糧；請蠲逋賦六十餘萬，暨察出逃亡荒蕪虛增田額戶口凡四十萬有奇，悉予免除。四年，濟南、兗州、東昌、青州四府旱災，請加賑恤；登州、萊州二府歉收，請免本年額賦：皆下部議行。

六年，擢兩廣總督。七年，上遣都統特錦等會勘廣東沿海邊界，設兵防汛，俾民復業。有德疏言：「界外民苦失業，聞許仍歸舊地，踴躍歡呼。第海濱遼闊，使待勘界既明，始議安插，尚需時日，窮民迫不及待。請令州縣官按遷戶版籍給還故業。」得旨允行。是冬，遭父喪，平南王尚可喜疏言沿海兵民，方賴經營安輯，請命在任守制。凡三年而事定。九年，疏請還京師治喪，許之。

十年，旱，求言，編修陳志紀疏言：「上憂勤惕厲，而嘗為督撫諸大臣方營第宅，蓄倡優，近在輦轂下，不守法度，何以責遠方大吏廉節？」上命指實，覆疏舉郎廷佐、張長庚、苗澄，祖澤溥、張朝璘、許世昌幷及有德，下部嚴察，有德坐居喪營造，又於志紀覆疏未入時，囑託毋及其名，奪官，追繳誥命。

吳三桂反，十三年，起授四川總督。三桂將吳之茂、彭時亨等犯廣元，有德與副都統科爾寬分道擊敗之，陣斬裨將徐應昌等。上命經略尚書莫洛自陝西入四川，敕有德與巡撫張德地固守廣元諸路，並督軍餉。三桂將何德成等自昭化攻二郎關，謀奪我師儲峙，有德遣兵擊德成，走還昭化，復犯廣元；有德與科爾寬等復擊敗之，逐北三十餘里。時亨屯七盤、朝天諸關，刧略陽糧艘，廣元餉不給。寇窺陽平，將軍席卜臣屯蟠龍山爲所刧，斷我師餉道，上命有德固守陽平諸路。

王輔臣叛，十四年，上命大將軍貝勒董額討之，以有德參贊軍務，命督諸軍協擊。董額克秦州，有德乞還誥命，吏部持非例，上特許之。十五年，從大將軍大學士圖海攻平涼，輔臣降。圖海疏令有德還駐西安。之茂等尚駐秦嶺，十七年，與副都統覺和託督兵擊之，降其裨將王世祜等。

十八年，調雲貴總督。師克漢中，上諭責「有德、德地等前駐廣元督餉遲誤，致數年來逆賊逋誅，兵民苦累。今大兵前進，督撫諸臣有誤餉運，以軍法從事。」王大臣議師自湖廣進征雲、貴，綠旗兵當有統帥，以湖廣總督蔡毓榮及有德名上，上以命毓榮，令有德受節制。有德尋疾作，留駐常德。十九年，卒。

張德地，初名劉格，漢軍鑲藍旗人。初以通曉國書，在戶部學習。順治九年，授宗人府主事，累遷戶部督捕理事官。康熙元年，擢順天府尹。二年，授四川巡撫。疏言：「四川自張獻忠亂後，地曠人稀，請招民承墾。文武吏招民百戶、墾田十頃以上，予遷轉。」下部議行。累加工部尚書銜。十年，武生劉琯等訐德地主武鄉試得賄鬻武舉，遣副都御史阿範等按治，德地坐斬，命免死奪官。德地叩閽稱枉，下部覆議，以事無據，復官。十三年，復授四川巡撫。時亨犯廣元，德地與有德督兵禦之。十四年，王輔臣叛，命協守西安，尋又命出駐延安。廣元之役，有德劾德地棄城走，奪官。二十二年，卒。

伊闢，字盧源，山東新城人。順治五年，舉鄉試第一。十二年，成進士，改庶吉士。十三年，授御史。十四年，巡按山西，捕長治亂民勒化龍，窮治其黨與。十六年，還，掌京畿道，擢通政司參議。累遷大理寺卿。

康熙十九年，授雲南巡撫。時吳世璠未平，師自廣西、貴州、四川分道入，闢督餉。圍會城未下，同知劉崑不屈於三桂，爲所縶，至是始脫出。闢從諮策，崑曰：「公用人寬，降人予原職。今安寧、晉寧、昆陽、呈貢諸縣令悉降人，昆池舟楫往來無禁。豈有父兄被圍而子弟不爲轉輸者？」闢爲罷諸降人，寇餉漸斷。師久次，慮餉不繼。闢疏請貴州、廣西二路協濟銀米，上以二路道險山多，轉運不便，遣戶部郎中明額禮、薩木哈詣軍酌議採買。軍中或議取食民間，布政使王繼文持不可，曰：「現糧支三日，昆陽、宜良寇遺糧，方具資庀役運詣軍前。兩廣隨軍餉銀十萬在曲靖，當請於總督金光祖，乞相假。過三日餉不繼，請正繼文軍法。」闢言於大將軍貝子彰泰，用其議。不三日，銀粟皆至，民以得安，餉亦無闕。闢疏言：「雲南地處天末，當得重臣彈壓。元鎮以親王，明則黔國公任留守。王師計日蕩平，臣自鎮遠至雲南，途次聞士民語，僉謂大將軍貝子彰泰、內大臣額駙華善所過不擾，請特簡一人鎮守。」章下所司。闢旋病作，遺疏薦繼文自代。卒，賜祭葬。

繼文，字在燕，漢軍鑲黃旗人。自官學生授弘文院編修，遷兵部督捕副理事官。順治十二年，考選御史，巡按陝西。初受事，卽疏劾布政使黃紀、興屯道白士麟貪汚不法，奪官逮治。十四年，還京師，都察院列上繼文在官劾文武吏四十餘，督開荒田七千頃有奇，招徠流移民五千八百餘，察出虛冒錢糧七千七百有奇，實心任事，允爲稱職。遷戶部郎中。十八年，授江西饒九南道。康熙三年，調浙江寧紹台道。六年，缺裁。

十三年，師討吳三桂，命以候補道從左都御史多諾等如荊州督餉，用繼文策度地建倉，分餽東西二路軍及水師。旋授雲南布政使，從師進征。二十年，代闢爲巡撫，佐將軍趙良棟攻克會城，雲南遂定。二十一年，與總督蔡毓榮疏言：「會城東南舊有金汁河，引盤龍江水入昆明池，舊存壩閘涵洞，積水溉田。世璠毀爲壕塹，令官吏捐資修治。」下部議，捐銀百，紀錄一次。二十五年，以憂歸。二十八年，復授巡撫，疏言：「黑井鹽課，三桂月增課銀二千兩，請豁除。屯田科賦十倍於民田，重爲民累，請分別改視民田起科。」三十年，疏言：「土司奏銷遲誤，例無處分，請比照流官計俸罰米，移貯附近常平倉備荒賑。」皆議行。

三十三年，擢雲貴總督。三十七年，討平魯魁山寇，釐定汛界，駐兵防守。又疏議收水西宣慰使地，改屬大定、平遠、黔西三州流官管轄，均如所請。是歲冬，朝京師，以老病乞致仕。尋命修理子牙河工。賜御書榜曰「煙霞耆舊」。四十年，加兵部尚書銜。四十二年，卒，賜祭葬。子用霖，官山東布政使。

論曰：毓榮統綠旗兵下雲南，廉清不逮趙良棟，戰績與相亞。哈占鎮陝西，衞國定江西，有德略四川，督餉治軍，其於戡亂皆與有功。雲南既下，撫綏安集之績，毓榮開之，繼文成之，自是西南遂底於平矣。